JN313723

学生主体型授業の冒険

自ら学び、考える大学生を育む

小田隆治・杉原真晃 編著
Oda Takaharu & Sugihara Masaaki

Adventures of
Learner-centered
Teachings

ナカニシヤ出版

はじめに

　本書は全国の 14 名の大学教員がそれぞれの教育現場で悪戦苦闘しながら挑み，大きな成果を得てきた学生主体型授業の 16 の実践事例を編集したものである。
　もちろんこれらの事例の中にはすでに学会や研究会そしてマスコミを通してよく知られたものもあるが，そのほとんどは本書によって初めて一般に公開されることになる。そもそも著者たちも共通の学会や研究会に所属しているわけではなく，互いの授業について熟知しているわけではない。本書を読んでいただければわかることだが，一つひとつの授業が非常に個性的であり，それゆえ本全体として多様性に富んだ実践事例集となっている。この多様性こそが，大学の教育やそれを構成する授業，その細部としての授業者や授業内容，授業方法においても尊重されなければならないことである。
　われわれは学問を教えることこそが大学の根幹であることを信じて疑わないし，伝統的な講義スタイルの存在意義を十分に認めている。しかし，こうした講義スタイルもある時代のニーズに応えて当時の教員たちが試行錯誤しながら生み出したものであり，そこには新たな授業法を開発するための実験や冒険があったはずである。大学の大衆化が急速に進行する時代の転換点である現代においても，時代に対応する（迎合するということでは決してない）授業法が模索されてしかるべきである。こうした時代認識の下に，編者は全国で独立して取り組まれてきた学生主体型授業を一冊の本という形で紹介することによって，大学教育における授業法の可能性を広げていきたいと願った。
　本書の著者たちに学生主体型授業という概念が厳密な意味で共有化されているわけではない。学生主体型授業は，学生参加型授業や学生参画型授業，双方向型授業，あるいは PBL（問題解決型学習，プロジェクト型学習）やシンプルなグループ学習などの概念とオーバーラップしていたり，その手法を取り入れたりしている。さらには学生主体型授業という授業法の下で，教養教育から文系や理系の専門教育まで，さらにはキャリア教育に至るまで多彩な分野の授業が

試みられている。学生主体型授業という用語の下での多彩な取り組みをわれわれ編者は積極的に肯定している。

学生主体型授業の共通項として第一に挙げられるのは，その学習目標にある。それは「学生が自ら問題発見をし，そのことについて自学自習し，深く考えて行動できるようになる」ことのすべてか，あるいはその一部を学習目標に挙げていることにある。ここで重要なことは，教員が何を教えたかではなく，学生が到達するためのゴールが事前に明確に設定されていることにある。授業の主役が教員から学生に転換しているのである。この転換自体は何も学生主体型授業に限ったことではなく，大学の授業全般に当てはまることであるが，このことがもっともよく認識できるのは学生主体型授業であるかもしれない。

学生主体型授業の共通項の二点目は，学生の主体性の育成を目標としている点にある。しかし，自学自習や主体的な思考，行動は従来の講義型の授業でも自然と養われてきたことは間違いない。学生主体型授業は学生の主体性を自然と（副次的）ではなく，はっきりと授業の目標に掲げている点にその独自性がある。このことに加えて重要な点は，授業の中に主体的な活動を取り入れていることにある。この主体的な活動を通して主体性を身につけさせているのである。活動には，授業の特性に合わせて，討論，課題発表，街の模型制作，野外での活動など様々なものを取り入れることが可能となっている。

ところで，主体性がアプリオリに善であると認められるであろうか。ある時代，ある社会では従順な人間（大衆）こそが求められていた（いる）。現代においても，個人主義を前提とした主体性の過度の肥大化（自己の権利だけを主張，わがまま，利己的）は，社会の調和に反すると考える人がいても不思議ではない。学生主体型授業はそれを助長するのではないかと心配する人たちがいるかもしれないが，本書を読んでもらえればわかるように，それは杞憂である。本書で取り上げた授業実践のいずれもが対人関係やグループ活動を通して個々人の主体性が獲得できるように設計され実践されている。また，グループの編成においても教養教育の授業では，学生の在籍する学部や学科が異なるようにして，異質な構成員からなるグループに工夫されている。このように学生が主体性を伸ばしていくためには，異質な人たちの存在や思考，意見を尊重し，集団の中での自己を問う，という過程を経なければならないのである。このことを

本書の実践事例が物語っている。

　学生主体型授業は，全入時代に伴う学生の学力低下や意欲の減退への対症療法だけの役割を担っているのではない。ましてや精力的な職業人を求める財界からの要請に応えるためだけのものでもない。もっと積極的な意義として，より良い未来を創りだす批判力と創造力，行動力を伴った人間を育成するための挑戦であり冒険である。民主主義がより崇高なものとなるためには，市民の一人ひとりが深く考え，多数の前で勇気を持って発言し，行動する必要がある。大学は世界の未来に大きく関わっているし，人材育成はその柱をなしている。

　本書は四部構成となっているが，その前に本書の導入のために編者の一人の小田隆治が短編の物語を書いた。第1部「学生主体型の方法論」では，橋本勝氏，安永悟氏，木野茂氏，大島武氏，村上正行氏の授業実践とその方法が鮮やかに描かれている。第2部「新しい教養教育の試み」では，小田隆治，杉原真晃，栗山恭直氏の3名が教養教育の中で苦闘する授業実践を描いている。第3部「自然科学教育における実践」では，鈴木誠氏，佐藤慎也氏，阿部和厚氏の理系の3名が5つの授業実践を掲載している。第4部「キャリア教育における実践」では，佐藤龍子氏，田実潔氏，八重樫文氏によって広い意味でのキャリア教育の授業実践が描かれている。本書では，多様な分野での学生主体型授業をみることができると同時に，阿部和厚氏の中に学生主体型授業の取り組みの歴史をみることができるし，栗山恭直氏のように初めて学生主体型授業を試みた理系教員の不安と克服をみることができる。

　本書は決して学生主体型授業のハウツウ本ではない。この中の授業をまったく同じようになぞることは誰しもできないだろう。教員の専門性やキャリア，性格が違うだけでなく，目の前にいる学生のタイプが違っているからである。しかし，この本には読者が初めて学生主体型授業を試みる際のヒントがふんだんに載っている。それは学生主体型授業だけでなく，講義や演習などの既存の授業スタイルの改善にもきっと役立つはずである。もし興味をもたれた実践事例があるならば，著者に直接連絡をとって実際に授業を参観され，著者と話し合ってみてはいかがであろうか。こうした授業参観と話し合いが，授業の改善を飛躍的に進めていくであろう。

　本書は，大学の教員を対象に編まれたものであるが，小学校・中学校・高等

学校そして各種専門学校の授業改善にも役立つはずである。教育は大学だけで成り立っているわけではない。本書が日本の教育の発展に少しでも貢献できるならばそれは著者らの望外の喜びである。

　最後になったが，本書が世に出るのはひとえにナカニシヤ出版の米谷龍幸氏のおかげである。公私にわたり多忙な時期に，本書の企画から構成，そして校正にいたるまで一切合財の面倒をみていただき，とても感謝している。米谷夫妻のご多幸を願ってやまない。

2010 年 6 月 8 日
編者を代表して
小田隆治

目　次

01　X氏の学生主体型授業奮闘記
　　　　（小田隆治）————————————————————— *1*
　　1　学生主体型授業って何だろう？　*1*
　　2　FD合宿セミナーを体験して　*3*
　　3　学生主体型授業が始まる　*9*
　　4　学生主体型授業再考　*15*

PART1 ●学生主体型授業の方法論

02　「橋本メソッド」誕生秘話
　　　　（橋本　勝）————————————————————— *20*
　　1　プロローグ　*20*
　　2　エピソードⅠ：パックマン　*21*
　　3　エピソードⅡ：赤ペン先生　*24*
　　4　エピソードⅢ：研究者の鑑？　*25*
　　5　エピローグ　*27*

03　対話中心の授業づくり
　　　　協同学習の実践（安永　悟）————————————— *29*
　　1　はじめに　*29*
　　2　授業づくりの背景　*30*
　　3　対話中心の授業モデル　*30*
　　4　授業づくりのポイント　*34*
　　5　「対話中心の授業」の成果　*38*
　　6　まとめ　*40*

04　学生とともに作る授業を求めて
　　　　「ドキュメンタリー・環境と生命」（木野　茂）――――――43
　　1　授業を始めた背景　43
　　2　授業の設計　44
　　3　授業の実践　47
　　4　授業の工夫　51
　　5　学生の反応　56

05　調べる・読む・書く・話す
　　　　ルポルタージュ演習で学生の基礎能力を開発する（大島　武）――――59
　　1　授業開設の背景　59
　　2　授業の設計　60
　　3　授業の実践　62
　　4　授業の特徴・工夫　64
　　5　学生の授業評価と感想　67
　　6　今後の課題と展望　68

06　日本と台湾を結ぶ遠隔授業
　　　　ICTを用いた遠隔授業の意味と可能性を拓く（村上正行）――――71
　　1　はじめに　71
　　2　日本と台湾を結んだ国際遠隔講義　73
　　3　国際遠隔講義における学生の反応　78
　　4　まとめ　83

PART2 ●新しい教養教育の試み

07　「自分を創る―表現工房の試み」の授業実践
　　　　（小田隆治）――――86
　　1　授業開設の背景　86
　　2　授業の設計　87
　　3　授業の実践　88
　　4　活動の一断面　92
　　5　発表会とその評価　93
　　6　公開授業と検討会　94

7　授業者の役割と工夫　*95*
　　　8　学生の授業評価と感想　*96*
　　　9　その後の「自分を創る」　*98*

08 　現地体験型授業「フィールドワーク―共生の森もがみ」のしくみ
　　　　　　学習の質の向上と，地域と大学の持続可能な発展を求めて（杉原真晃）―――*100*
　　　1　はじめに　*100*
　　　2　授業の誕生の背景　*100*
　　　3　授業の概要　*102*
　　　4　授業の実際　*103*
　　　5　学習の質の向上に向けた工夫　*106*
　　　6　授業の評価　*110*
　　　7　おわりに　*112*

09 　学生主体型授業「未来学へのアプローチ」を担当して
　　　　　　学生主体型授業創造への挑戦（栗山恭直）―――*114*
　　　1　背　景　*114*
　　　2　パイロット授業：『未来学へのアプローチ』　*115*
　　　3　評　価　*123*
　　　4　その後の展開　*123*

PART3 ●自然科学教育における実践

10 　意欲を引き出す授業デザイン
　　　　　　学生を主役にする「蛙学への招待」（鈴木　誠）―――*128*
　　　1　「蛙学への招待」とはどのような授業か　*128*
　　　2　「蛙学への招待」の流れ　*129*
　　　3　「蛙学への招待」を構成する理論的基盤　*133*
　　　4　「蛙学への招待」の授業デザインにみる自己効力の強化　*135*
　　　5　おわりに：授業評価に見る「蛙学への招待」の有効性　*137*

11 　未来志向性を活かした学生主体型授業
　　　　　　（佐藤慎也）―――*139*
　　　1　設計・デザイン系科目に含まれる未来志向性とは　*139*

  2 設計・デザイン系科目における未来志向性の部分的な活用 *140*
  3 未来志向型設計・デザイン系科目 *144*
  4 まとめ *149*

12 医学部で学生主体型授業を実践する
    学生が主体の授業：学生はすばらしい①（阿部和厚）――――――*151*
  1 学生主体型授業のはじまりは FD *151*
  2 『医学概論』医学部 1 年生前期，100 人クラス，1995-2001 年 *153*
  3 『医学史』医学部 1 年生後期，100 人クラス，1995-2001 年 *160*
  4 医学研究方法論『医学研究方法を科学する』医学部 2 年生後期，100 人クラス，1996-2001 年 *164*

13 ディベートから北海道の豊かな自然の中へ
    学生が主役の授業：学生はすばらしい②（阿部和厚）――――――*170*
  1 『医学とことば』北海道大学，一般教育演習，全学部 1 年生前期，20-30 人クラス，1993-2001 年 *170*
  2 自然のフィールドに出る学生主体型授業 *174*

14 医療大学の学生主体型授業からメディカルカフェへ
    学生が主役の授業：学生はすばらしい③（阿部和厚）――――――*182*
  1 北海道医療大学での学生主体型授業の設計 *182*
  2 『医学総論』からカリキュラム改訂へ *182*
  3 導入教育 *184*
  4 メディカルカフェをつくる（札幌医科大学と北海道医療大学の合同授業，全学部 1，2 年生，10 〜 40 人，2008-2009 年） *189*
  5 おわりに *194*

PART4 ●キャリア教育における実践

15 初年次教育としての「キャリアデザイン」の授業実践
    （佐藤龍子）――――――――――――――――――*200*
  1 授業開設の背景 *200*
  2 授業の設計（「幸せは歩いてこない，だから……」） *201*
  3 授業の実践 *204*

4　授業者の 5 つの役割と工夫　*208*
　　5　授業者の失敗　*210*
　　6　学生の授業評価と感想　*211*
　　7　後日談（筆者の「キャリアデザイン」）　*213*

16　教師を目指す学生必修（1 年次配当）「教職入門」の授業実践
　　　（田実　潔）──────────────────────*215*
　　1　資格取得を目標とする科目の学生主体型授業について　*215*
　　2　学生主体型授業を考えるにあたって　*216*
　　3　学生ニーズの把握のためのアンケート調査　*218*
　　4　授業の設計　*220*
　　5　授業の実践　*221*
　　6　学生の授業評価と感想　*226*
　　7　その後の「教職入門」進路としての教員選択・アウトカム指標として　*227*
　　8　今後の課題　*228*

17　デザイン教育の特徴を活かしたプロジェクト型授業の実践
　　　（八重樫　文）─────────────────────*229*
　　1　はじめに　*229*
　　2　デザイン教育の特徴の整理　*230*
　　3　デザイン教育の特徴を活かしたプロジェクト型授業実践の紹介　*234*
　　4　デザイン教育の特徴が実現する教育観・授業観　*242*

01　X氏の学生主体型授業奮闘記

小田隆治

1　学生主体型授業って何だろう？

◉ 1-1　学生主体型授業の担当にあたって

Ⓐ：Xさん，来年度から全学の1年生を対象とした学生主体型授業が始まるそうですが，私もその授業を受けもつことになったんですよ。それで少々気が重いのです。いったい何をしたらいいんでしょう。大学は何をしてもいいとは言っているのですが，まさか，いつもの講義をするわけにもいかないでしょうし……。

Ⓧ：Aさんも受けもつのですか。私もですよ。やはり気が重いですね。学生の能動性を引き出すように，といきなり言われても困りますよね。大学は何よりもまず学問をする場だから，われわれは学問を教えているわけです。たしかにわれわれ教員の一方的な講義だけでは学生がついてこなくなっている。だから，講義でも学生との双方向性を保つように，毎回授業の最後には学生に授業でわからなかったことや疑問をもったことをレスポンスカードに書いてもらって，翌週その回答をするようにしています。また授業中の学生の表情や態度などの反応を読んで，授業のスピードを落としたり，内容を反復したり，かみ砕いて説明をしたりもしています。こうした取り組みで「学生による授業評価」のアンケート結果もかなりよくなっているんです。でも，あくまでこれは講義ですからね。他の授業方法なんて知りませんよ。

Ⓐ：そうなんですよ。講義以外にもわれわれは実験やゼミをもっていますが，

専門の知識がない1年生に本格的な実験をさせるわけにもいかないだろうし，英語で書かれた論文を講読させるわけにもいかないでしょう。学生の能動性を引き出せといわれてもいったい何をすればいいのやら……。あっ，Bさんだ。

Ⓑ：XさんとAさん，廊下で何を深刻に話し込んでいるのですか。

Ⓧ：来年度から始まる学生主体型授業が気になってしまって憂うつだな，と話していたところです。Bさんは受けもたないのですか。

Ⓑ：いえ，私も割りあてられています。しかし，憂うつになっても仕方ないので観念していますよ。

Ⓧ：やっぱり，Bさんは人間ができていますね。たしかにもう決まったことなのでぐずぐずいってもはじまらないのですが，とはいうものの何をすればよいのかわからないので不安は解消されないのですよ……。ところでBさんはずいぶんと悠然としていらっしゃるけれど，もしかして授業の内容がすでに決まっているんじゃないですか。それならぜひ教えてください。

Ⓐ：そうそう，教えてくださいよ。

Ⓑ：まさか。まだ何も決まっていません。だってシラバスを書くまでに何ヶ月もあるじゃないですか。

Ⓧ：そうですか……。でも，先がみえないと誰しも不安になりますよね。何か参考になりそうな本でもないでしょうか。

◉ 1-2　学生主体型授業を体験しよう

Ⓑ：本はともかく，私は夏に蔵王でおこなわれる××大学の「FD合宿セミナー」に参加しようと思っています。

Ⓐ：なんですか，その「FD合宿セミナー」というのは。

Ⓑ：大学の教員が蔵王にある山寮で1泊2日の合宿をして，大学教育について語り，授業設計や成績評価法などについて勉強するらしいですよ。毎年，8月の第1週に行われているみたいで，他大学の私の友人が参加して，いい勉強になったと言っていました。

Ⓧ：××大学以外の教員も自由に参加できるのですか。

Ⓑ：そうらしいですね。友達が参加したときは，北は北海道から南は沖縄まで全国の大学・短大・高専の先生が来ていたと聞きました。

Ⓐ：しかし，そのFD合宿セミナーと学生主体型授業とは何か関係があるのですか。例えば，学生主体型授業の方法について専門家が教えてくれるのですか。

Ⓑ：いや，そうしたレクチャーはほとんどないみたいですね。でも，FD合宿セミナーそれ自体の運営が学生主体型授業の方式になっていて，参加者は学生の立場にたってそれを体験できるしくみだそうです。

Ⓧ：えっ，学生の立場。それは，ちょっと……。講師から質問攻めにあったりして，みんなの前で恥をかかせられるんじゃないですか。遠慮したいですね。

Ⓑ：いや，そんなことはないらしいですよ。そもそも講師は存在しないんだから。講師は全体を運営するコーディネーターだったり，補助をするファシリテーターの役回りをしているだけ。いろいろな大学から集まった参加者がひたすら自分たちの知恵や経験を出し合って，考えたり，発表したり，討論したりするみたいですよ。いろいろな大学の人の授業の工夫を聞くことができて，すごく刺激になっておもしろいものらしい。

Ⓐ：おもしろい？　それはいいかもしれませんね。それじゃ，私も参加してみようかな。

Ⓧ：Aさんも参加するなら，僕も参加してみようか。蔵王には温泉もあるよね。花笠まつりの季節だったと思うし，終わったらそれも見て帰ろう。

Ⓑ：いいですね。もう1泊しますか。

Ⓐ：私もお供させてください。

Ⓧ：でも，われわれの大学から3人も参加できるんですかね。

Ⓑ：駄目でもともとだから，申し込んでみましょうよ。

2 FD合宿セミナーを体験して

● 2-1　学生が授業を運営する

Ⓐ：FD合宿セミナー，楽しかったですね。

Ⓑ：楽しかったですねえ。でも，人数制限があって，残念ながらXさんは参加できませんでしたね。
Ⓐ：××大学のFD合宿セミナーがあれほど人気があるとは驚きでしたよ。1校2名までという制限が加えられているとは思いもしませんでした。
Ⓑ：それでも，満杯になるから，たくさんの参加希望者を断っているらしいよ。これも時代なんでしょうか。
Ⓧ：そうなんでしょうね。ところで，楽しかったのはわかりましたが，学生主体型授業についても少しは教えてくださいよ。
Ⓐ：そうそう。肝心のことをあやうく忘れるところでした。まず，セミナー自体ですが，4つのプログラムから構成されていて，1つのプログラムが大学の授業時間と同じ90分なんです。そして，次のプログラムまでには10分間の休憩があるだけでした。
Ⓧ：それは時間的な制約が厳しいですね。
Ⓐ：でも，それがふだんの大学なんですよね。学生は10分間の休憩時間にトイレをすませて，教室を移動して違う授業を受ける。
Ⓧ：まあ，たしかにそうですね。それでその肝心のプログラムは？
Ⓐ：プログラム自体はひとことでいえばバーチャルな授業を構想してシラバスを仕上げていくというものです。そして，活動の中心がグループによるワークショップ形式になっているんですね。
Ⓧ：ワークショップ形式というと？
Ⓐ：まず，プログラムが開始されるとパンフレットにそって講師の方が10分くらいグループが取り組むべき内容を説明します。それからグループに分かれて与えられた内容を話し合いながら進めていきます。このグループ活動の時間が40分です。新規授業を構想するプログラムでは，各班に大学の特色をいかした授業であったり，現代の課題に対応した授業を考えるというようなテーマが与えられています。そしてその具体的な授業名と到達目標，15回の授業内容を考えるのです。
Ⓧ：えっ，そんなにたいへんそうなことをたった40分で考えられるのですか……。何だか無理な感じがするな。

● 2-2　学生間で学ぶ

Ⓐ：そう思うでしょ。それをどの班も時間内でしてしまうんですよ。班はあらかじめ，主催者側で大学・短大・高専の種別，国公私立の設置形態，大学の規模，大学の設置されている地域，教員の専門分野・年齢・性別を考慮しながら決めているそうです。

Ⓑ：たしかに，どの班も幅広い年齢構成からなっていましたね。

Ⓧ：みんな初めて会う人ばかりなんでしょう。そんな人たちが話し合ってまとまりのある結論を出せるんですか？

Ⓐ：それが，話し合えるんですよ。異質な人たちから構成されているからこそ，ふだんでは経験のできないような活発な話し合いになるんですね。ああ，大学によってはこういうこともあるんだとか，専門が違えばこういう考え方をするんだ，というようなことが考えていた以上に刺激になり，勉強になりました。

Ⓑ：だから特に，すべての学部の学生が参加するような教養教育ではワークショップ形式の学生主体型授業でグループ学習を組む際に，グループは学部ごとにせず，すべての学部の学生が入り混じるようにした方がいいのかもしれませんね。

Ⓐ：そうだと思いました。ふり返ってみるとわれわれ参加者は講師から学ぶというよりも，参加者から学んでいったのですね。参加者同士が知恵を出し合って学ぶこと，つまり学生同士で教え合い学び合うことがグループ活動の大きな意味なのでしょうね。

Ⓧ：ふむふむ。ＡさんとＢさんの２人で納得されているようですが，私も少しわかった気になってきました。しかし，優秀な教員たちだから，限られた時間でできるんじゃないですか。学生たちだったらとても40分くらいではまとめきれないでしょう。

Ⓐ：私たちも当初は40分じゃまとめきれないと思っていました。しかし，「できません」とも言えないので，グループの全員で必死でやるのです。何といったらいいのかな。とにかく，「できない」と言える状況じゃないのです。

Ⓧ：やっぱりたいへんなんでしょう？　学生じゃ無理でしょう？

Ⓑ：それは与えるテーマによると思いますよ。学生にもできないことはないと思います。セミナーでは限られた時間でできるようなさりげない工夫も組み込まれているんですよ。

Ⓧ：へぇ，それはどんなものなんですか。

Ⓑ：例えば会場で一人ひとりに渡されているパンフレットに具体的にやらなければならないことが書いてあるんです。そしてその資料もついています。あとは参加者が経験したり知っていることを出していき，まとめていけばいいようになっているんです。ああ，これがそのパンフレットです。

Ⓧ：うーん。かなり大雑把な資料ですね……。でも当日に渡されて予習もできないのなら，グループの話し合いの間に読める資料としてはこのぐらいの分量が適切なのでしょうね。

● 2-3 学生の役割分担とタイムコントロール

Ⓑ：その通りだと思います。他にも講師からプログラムごとに司会や記録係，それに発表者を決めるように指示されます。これも話し合いを進めていくうえで効果的だったと思います。

Ⓐ：そうですよね。司会者は時間配分を考えながら話し合いを進行していくことになります。記録係は話し合いの内容がわからなくなれば，それをはっきりとさせるために聞き直して整理していました。発表者はグループ活動の後でグループを代表して全員の前でプレゼンテーションをしなくてはならないので必死です。40分の間にうまく発表できるものにまとめなくてはならないのですから。

Ⓧ：えっ，まとめる時間も含めて40分なんですか。

Ⓐ：そうなんですよ。時間が短いな，という感は否めませんでした。それは私だけでなくみんなそう思っていたはずですよ。しかし，講師の人たちは時間にうるさいのですよ。決して，時間を延ばしてはくれないのです。

Ⓑ：たしかに時間は短かったですね。もう少し時間があればとも思いましたが，それでも時間が2倍あれば2倍の内容の発表ができたかといったら，そうでもなかったでしょう。限られた時間の中で緊張感をもって，話し

合いをまとめていくというトレーニングはわれわればかりでなく，学生にも必要なことなのでしょうね。

Ⓧ：だんだん理解してきました。つまりワークショップ形式の授業の場合，学生に司会者や記録係，発表者の役割分担をあらかじめ明確にし，責任をもたせることが大事なのですね。それに時間配分もこちらであらかじめ指示しておいて，それをあまりぶらさないようにすることなのですね。

Ⓐ：時間厳守といえば，1 班につき 4 分間の発表時間が割り当てられていたのですが，4 分厳守で延びそうになった場合は途中でもやめさせていましたものね。

Ⓧ：えっ，講師の人がそうするのですか。

Ⓐ：いえ，全体会でも司会者や記録係が決められていて，その人が発表と討論の 40 分間のタイムマネジメントをすることになっているのです。

Ⓧ：実際に授業で使うとしたら，全体会の発表の場の司会も学生にしてもらえばいいということですね。

Ⓐ：そうだと思います。司会者をすることも学生にはいい経験になると思います。

Ⓑ：そういえば，全体会で講師がほんの少しだけ口をはさんだことがありました。まだ時間が 10 分くらい残っていたのですが，全体会で質問が出なかったので司会者が「質問もないようですからこれで終わります」と言うと，すかさず講師が「授業を早く終わらせてはいけません。司会者が責任をもって時間をもたせてください」と言ったのです。さすがに，そのときは厳しいな，と思いましたが，実際の授業ではこうしたことも十分に想定できますよね。教師は司会者の学生に同じように指示する必要があると思うようになりました。

Ⓐ：そうか。学生主体型授業といっても，学生を放任するのではなく，教員は臨機応変に対応していくことが求められているのですね。

Ⓧ：発表の方法はどうしたのですか。

Ⓐ：実物投影機を使っていましたよ。学生がコンピュータを持っていて，パワーポイントを使いこなせるならば，パワーポイントを使ってもいいかな，と思いました。

Ⓧ：おっ，Aさん，来年の授業を想定してセミナーを受けていたのですね。

Ⓐ：やっぱりそうですよ。来年の学生主体型授業を考えながら受けていたので，いろいろと収穫がありました。

Ⓑ：講師の方が言うには，このセミナーを受講して実際にこのセミナーのスタイルで授業をするようになった教員がいるそうですね。学生はかなり自由な発想をして，活発に議論するそうですよ。

Ⓐ：そうかもしれませんね。

Ⓧ：学生主体型授業のよいヒントをもらいました。鍵はグループ活動ですね。一人で活動させるよりもグループで活動させることですね。そうすることによって，学生は学生から学んでいくんですね。だいたい学生主体型授業のやり方がイメージできるようになりました。あとは実際に，学生に何に取り組ませるかという授業のデザインが大切なのですね。

● 2-4　授業の設計

Ⓑ：そうです。われわれもFD合宿セミナーで学生主体型授業だけでなく講義でも授業をデザインすることのもつ重要性がわかりました。また，講師の方が言うには，FD合宿セミナーと通常の授業との違いは，授業は週に1回行なうので，その間に学生に予習や復習を課すことができるというのです。そしてこの授業外学習を大切にし，本当の授業と一体となるように設計すると豊かな授業を構成できると言われるのですね。うまく工夫して前提となる基礎的な知識を授業外で自学自習してきてくれるようにできるといいですね。

Ⓧ：その自学自習が一番難しいとは思いますが，話を聞いているとダイナミックな授業ができるような気になってきました。でも一番重要なことは何を教えるかですね。

Ⓐ：そこなんですよね。われわれの専門性や知識・知恵をいかしたオリジナルな学生主体型授業を創らないといけませんね。

Ⓑ：そうですね。考えようによっては，オリジナルな授業を創るということは楽しみでもありますよね。そういえば，講師の方が授業を設計するときは，到達目標が大事だと言っていましたね。

Ⓐ：われわれ教員が何を教えたかよりも，学生がどのような知識や知恵を身につけ，どのような能力を伸ばしたか，ということですね。学生を主語にして表現するということですね。

Ⓑ：われわれが設計する学生主体型授業は，能動性・主体性・コミュニケーション能力・ディスカッション能力・プレゼンテーション能力，それに課題発見・解決能力の育成ですね。それにわれわれの専門性をいかして，基礎知識も身につけてほしいですね。

Ⓐ：まあ，初めての試みでもあるので，あまり欲張らないようにしましょう。

Ⓧ：何だか不安な気持ちがふきとんで楽しみになってきました。これからも，知恵を貸してくださいよ。

Ⓑ：また，みんなで情報交換をしましょう。

3 学生主体型授業が始まる

◉ 3-1　質疑応答

Ⓧ：今日は困りましたよ。全体会で発表が終わって，学生の司会者が質問はありませんか。と言っても誰からも質問が出ないんです。私からも質問をするようにと促してみたのですがさっぱり駄目だったんです。お二人とも質問について何か工夫はされていますか。

Ⓐ：そうですね。確かに質問は出ませんよね。私はそうした時には，司会者にあてさせるようにしています。司会者も時間をもたせるのが使命なので，質問してもらわないと困るんですね。当初は学生も慣れていなかったので，あてられると「別にありません」とか答えていましたが，最近はそろそろ自分があてられる順番になることが予想できるらしくて，なんとか質問をしています。

Ⓑ：私はオリエンテーションの際，学生に，「他人の発表を聞いて自然に質問が生まれてくることはほとんどありません。後から必ず質問をしようと思って聞いてください。そのためには疑問に思うことをメモすることも大切です」と言っておきました。すると，彼らはメモを取りながら発表を聞くようになりました。

Ⓧ：ああ，それはいい指導ですね。たしかにBさんのように事前に説明しておくと，彼らも他人の話の聞き方のコツがわかるし……。それで学生は積極的に質問するようになっていったんですね？

Ⓑ：いや，やはり目立つのはいやなようで，メモをとらせても限られた人しか質問しません。そこで，今は質問を活発にするように，質問を義務づけ，1つの質問につき点数を1点あげることに決めて，それをみんなにあらかじめ告げています。それでやっと全員活発に質問するようになりました。点数で釣る
・・
のもなにか気が引けるのですが，彼らの質問力を伸ばすためには仕方のないことだと思っています。

Ⓐ：そうですか……。たしかに少し気が引けますね。学生がみかえりを求めずに主体的に質問するということをやはりわれわれは期待していますものね。しかし，評価の観点から，質問する能動性を評価するということで点数をつけていると考えればいいのでしょうね。そして質問の回数を含めた成績評価法をあらかじめ学生に公にしておくことは，学生にも安心感を与えるのでしょうね。こういう授業だと，出席以外にどういうふうに評価されているのか学生も不安なようですし。

Ⓧ：そうか。成績評価法をあらかじめ学生に明示しておくことは，教育効果がありますからね。1回の質問に1点というのも，結果の評価というよりは，教育効果を狙ってのものですし，この観点は大切ですね。

Ⓐ：質問が活発になってくると，他の学生の質問から質問の仕方を学んでくる学生が出てくるんですよ。

Ⓧ：それはうまくいっていますね。私の授業だと質問が出ても答えられなくて，「わかりません」の一言で終わっていくことが多いのですが，どうしたらいいでしょうか。

Ⓑ：そういったこともよくありますよね。ときには「わかりません」が条件反射のようになって，何も考えずに「わかりません」と言っている場合がありますね。そうしたことがクラスにひろがって連鎖反応になったら困るので，はやいうちに手を打たないと困ります。かなりたってから突然指摘すると，そのことを言われた学生は自分だけに言われたと思って不公平感を抱くようになるようです。あとは質問の種類にもよりますよ

ね。知識についてはその場でわからないのはどうしようもないので，来週までに調べてきてレジュメを作って3分以内に説明するように指導をしています。知識であれば，3分以内に説明できないこともたくさんあるので，あとはレジュメを各自で読むことにしているのです。また，発表者の考え方や感想を求めるような質問もありますが，それに対して「わかりません」ということはありえないので，その場で答えさせることにしています。これもトレーニングだと思っています。みんな何とか答えていますよ。

Ⓐ：ところで少し話題がそれますが，はじめのうちは授業で初めて顔を合わせた学生たちなので，お互いに遠慮があったり牽制したりして様子見をしていますよね。それは学生だけでなくわれわれだって同じじゃないでしょうか。学生は若いですから打ちとけるのも早くて，2，3回目の授業からはかなりなごやかな雰囲気になっていきますね。

Ⓑ：たしかに学生たちは早いですね。この授業で初めて会った他学部の学生ともすぐに友達になっていましたものね。講義ではこういうことはありませんね。それにともなって，クラスのムードもやわらかくなっていきますね。ですから，お互いを信頼したり尊重したりして話し合いができる雰囲気に変化していきます。

Ⓧ：たしかに質問の出ない私のクラスでも何人かの学生たちは仲良くなっていきますね。

● 3-2 ディスカッションの活性化

Ⓑ：私の授業はグループでの活動が主ですが，グループの情報は常に全体に還元した方がいいですね。グループ間での学び合いを促進することです。

Ⓧ：実際にはどうしたらいいのですか？

Ⓑ：グループの途中経過をこまめに全員の前で発表してもらうことです。はやい段階でこれを行った方がいいですよ。はやい段階で方向性を明確にしておくことです。というのも後から修正するにはすごく力が必要ですし，作業がずいぶん進んでいたら，学生は一からやり直さなければならないことがわかると愕然として，気力がわかなくなりますから。どうし

てはやく言ってくれなかったの，と。なんでもそうですが，初動が大切です。とにかく全員の前で発表して，互いに修正していくことです。全員に共通することをいっせいに伝えるのは手間が省けていいですよ。

Ⓧ：私の授業もグループの議論を主にしているんです。中にはグループの議論に加わらない学生がいるのですが，どうしたらいいのでしょうか。彼ら一言もしゃべらないのですよ。

Ⓐ：そうした学生は，たしかにいますね。しかし，われわれだって会議や話し合いで全員がしゃべっているわけではないですよね。そんなに気にかけなくてもよいと思いますよ。

Ⓑ：そうですね。おとなしい人はどこにでもいますね。しかし，そうした学生も他の学生の話をよく聞いて考えているようですよ。私は前回の授業で授業の感想を書いてもらったのですが，何も話をしていない学生が「自分と同じ学生がいろいろなことを考えていることに感心した。世の中にはいろいろな考え方があるということがわかった。かれのように人前で自分の意見をきちんと言えるようになりたい」という意見を寄せていました。この授業を通して，彼らなりにいろいろなことを考え感じているようですよ。

Ⓧ：その通りなんだと思います。他人の話を聞くことも大事なコミュニケーション能力ですからね。ですが，得意なところを伸ばすのも教育ですが，苦手なことを克服するのも教育だと思うのです。ですから，そうした学生にも自分の考え方を述べるようになってほしいと思いますし，この授業がそのきっかけになってもらえればと願うのですが。

Ⓑ：何人くらいでグループを作っているのですか。

Ⓧ：学生が20人いますので，5人で4グループにしています。

Ⓑ：適切な人数構成だと思いますが，もし話し合いが活発にならない場合は一度3人か4人に減らしてみてはどうですか。人数が少ないとどうしても話し合いに加わらないといけなくなりますから。

Ⓧ：なるほど，それはいいアイデアですね。今度そうしてみます。

Ⓐ：でも少人数だとうまのあわない人と一緒になったら辛い場合も出てきますよ。

🅑：授業ですから，うまのあわない人ともコミュニケーションできる力をもってもらわないと。90分という限られた時間ですので，それはそんなに心配いらないと思います。全体の雰囲気を確認しながら，どうしてもまずい班があるようなら，次の回にはグループ編成を変えればよいだけなのですから。

● 3-3　学生の相互評価

🅧：そういえば，グループ活動を授業時間外にしてもらって，授業中は各班に30分間発表してもらう時もあるのですが，5人でグループをつくっていると何もしない人がいるらしくて，グループの中に不満があるようなんですね。先ほどご指摘をいただいたように，5人が多すぎるのもきっと一因だと思いますので，次回は人数を減らしてみようと思っているのですが，それ以外に何か工夫するところはありますか。

🅑：学生に相互評価させてみてはいかがでしょうか。具体的にはグループ活動への貢献度ということで，5人からなる班なら合計50点を持たせて，それをその班の構成員でふりわけさせればよいかもしれませんね。以前私が行なった時は，あまり活動しなかった学生が他の人に点をあげると言い出したりしていましたよ。そんなにもめることはないようです。最近の学生はやさしいですから，点を独り占めにするような学生もいないようですからね。

🅧：それはいいことを聞きました。われわれが直接評価できるのは班の発表だけですものね。しかし，その発表の準備はもしかすると一人でやったかもしれませんものね。こちらが厳しく問いただすのも彼らにとっていい気分じゃないでしょうしね。こうした学生による相互評価も事前に彼らに伝えておいた方が教育効果がありますね。

🅑：そうですね。

● 3-4　学生の発表会と評価の相乗効果

🅐：私も学生に毎回発表させているのですが，プレゼンテーションの上達の手ごたえがないんですよ。どうしたらいいんでしょうか。

Ⓑ：私は学生のプレゼンテーションが終わったら，目の前ですぐに評価を口頭で伝えています。例えば次のようにです。「内容の質と量についてはとてもよかったです。発表についてもとても工夫されていました。しかし，1回口頭で説明しただけではみんながわからないところもありました。そういう難しいところは2回繰り返すなどの工夫をしてください。また，原稿を棒読みのところもありました。原稿は理解して，聴衆の反応を見ながら話してください。この班の点は100点満点で85点です。授業のオリエンテーションで説明したように，次の班が今回と同じレベルならば10点減点して75点になります。今回指摘したことをいかして次回の班はよりよいプレゼンテーションをしてください」。このようにすることによって，プレゼンテーションのレベルは15回の授業を通して段々高いものになっていきますよ。

Ⓧ：これはすごい方法ですね！　そりゃ，高くなっていくと思いますよ。重要なのはプレゼンテーションの評価項目をあらかじめ伝えておくことなんですね。

Ⓑ：そうですね。

Ⓐ：ちなみにどんな評価項目を挙げておられるのですか。

Ⓑ：1つは情報の質と量ですね。質については大学レベルにするようにといったった一言です。この一言によって彼らはそれなりにプライドをもって調べてきますよ。もし学問的な基礎知識を問うような場合は，あらかじめ必要最低限の専門用語等のキーワードを提示しておきます。情報の量は単純で，発表時間は決められた時間のプラスマイナス10％以内としています。ですから30分の発表を20分で終わったら，大きな減点となります。情報量が少ないからです。発表時間を情報量という観点で説明していますから，彼らはあらかじめ発表の練習をしてきます。発表方法の独創性も評価します。レジュメは必ず提出させます。最近の学生はパワーポイントを使うのが普通になってきました。しかし，私はあらかじめ演劇や模型を使って発表してもいいよ，と言っておきます。すると，若い感性で自分たちで作曲したり振り付けをしてダンスをし，もちろん演劇をするグループもいます。人形劇をやったグループもありました。

朝早くから料理を作ってきて，みんなに配った班もありましたね。ミミズの巨大な模型を作ってきたところもありました。

Ⓧ：聞いているだけでおもしろそうですね。発表会を見てみたくなりました。

Ⓑ：Ⅹさんは見に来たことがなかったですか。Ａさんはありますよね。

Ⓐ：ありますよ。学生たちが遅くまで大学に残って劇の練習をしているので，「何しているの」って尋ねると，明日はＢ先生の授業で発表会があると言うので，それはおもしろそうだと思って，Ｂさんにことわって見せてもらったんです。他にも何人かの先生が見に来ていましたね。あれはすごかった。

Ⓑ：このように学生には楽しみながら工夫してほしいと思っています。ですから，発表の形式をかなり自由にしています。黙っているとパワーポイントのありきたりの発表で終わりますからね。発表の方法以外にも，声の大きさ，スピード，表情や身ぶり手ぶりの豊かさ，視聴者を寝させなかったか，退屈させなかったか，視聴者との双方向性などです。視聴者との双方向性のためには視聴者をあててもいいし，クイズや小テストなどをしてもいいと言ってあります。彼らはそれらを導入しています。

Ⓧ：われわれよりも授業がうまくなりそうですね。

Ⓐ：そうですよね。

4 学生主体型授業再考

● 4-1 議論のパターン化を防ぐ

Ⓧ：みなさんのおかげで，学生たちも議論をするようになったのですが，どうも上滑りな感じがして，内容が深まっていかないのですが……。どうやら議論がパターン化しているようなのです。どうしたらいいでしょうか？

Ⓑ：そうですね。彼らの経験や知識はまだ限られているので，そこから話を掘り下げていくことは難しいでしょうね。そこはやはりわれわれ教員がサポートしてあげる必要があると思いますね。

Ⓧ：実際にどうしたらいいのでしょう。われわれが話に介入するわけにはい

かないと思うのですが。

Ⓑ：参考文献や新聞記事，ビデオなどを紹介してみるとよいのではないでしょうか。まあ，紹介しても読んでこないでしょうけど，レポートを課して必ず読むように仕向けてもいいと思います。そうしたところから議論は深まっていくかもしれません。

Ⓐ：われわれが学生の話の中にとびこんでいくのはどうでしょうか。

Ⓑ：状況によりますが，私はとびこんで行ってもよいと思いますよ。おそらく議論のテーマは白黒つけられるような問題を扱ってはいないでしょうから。われわれだって何が答かわからない格差社会や地球環境などの問題を扱っていますよね。それがわれわれが直面している社会なのですから。ですから，学生と一緒になって議論することはいいことだと思います。先生だってわれわれと同じように迷いながら考えているんだ，決して数学の問題のように正しい答はないんだ，ということが学生に伝わればそれはとても意義のあることだと思います。重要なのは決して，先生が高みから学生を見下しているという姿勢をとらないことです。そして正解というものがない問題にわれわれが直面しているのだということが学生にわかればそれは大きいことではないでしょうか。

● 4-2 学生主体型授業を通して大学を考える

Ⓧ：大学らしい光景になってきましたね。そうなんですね。われわれと学生が一緒に未知の問題を恐れずに考える。これこそが大学ですよね。

Ⓐ：なるほど。私もやっと学生主体型授業がみえてきたような気がします。学生主体型授業は，学生の主体性を伸ばすコーディネーターや観察者のようなことが強調されているように感じて，どこかに違和感をもっていたのです。コーディネーターならば自分が授業をしなくてももっと適任の人がいるのではないか，と思えたのです。授業をしながらもまさに教員の主体性の喪失のような不安を漠として感じていました。同時に，そこに一抹の寂しさも感じていたのです。われわれが学生と一緒になって未知の問題を考える。自分の専門の枠からはみ出すことになるけれど，生きるものの苦悩として，生活者の苦悩として，学生と一緒に考えるこ

とは意義のあることだと思います。もし学生が乱暴な思考をしたり，判断停止をしたならば，それに対して適切なアドバイスができるかもしれません。一面的な見方しかできなくなったら，他の視点があることを提供できるかもしれません。答を言えなくても，それはそれでいいのでしょう。

Ⓑ：学生からもたくさんのことを学べるはずです。最新の若者文化についての情報が入ってきますよ。若者の思考法もわかるはずです。たくさんの発見がありますよ。

Ⓧ：そうですね。われわれは若者を理解しようとする努力を怠ってきました。自分の学生時代を考えても，若者には独特の文化がありましたものね。われわれが今の若者の思考法を知ることによって世界が広がっていくかもしれないし，これからの社会をきりひらいていくきっかけになるかもしれませんね。

Ⓑ：われわれも学生から学んでいるということが彼らに伝われば，それは学生にとってもうれしいことかもしれないし，誇りになるかもしれませんね。学生との双方向性とは単なる授業のテクニックではなく，本質はこうしたところにあるのかもしれませんね。おそらくわれわれが自分の専門を越境することを恐れずに，彼らと未知のテーマを一緒に考えることに大きな意義があるのでしょう。

Ⓧ：おっ，やる気がでてきたぞ。来週の授業が楽しみになってきました。また，みんなで話し合いましょう。

Ⓐ：そうですね。また知恵を貸してください。

Ⓑ：そういえば，今度，学生主体型授業の本がどこかの出版社から出ると聞きましたよ。全国のいろいろな先生の実践が書かれているそうなんです。今度，それを読んでみようと思うんです。

Ⓧ：それはおもしろそうですね。どういう本なんですか。

Ⓑ：どうもそれがこの本らしいのです。

Ⓐ：それじゃ，われわれも登場しているのですか。

Ⓧ：えっ！？

PART 1
●学生主体型授業の方法論

02 「橋本メソッド」誕生秘話

橋本　勝

1 プロローグ

　2009年11月のある日，岡山大学のFD委員会で，副学長を含む15人ほどの出席者を前に歯学部の准教授は「大人数講義型授業への対話的要素の導入について」と題する報告を始めた。報告が進み「……150人前後の授業を改善する1つの方策としては，橋本メソッドやクリッカーなどの導入推進が一定の効果を発揮すると考えられます」と結んだ。委員長が「ただ今の報告について，御意見・御質問はございませんか」と尋ねたが誰からも「橋本メソッドとは何ですか」という主旨の発言は出ない……。ひょっとして報告中，出席者はうたた寝をしていたのか，あるいは普段からその会議ではほとんど質問は出ないのか，答はいずれもNOである。つまり，少なくとも岡山大学内では，FDに関して知識・見識をある程度もっている委員の間で「橋本メソッド」は基本用語の1つになってしまっているのである。橋本メソッドの授業を開始して10年目……。ようやくここまできたか，という感慨にも似た気持ちが私を包んでいた。

　さて，本章では，私がなぜ橋本メソッドを始めたのか，という部分の裏話を展開したい。各地で橋本メソッドを紹介する「講演もどき」などを行う折などに話している表向きの理由ではなく裏話である。いわゆる「ここだけの話」というやつである。先にナカニシヤ出版から上梓した『学生と変える大学教育』にも現在進行中の続編『学生・職員と創る大学教育』にもそれぞれ橋本メソッドの解説があるが，そこでも触れていない。こうして公表してしまうと秘話で

もなんでもなくなってしまうわけであるが，まぁそろそろ潮時かと考え，あえて公開することにした。

　前置きはいいから早く先を書け，と少しせっかちな小田先生（☞1章，7章）からお叱りを受けそうであるが，もう少し読者をじらせてからにする。楽しみは後に取っておく方が期待感を高めるはずだからである。

　橋本メソッドとは何かをまったくご存じない方が，このまま先を読んでも話がわかるのか，と心配されても不思議はないが，そこは大丈夫である。上記の「150人前後の授業での改善」に関心があれば話は十分伝わる程度のエッセイにまとめてある。とかく，教育に関する書籍は真面目すぎるし，ついつい専門的な話に入り込みやすい。今回，私が執筆陣に加わった最大の理由は小田先生に借りがあるからであるが，2番目の理由は，彼からの依頼が「論文調ではなくエッセー調のやわらかい文章にしていただければ助かります」というものだったからである。そういう文章を書く方が私の性に合っており，私も助かる。蛇足ながら，小田先生の草稿を読ませていただいたが，御本人のものは私から見ると「エッセー調」というには程遠い真面目な実践記録である。あっ，エッセー調であってエッセーそのものではないのか……。私のはエッセイそのものだな……。まぁいいか，気づかなかったことにしよう。何か言われたら，エッセイとエッセーは別だ，などという詭弁で切り抜けることもできるだろう。

2　エピソードⅠ：パックマン

　80年代に世界を席巻したゲームの一つにパックマンがある。図のような主人公（？）がひたすらモンスターたちから逃げ惑いながらえさ（？）を食べて得点アップを競うというきわめてシンプルな名作ゲームであるが，ここではゲームの話をしたいのではない。この形である。食べかけのピザ伝説なる図案論争もあるが，私は岡山大学に着任してしばらくし

図2-1　パックマン？

てからこの図形に出会うことになる。

　いきなり，何の話かと戸惑われている読者もあろうし，とっさに私の言わんとすることが読めたという鋭い読者もおられよう。私がパックマンに出会ったのは，当時，「授業調査アンケート」と呼ばれていた「学生による授業評価アンケート」の結果を示すレーダーチャートをもらった瞬間であった。つまり，他の質問項目は比較的高いのに，ある項目だけが異常に点数が低いために少し不格好なパックマン状になっていたのである。低かったのは「あなたは授業の前後に予習・復習をしましたか」という質問であり，何と受講生平均は1.7であった。他の質問項目が3.5～4.6がずらりと並ぶから何とも目立つ上，この数値はどうやら大学全体の中でも最低ランクに近かったらしい。詳しくデータをひっくり返してみると，全体の64.4％が5段階評価で1をつけており，今であれば，FD関係者から大目玉を食らう結果であったといってよい（ちなみに私は当時はFDとは無縁の存在であった）。

　ただし，私自身はその結果を十分予想していた。むしろ，私の授業でこの質問で1以外をつける学生がいることに逆に一種の違和感を感じていた。予習・復習とは無縁の楽勝科目をすることが私に与えられた社会的使命だと考え，「一話完結」「予備知識不要」を授業の特徴としていたからである。「なぜ予習・復習をする学生がいるのか。私の授業もまだまだだな」と反省していたくらいである。が，不格好なパックマンだけは妙に心に残った。

　なお，この時のレーダーチャートは今は私の手元には残っていない。私が証拠隠滅（？）を図ったのか……。御想像にお任せする。

　さて，そうこうしているうちに私は，何の因果か，全学のFD委員に選ばれてしまった。FDとは何かがよくわからないうちにたった6人の委員になってしまい1000人を越える専任教員の教育をリードする立場になったのである。当然のことながら，授業調査アンケートの今後をどうするかというようなことも審議材料となる。ここへきて私は焦った。多分，私の居直り（？）教育方針は他の委員の理解は得られない。他の委員が気づかないうちに，何とか学生たちが授業外学習をするような授業に変えなければ……。

　しかし，私はいわずと知れた教育のど素人である。何をどうすれば学生がどのくらい取り組むのか皆目わからない。そこでとりあえず大人数授業を1年

休む理由を探したところ，たまたま「総合演習」という教育学の専門の授業担当者を学部内で探していたので，それに名乗りをあげ，そこで何かを試すことにした。その何かはまったく定まらないうちに名乗り出たのであったが，当時，教育学部内でも文部科学省が新たに開設要求をしてきた「総合演習」の内容をめぐって混乱していた。私なりに出した結論は「学際的内容を学生が主体的に取り組むような内容なら何でもよい」という解釈であった。受講規模は20人前後で実際には確か24人の受講生だったと記憶している。

　私が自らに課した課題は「どうしたら学生たちが授業外で学習するか」ということである。ただし，単純に予習・復習を課したのでは「主体的な学習」ではないから，これはだめである……。「あっ，そうだ」。私は18年間（？）も続けた学生生活の中であまり「主体的な学習」をした記憶がなかったが，強いて言えば一度だけあったことを思い出した。学部3回生の時に6人の同期のゼミ生で取り組んだ「インゼミ大会」である。これは各大学の経済学部生が一同に集まり，学問研究に関する自主的研究を発表しあう一大イベントである。何がもらえるわけでもないのに仲間で励ましあいながらかなりの長時間一定のテーマについて分析を重ねた記憶が鮮明によみがえってきたのである。発表の場に教員がいることもあったが基本的にはコメンテーターでしかなく，しかもそれを大学院学生が務めることも珍しくなかった。集まった学生同士で議論も活発に行った。まさに学生が勝手に学び合う場だったのである。そこでは，競争原理と学生主体がかもし出す独特の熱気があった。

　私は受講生を5つのグループに分け競わせることにした。当然，成果の発表もするが，むしろ活発な意見交換がメインになるように工夫した。相互評価をゲーム的に行ったらいいのではないかと考え，そのための得点板などを器用な長男にたくさん作らせたりした。得点板は当時の貴重な資料として今も研究室の隅に眠っている。

　効果は抜群だった。学生たちは全員，勝手に競争し始めた。勝手に議論し始めた。そして何より明らかに授業外での取り組みにかなりの時間を勝手にかけるようになった。私は確かな手ごたえをつかみ，翌年から100人を越える大人数でそれをアレンジしたものを実施し始めたのである。人数が増えたことで，競争原理はより強く働くようになったが，そのためにぎすぎすした感じになら

ないよう，セーフティネットを張ることも忘れず，また，授業外学習があまり大きな負担にならない程度になるよう工夫を凝らした。何しろ，授業評価アンケート結果のレーダーチャートの修正が主目的なのだから，要するにアンケートでせめて3をつけてくれればよいという程度のものであった。

パックマンにはそれ以来出会っていない。

3 エピソードⅡ：赤ペン先生

岡山に拠点をおく全国レベルの企業はそう多くない。その中の1つが㈱ベネッセコーポレーションである。同社がその昔，進研ゼミあるいは福武書店という名前だったことは一定年齢以上でないとわからないであろうが，今や多角化した同社のメイン業務が通信添削であることは世代を超えてよく知られている。そして，同社が日本語として定着させた言葉が「赤ペン先生」である。

また，いきなり何の話に飛ぶのか，とお思いの読者もおられようし，橋本メソッドの話を一度でも見たり聞いたりしたことがあれば，即座に「ははーん，あの話にはそういう裏があったのか」と納得できる方もおられよう。

橋本メソッドでは，中・大規模授業では困難になりやすい受講生と教員との1対1関係を確保するために「シャトルカード」というミニッツペーパーを利用している。先述の『学生・職員と創る大学教育』でも言明しているのだが，このツールは当時，三重大学教授だった織田揮準氏の開発した大福帳にヒントを得て岡山大学が大量に作成したものであり，教員の一部が活用している。授業の終わりに5分ほど時間をとり，感想とか質問とかを記入し次回までに教員がコメントを返すという，ただそれだけのものであるが，私の場合，そのコメント書きが常識をはるかに逸脱している。そのためにかける時間が毎週20〜40時間。土日も何もあったものではない。時には徹夜もある。新幹線でも通勤電車の中でもバスの中でも会議の待ち時間でもせっせとコメント書きに精を出している私の姿を見て，ある著名な教育関係者は修行僧と表現しているくらいである。

さて，ベネッセの話に戻ろう。私は，学生時代，数年間に渡って当時は進研ゼミだった同社の赤ペン先生を務めた。他のアルバイトの方が割がいいと気づ

いてからも，妙に性に合っていたという理由もあるし，他のバイトと併用できたからという理由もあって，結局，他の人より長く務めることになった。数年間もやっていると慣れも手伝ってたくさんのコメントを書くことはほとんど抵抗がなくなってしまう。真っ赤になった添削用紙を見て，責任者から，もう少し減らしても，とアドバイスを受けた記憶さえある。この時，いわば「染み付いた」経験がシャトルカードに結びついてしまったのである。

シャトルカードは1枚の厚紙であり，前のやりとりがポートフォーリオのように残っていくのがミソである。時々，私はコメント書きをしながら苦笑することがある。初回の時にコメント欄に記している文字の大きさが回を重ねるごとに小さくなっていることに気づくからである。私もバカではないから（実はバカではないかという説もあるが……）一人にどのくらいのコメントを書けば全体でどのくらい時間がかかるかはある程度わかる。したがって，学期の始まりでは「今年こそコメント書きの時間を少し削って，50代も半ばになった体をいたわろう。そのために文字を大きめにしよう」と心に決めるのである。ところが，回が進むに連れて，「赤ペン先生」として染み付いた経験の方が体を支配し，手が勝手に動いてしまう。気がつけば，本来，学生のコメントの4分の1程度のコメントを返せばよいのに，下手をすると学生のコメントの2〜3倍も書いたりする。無論，文字は非常に小さくなっているが，本来，学生が書く欄にまではみ出すから，用紙は真っ赤である。ただし，私は苦笑するだけで，そのまま続けてしまうから始末が悪い。まったく苦痛には感じないのは私が鈍感なのだろうか。

今，赤ペン先生はプロ化しているそうだから，要らぬ心配かもしれないが，もし読者の中に，その類のアルバイトをしている大学院生などがいて，将来，大学教員を目指しているなら，ミニッツペーパーをツールとして導入することには少し慎重になったほうがよいかもしれない。

4 エピソードⅢ：研究者の鑑（かがみ）？

私が大学院1年に進学した頃，ゼミの先輩が私に対して年賀状で記した一言は今も記憶にはっきり残っている。「あなたの静けさは研究者の鑑のよう」。私

は物静かな男だったのである。また，岡山大学に着任して間もない頃，父の一周忌の法事の際，親戚の一人が話しかけてきた言葉も印象に強く残っている。「大学の先生になったんやね。安心した。実は，私は小さい頃のあんたを見て，大人になったら，ちゃんとしゃべれるんやろうかと心配しとったよ（原文は他の人が聞いたらまったく理解できない能登弁）」。私は無口な少年だったのである。

またまた何の話が始まったのかとお思いかもしれないが，これも橋本メソッドの裏話の1つである。橋本メソッドの特徴は大人数で討論する対話型授業である。授業中，私はよく教室の真ん中に入り，時々，全体のやりとりに補足コメントを加えたり，発言がスムーズにつながるようなフォローをしたりする。このことが，学生たちの安心感を誘い，議論を自然体で行える状況を作っている。勝手に学生が話し合っているのではなく，私がうまくコーディネートしているのが橋本メソッドなのである。当然，それなりの会話術が必要であり，他の人が橋本メソッドをそのままでは真似できないと指摘する最大のポイントともなっている。無口な少年，物静かな男がどうやってその会話術を身につけたのか，今度はその話をしよう。

私は，上にさらりと書いたが，18年も学生を続けた。正確には「学生的身分」を続けたというべきであるが，ともかく30代半ばまで学生のようなものだった。もちろん，勉強が好きだったわけでも研究に情熱を燃やしていたわけでもない。その方が，かえって家族を養いやすかったからである。「え〜っ」と思われるかもしれないが事実である。授業料は全額免除してもらっていたし，「京大の学生です」と名乗れば大抵のバイト先は受け入れてくれた。何を研究しているわけでもないのに某財団からまとまった研究資金ももらえたりもしたし，国から特別研究員に認定してもらって「給与」相当の謝金を2年間受け取ったこともある。当時，薄給だった助手などになるよりはるかに高収入だったのである。

養う家族は妻と2人の息子。実は私は19歳で結婚していたのである。こちらの方が興味深い読者もあろうが，今回のテーマからかなりずれてしまうからここではこの件はそれ以上触れない。

さて，そうしたなかで，私はさまざまな「社会人経験」を重ねることになる。バッティングセンターの技術見習いは無口でも務まるが，セールスマンはそれでは務まらない。鉄工所の荷物運びは物静かでもよいが，学習塾の講師はそれ

では仕事にならない。つまり，そうした「社会人経験」が潜在能力として眠っていた私の会話力を引き出したのである。

　私はシャトルカードのコメントで，なかなか発言できない学生たちを励まそうと，よく潜在能力の話を記す。人間にはかなりの潜在能力が眠っている。それを発揮するかどうかは環境次第だ，これが橋本メソッドを展開する際の私の信念である。とくに会話能力は人間の本能的自己実現欲求の一部でもあり開花しやすい。しゃべり上手の人も赤ん坊のときから弁舌さわやかだったわけではないし，無口の親の子どもがお笑い芸人になっている例もある。つまり私の無口ぶり，静けさぶりは単にその時，そうだったというだけのことなのである。

　今や，私は大学教育界では「質問屋」あるいは「質問魔」として知れ渡っている。私を「研究者の鑑」と評した先輩も大学教員になっているが，今の私をはたしてどう見ているのだろうか。

5　エピローグ

　プロローグで触れたFD委員会では，その報告を受けての議論の末，「クリッカーはともかく，橋本メソッドはそう簡単には広まりませんね」といういつも通りの結論に落ち着いた。冷静に判断すれば，それはそうだろう。授業評価アンケートがパックマン状態の経験がある人や，修行僧のごとく赤ペンを走らせることがまったく苦にならない人，18年もアルバイト学生生活を送った人など，その場には私以外にはいるはずもないだろうからである。

　ただし，誤解してもらうと困るが，このことは橋本メソッドが他の人では不可能だという意味ではない。最初の第一歩は踏み出しにくいかもしれないが，そういう要素を少しでも加えた教員からは次々と手ごたえの声が寄せられている。

　私の授業は教育学理論に基づいたものではないし，私自身，成果をデータで証明することは好きではない。かつて統計学の中でも統計調査論を専門としていただけに数量データのもつ限界を意識するからである。試行錯誤の中で，学生たちの目の輝きを感じ取りながらデータに現れない手ごたえを確認しつつ，これまで9年続け，年々自信を深めている。

　学生の目の色が変わると授業をする方も楽しくなる。それは私のような特殊

な経歴があろうとなかろうと同じはずである。授業が活気をもちつつ，しかも内容が深まるならば教育の質保証という観点から望ましい方向性である。それは私とポリシーを異にする教員でも同じであろう。

　私は，すべての授業を公開しているから，一度，橋本メソッドを生で御覧いただければ，その効果が実感でき，自分の授業でも少し取り入れてみようかな，という気になるはずである。

　無論，批判するための参観も大いに歓迎する。

注）橋本メソッドとは何かがどうしても気になる人のために少しまとまった注をつけておく。橋本メソッドとは，筆者が岡山大学で2001年度から開講している多人数討論型の授業方式のことである。受講生規模は数十人から150人程度。3～4人ずつのチームに分かれてもらい，あらかじめ与えられたテーマ群の中から，興味・関心と駆け引きにより2つのテーマをチームとして選択する。5～10分程度のプレゼン用レジュメを授業外で作成してもらい期日までに提出する。その中から筆者が2チームを選抜して発表してもらう。特徴的なのは質疑応答時間の長さである。発表が2チーム合わせて10～20分程度であるのに対して，質疑応答は50～60分前後とる。イメージ的には学会等のシンポジウムの総合討論に近い。競争原理とゲーム感覚の中で毎回，フロアのあちこちから手が挙がり非常に活発な議論が展開される。筆者が，中・大規模クラスだと何ができるかという観点から開発した双方向型授業である。発言の一つひとつが成績評価の一部を構成するなどシビアな一面もあるが，非常になごやかな雰囲気の中で授業が進み，気楽に受講できるためリピーターも多い。一人ひとりとしっかり向き合うことを目的にしたシャトルカード（ミニッツペーパー）での筆者のコメント量の多さは学内外で感心を通り越してあきれられている。なお橋本メソッドの授業は最終試験を除き，参観自由であり，年間平均のべ30人前後の参観者がある。希望者はいつでも橋本まで御連絡いただきたい。当日の申し出でも受け付ける（TEL：086-251-7626　e-mail：vhashi@cc.okayama-u.ac.jp）。

【引用・参考文献】
岡山大学　2003　岡山大学教養教育マガジン，OU－Voice，**5**
　　http://kymx.adm.okayama-u.ac.jp/hp/ou/pdf/ou-voice5.pdf
岡山大学　2009　岡山大学広報誌　いちょう並木，**48**
　　http://www.okayama-u.ac.jp/ja/ichounamiki/icho_j_48.html
清水亮，橋本　勝，松本美奈（編著）　2009　学生と変える大学教育，ナカニシヤ出版
清水亮，橋本勝（編著）　印刷中　学生・職員と創る大学教育，ナカニシヤ出版

03 対話中心の授業づくり
協同学習の実践

安永　悟

1 はじめに

　大学の授業改善を考える際，授業づくりのプロである小学校教師の意見は実に参考になる。2009年に神戸大学で開催された日本協同教育学会において，協同学習の観点から大学教育を考えるラウンドテーブルが企画された。その際，指定討論に立った現役の大学院生である教員歴26年の教師が，この1年半，学生として授業に参加し，同時にこの半年，専門学校の講師として授業を行った経験から，次の点を指摘している（須藤, 2009）。

(1) 受講生の立場から見た大学授業
　　基本的に，30年前とまったく変わらない授業に驚いた。先生たちは教壇から一歩も動かないし，学生と対話しようとしない。一方向的な授業が淡々と展開されている。教育に対する先生たちの熱意（本気）が伝わってこない。実際，教師が授業を楽しんでいない。

(2) 講師の立場から見た授業づくりの大変さ
　　小学校と違い，大学は週に1回で授業が組まれているので，教師が学生と直接話ができる機会がほとんどない。学生一人ひとりを知ることはできず，教師として授業の手応えを感じにくい状況にある。週1回の授業では学習したことがなかなか積み上がらない。また学生は一つの正解を求めており，正解のない学習を難しがる。授業に対して非常に受け身的である。

このような授業に危機感を抱いた大学教師が，真に学生の変化・成長を保証する授業づくりを始めている（井下，2008；杉江ら，2004; 安永，2005, 2009）。その中にあって，協同学習の理論と技法が大きな注目を集めている（Barkley, et al., 2005; Bruffee, 1999; Johnson et al., 1991）。協同学習は単なる話し合いの技法ではなく，学生主体の能動的な学習を演出する理論でもある。本章では，協同学習に基づく対話中心の授業を紹介する。

2 授業づくりの背景

協同学習に傾倒した契機は，1995年の「LTD話し合い学習法」（Rabow, et al., 1994）との出会いと，2004年の「日本協同教育学会」の設立を挙げることができる。

LTD（learning through discussion）に出会った翌年から実践を始めたが，初回の授業でLTDの虜になってしまった。教師が一方的に話す授業ではなく，学生同士の対話中心の授業がもつ底知れない可能性を直感した。その驚きと興奮は今でも忘れられない。以来，活動性の高い授業を提供し，生き生きと学ぶ学生の姿を見たいという思いから，授業改善に取り組んでいる。

その後，協同学習に興味・関心をもつ研究者や実践家との交流が生まれ「日本協同教育学会」を立ち上げた。これを機に，協同学習に基づく教育改善・授業づくりを目指した活動が本格化した。2007年からは地元教育委員会との連携のもと小学校や中学校における授業づくりにも参加するようになった。

今回紹介する対話中心の授業はこのような背景に支えられている。学校現場の先生方や研究仲間との交流を通して，大学での授業をふり返り，試行錯誤しながら，少しずつ輪郭がみえてきた実践モデルである。

3 対話中心の授業モデル

授業づくりに教育目標は欠かせない。目標が明確でなければ授業づくりは迷走する。育てたい学生像が違えば手段も異なる。むろん科目ごとに扱う内容（認知的目標）は異なるが，筆者はすべての科目において「変化・成長」をスロー

表 3-1 教授学習ユニットを組み込んだ対話中心の授業モデル

授業段階	時間	教授学習ユニットの応用	時間[1]
❶初めの挨拶	3分	St. 1 教　師　方向づけ	1分
❷本時の予定	2分	St. 2 学　生　授業通信の読解	7～10分
		St. 3 学　生　意見交換	8分
❸前時のふり返り	20分	St. 4 全　員　クラスとの対話	1～3分
		St. 5 教　師　授業の展開	
❹授業の展開	50分	St. 1 教　師　解説と方向づけ	10～15分
		St. 2 学　生　課題との対話	1～3分
		St. 3 学　生　仲間との対話	3～5分
❺授業のふり返り	14分	St. 4 全　員　クラスとの対話	5～10分
		St. 5 教　師　授業の展開	
❻終わりの挨拶	1分		

1) 教授学習ユニットの時間配分は一応の目安である。授業の展開や学生の状態に応じて柔軟に変更している。

ガンに掲げている。どんな状況にあっても学び続け，変化・成長できる学生の育成という態度的目標は一貫させている。先の読めない現代社会において，不測の事態に遭遇しても，適切に対応できるだけの柔軟さと強さ，自らの能力を信じ，仲間と協力しあって，事に当たれる学生の育成を目標としている。

　この目標を達成するには，学生が主体的に参加し，仲間と学び合うことを通して，自分自身の変化・成長を実感し，自分自身に対する自信を取り戻し，将来に対する期待を育てる授業が求められる。その1つのモデルとして「対話中心の授業」を提唱している。

　この授業モデルは，講義形式の授業であればすべての科目で使える。クラスの大きさは30名程度が望ましいが，100名程度の多人数授業でも可能である。授業では4人グループ，もしくはペアでの活動が中心となる。以下，授業の流れをたどりながら(表3-1)，授業づくりの工夫を紹介する。なお，授業では授業内容や教師の指示を視覚化したスライドを多用している。

◉ 3-1　挨　　拶

　授業は挨拶で始まり，挨拶で終わる。始業チャイムが鳴り終わると同時に教師が学生に挨拶し，学生が応える。次に，グループ内で仲間同士が挨拶し，仲間の心身の状態や，授業に対する意気込みなどを確認する。仲間の状態を知っ

ていれば，仲間の言行に適切な対応がとれる。授業の終わりにも，一緒に学んでくれた仲間に対して感謝の気持ちを伝え，再会を誓って，授業を終わる。

◉ 3-2　本時の予定

授業の始めに，授業の流れを紹介し，見通しをもたせる。本時の目的は何か。どのような手順で授業が進むのか。1コマ学ぶことで何ができるようになるのか。本時の授業テーマを簡潔にまとめて紹介する。見通しが共有できると，学生は授業の展開過程に能動的に関わることが可能となり，主体的に学ぶことができる。

なお，授業の中でルーティン化した活動（例えば，授業モデルの「挨拶」「本時の予定」「授業のふり返り」など）は，活動の趣旨と手順を一度説明しておくと，その後は簡単な解説や指示で済む。

◉ 3-3　前時のふり返り

前時をふり返るために，授業通信を発行している。授業通信は，授業に対する学生の意見・感想・質問に教師が応える形で構成されており，前時のまとめや連絡事項も含まれる（安永, 2006）。週1回しかない大学授業の欠点を補完することが大きな目的であり，次の機能を期待している。

> ❶ 前時を思い出させ，本時の共通基盤をつくる。
> ❷ 前時の質問に答え，理解を深める。
> ❸ 学生と教師および学生同士の対話を活性化する。
> ❹ 学生の変化・成長と授業の記録とする。
> ❺ 授業評価の資料とする。
> ❻ 今後の授業づくりの手がかりとする。

授業通信の活用法は多様である。以前は，重要と思われる話題を教師が解説するという方法を採用していた。しかし今では，学生主体の授業づくりの観点から，表3-2に示す教授学習ユニット（安永ら, 2007）に依拠した方法を採用している。

表 3-2 協同学習に基づく教授学習ユニット

ステップ	活動主体	活動内容	活動のポイント
St. 1	教 師	解説と方向づけ	簡潔な説明と課題明示
St. 2	学 生	課題との対話	個人思考（活動）
St. 3	学 生	仲間との対話	集団思考（活動）
St. 4	全 員	クラスとの対話	理解の共有
St. 5	教 師	まとめと展開	理解の定着

教授学習ユニットは次の5つのステップで構成されている。

❶まず，授業内容を教師が説明する（St.1）
❷その内容を，学生同士の話し合いを通して理解を深めさせるために，自分の理解を確かめ，自分の意見を準備する（St.2）
❸そのうえで，グループで交流させる（St.3）
❹その後，クラス全体で意見交換を行う（St.4）
❺教師が全体をまとめて，次の展開につなげる（St.5）

この教授学習ユニットを考慮し，表3-1に示した手順で授業通信を扱っている。つまり，㋐個人で授業通信を読ませ，関心のある話題について意見をまとめさせる，㋑グループで意見交換させる，㋒必要に応じて教師が解説を加える。この方法を採用するようになり，授業通信を教師が解説していたときよりも学生の活動性が高まっている。

● 3-4 授業の展開

この段階でも教授学習ユニットに依拠した授業展開を試みている（表3-1）。そのために，あらかじめ教授内容（学習課題）を10〜15分程度で説明できる分量にまとめ，系統的に並べておく必要がある。1回の説明で用いる教授内容や所要時間は，受講生に依存し，彼らの学力や興味関心，集中力などが主な目安となる。一般的に教師は話しすぎる傾向にあるので，教授内容はコンパクトにまとめ，短時間での簡潔な説明をこころがける。

教授学習ユニットはあくまでも基本形であり，学生を授業に参加させ，主体

的に考えさせる場を演出することが目的である。教師が解説している間であっても学生の集中力が低下したり、理解できていない様子がうかがえたなら、仲間との話し合いを適宜入れ、内容を確認させることも効果的である。一定期間、この教授学習ユニットを繰り返し使用することで、学生の集中力は高まり、長時間の解説にも耳を傾けられるようになる。

なお、教授学習ユニットを使い続けると、授業の展開が単調に感じられることがある。そのようなとき、授業に変化をつけるために「授業の展開」部分に、ジグソー学習法（Barkley, et al., 2005）や特派員（関田, 2009）といった技法を導入することもある。

● 3-5 授業のふり返り

最後に、授業に関する意見や感想、質問を授業記録紙（A4版用紙）に書かせている。授業をふり返り、授業を記録することに加え、授業改善にいかす目的があることを学生には伝えている。記述内容に責任をもたせるために記名させているが、記述内容が成績に影響しないことも伝えている。また、授業記録紙への記入は「書くこと」の訓練であることも意識させており、時間いっぱい書き続け、合図があるまで途中で止めないように指導している。書かれた内容を手がかりに、授業通信を編集している。

4 授業づくりのポイント

上で紹介した対話中心の授業モデルを用いて、活動性の高い授業づくりを意図している。以下に、授業づくりのポイントを挙げる。

● 4-1 授業の環境づくり

授業の環境づくりの基本は「規範づくり」である。学生が安心し、集中して学び合える風土をつくる必要がある。そのために、学期開始時に学生と話し合い、守るべき受講ルールを決め、指導を徹底する。指導を徹底しないと、授業規範は容易に崩れ去り、授業を統制できなくなる。ただし、受講態度を取り締まることが目的ではなく、学生一人ひとりが真剣に学び合うことができ、教え

合うことのできる学習空間をつくり出すことが目的である。このことを常に留意すべきである。

対話中心の授業づくりにおいて物理的な教室環境も無視できない。可動式の机と椅子が準備された教室が最適であるが，机と椅子が固定された階段教室でも実践できる。いずれにしろ，学生同士をできるだけ近くに座らせることが指導の第1ポイントになる。仲間との間に物理的な距離ができると，心理的な距離も遠くなり，対話が活性化しにくくなる。

● 4-2 授業の見通しと価値

授業の基本構成は「めあて・展開・まとめ」の3つである。授業の始めに「めあて」を示し，何を，どのような手順で，どこまでやるのか。授業が終わったときに何ができるようになるのかを，まず説明する。授業モデルの「本時の予定」や教授学習ユニットのSt. 1に対応する。各自が見通しをもつことで，教師の指示を待つまでもなく，主体的に学ぶことができる。逆に，見通しのもてない授業では，図らずも指示待ち人間を育てることになる。

また，学ぶ内容に意味を見出せなければ主体的に学べない。授業の見通しをもたせたうえで，授業内容の価値を学生個人と関連づけさせ，納得させることが大切である。授業内容が自分の変化・成長の糧になり，自分の人生に役立つことを理解できれば，学生は主体的かつ貪欲に学び始める。単位取得が目的であれば最低限の努力しかしない。

● 4-3 グループ編成と雰囲気づくり

協同学習では異質な学習グループの編成を推奨している。異質なグループであれば多様な意見やアイディアが生まれやすく，広がりと深まりのある学び合いが展開する。性別や年齢，学年，学部学科などを手がかりにグループをつくることができる。また，意見の違いも手がかりとなる。さらには，話し合いと関係が深い「コミュニケーション不安（McCroskey, 1978）」や「ディスカッション＝スキル（安永ら, 1998）」「思考動機（安永ら, 1999）」といった心理的な側面も異質なグループづくりの手がかりとして使える。

グループ編成では異質性を重視しているが，時には同質のグループを編成す

ることがあってもよい。つまり，活発なグループ活動を演出するために，何がもっとも効果的であるかという基準でグループを編成し，再編すればよい。

　グループ編成に続き，グループの雰囲気づくりが必要になる。グループの緊張をほぐし，メンバー間の信頼関係を醸成する。初対面であることや，話し合いに慣れていない可能性を考慮し，活動の単位を小さくし，活動手順を明示する。活動単位が大きかったり，具体的な指示がなければ，学生はとまどい，うまく活動できず，最初から挫折感を味わってしまう。話し合いに抵抗感をもつ学生も多く，話しやすい場をつくることが不可欠である。

● 4-4　協力を引き出す学習課題

　教師は学生の能力を過小評価しがちであるが，想像以上の力をもっている。高いハードルを設定したつもりでも，いい意味で裏切られた経験が幾度もある。真に学び合えるグループをつくり，水準の高い，協力を引き出す適切な課題を準備すれば，学生は期待以上の力を発揮し，大きく変化・成長する。学生同士の協力を引き出し，変化・成長を促す課題づくりこそ，対話中心の授業において，教師が担うべきもっとも大きな責任である。

　グループで取り組ませる課題の困難度は，一人では無理だが，仲間と協力すれば解ける程度の問題が望ましい。一人で解決できる問題であれば，仲間と協力する必要はない。仲間と協力しても解けない問題だと，グループ活動への動機づけが下がる。より微妙なさじ加減をいえば，これまでの経験上，メンバーが協力しても達成できるかどうか判断に苦しむ程度の困難さを意識した課題づくりが望ましい。

● 4-5　存在感を実感できる授業

　学生一人ひとりが，他者との交代がきかない，かけがえのない存在であることを実感できる授業づくりが，授業への出席を促し，仲間との学び合いを促す。

　一例として欠席者への対処法を挙げる。学び合いは仲間がいてはじめて成立する。4人グループであれば一人欠けても大きな障害となる。そこで以前は，欠席者がいるグループには新しいメンバーを補充したり，欠席者のいるグループ同士を一緒にして仮のグループをつくることもあった。しかし，この方法で

は欠席者の居場所を教室から抹殺することになる。実際，遅れてきても座れる席がない。同時に，自分が欠席してもグループの仲間は困らないというメッセージを欠席者に伝えることになり，出席への動機づけは高まらない。

これらの問題を解決するために，今では，欠席者の席をグループ内に確保し，欠席者がいつ出席しても座れる「居場所」を常に準備している。そして，本来いるべき「仲間」が本来いるべき「席」にいないことをグループの仲間全員で気にかけるように指導している。その結果，自分も含め，仲間一人ひとりの存在の意味を深く考えるようになる。「仲間が欠席して心配だ」とか「話す相手がいなくて，寂しかった」という感想や，だから「わたしは仲間に迷惑をかけたくないから必ず出席する」という意見が聞かれるようになった。

自分の存在が仲間から認められる授業，欠席すれば心から心配してくれる仲間がいる授業，そんな授業を学生は求めている。

● 4-6 達成感を伴う授業

学生の変化・成長を保証する授業づくりの1つの指標としているのが自己効力感（Bandura, 1997）である。自己効力感は，ある学習課題を自分の力で解けるという信念である。自分一人では解けないかもしれないが，仲間と協力すれば解けるというグループとしての効力感も想定される。個人の能力やグループとしての総合力を考慮し，簡単ではないが努力すると解決できる程度の課題を与える。それを達成できると，学生の自己効力感は高まる。このような達成感をできるだけ多く体験できるように授業を仕組むと自己効力感が高まり，主体的な学び手としての自信が強まる。

グループとして課題を達成できても，個人としての自己効力感を高められないことがある。つまり，自分の貢献度に自信がもてない学生がいる。そのような場合は，教師が学生の貢献内容を指摘し，どのメンバーが欠けても課題達成が困難であったことを認識させる必要がある。先述の存在感とも関連し，グループの一員として達成感を味わえるようなサポートが必要となる。

5 「対話中心の授業」の成果

　ここでは，現在進行中である「教育心理学Ⅱ」（2009年度後期）の授業風景を紹介しながら，本章で紹介した「対話中心の授業モデル」を実践した前期「教育心理学Ⅰ」の効果を描写する。「教育心理学Ⅰ」と「教育心理学Ⅱ」は，2年生以上を対象とした心理学科の専門科目である。ただし「教育心理学Ⅰ」は他学部他学科の指定科目となっており，心理学科以外の学生も受講していた。

● 5-1　「教育心理学Ⅰ」での効果

　「教育心理学Ⅰ」の中心テーマは「教授学習法」であった。最初の4コマで「協同学習の理論と技法」について，続く3コマで「LTD話し合い学習法」を学んだ（安永，2006）。その後，LTDミーティングを2回実施したが，ミーティング以外の授業では，常に，本章で紹介した授業モデルに依拠した授業構成で実施した。

　「教育心理学Ⅰ」に参加した100名弱の学生たちの反応はおおむね良好であった。授業記録紙で求めた毎回の授業評価は高く，授業記録紙に書かれた意見・感想は，回を重ねるごとに，書く量も，内容も大きく変化した。また，初回と10回目の授業で行った調査の結果によれば，協同に対する認識（長濱ら，2009）や大学生活に対する適応（出口・吉田，2005），将来に対する見通し（加藤・Snyder, 2005）など，受講生の態度的側面に肯定的な変化が見出されている。

● 5-2　「教育心理学Ⅱ」に見る効果

　「教育心理学Ⅱ」の受講生は38名で，全員が前期「教育心理学Ⅰ」の単位取得者である。この授業では，初めて「学生による授業づくり」に挑戦している。本章で紹介した授業モデルの「授業の展開」部分（50分間）を4～5人のグループで計画し，実践させている。授業内容は使用テキストから教師が指定し，各グループに選択させた。

　授業づくりにあたるグループには，前期「教育心理学Ⅰ」で体験し，理論的背景を理解した「対話中心の授業モデル」を意識させ，そのモデルに依拠した授業づくりを求めている。それ以外はグループにすべてを任せ，自由に授業づ

くりに取り組ませている。むろん，必要であれば授業時間外に相談にのることもある。一方，授業を受けるグループには，クラス全体でつくる授業を意識させ，各自，テキスト内容を予習して授業に参加することを求めている。

　これまでに6つのグループが授業を行ったが，回を重ねるごとに，授業方法が向上し，授業者と受講者の間で見事な「授業」がつくられている。その方法は教授学習ユニットを意識したものになっており，授業のはじめに目的と手順および時間配分を，スライドや板書で明示している。そして，テキスト内容を解説し（St.1），個人思考を求め（St.2），グループでの話し合いを行わせる（St.3）。話し合いの最中，机間巡視を行い，話し合いの内容に耳を傾け，メモをとる。グループごとに発表させ，クラス全体で話し合う（St.4）。指示の出し方も，前期「教育心理学Ⅰ」で学んだ「関連づけ」や協同学習の技法名を使い，的確である。最後に，授業全体をまとめて（St.5）授業を終える。受講生から「このグループは，本当に初めて授業したのか」といった驚嘆の声が聞かれるほど見事な授業もある。

　授業も見事であるが，受講者の態度も素晴らしい。仲間の授業を応援し，自分も授業づくりに参加するという意識がきわめて高い。その表れとして授業記録紙に，予習をして授業に臨み，授業者と一緒に授業をつくることは当然であるという意見が頻出している。クラス全体での討議の中で，予習不足が疑われる発言や，授業を共につくるという態度が薄い発言に対しては，手厳しい批判が述べられている。

　授業内容の理解度に関してはまだ確認できていないが，協同学習に関する従来の知見とも考え合わせると，深い理解が期待される。授業者は，テキストの担当箇所を深く読み解き，授業を計画している。また，独自の配付資料を作成し，事前のリハーサルも自発的に行っている。受講生の予習も徹底している。これは前期「教育心理学Ⅰ」で実践したLTD話し合い学習法の効果であると推測される。予習しなければミーティングはおもしろくないという実体験から，予習がしっかりできているので，内容の濃い対話が展開している。授業中の発言内容や対話内容，授業通信の内容から判断して，教師中心の一方向的な授業を受講している学生と比べれば，理解度は間違いなく深いと判断できる。

　このように「学生による授業づくり」は期待以上の成果をあげている。これ

らは間違いなく，前期「教育心理学Ⅰ」で実践した「対話中心の授業」の成果といえる。教師が一方向的に話す授業では到底実現できない。

　ところで，「教育心理学Ⅱ」の授業から授業通信の編集も学生に任せている。授業を受けているグループが順番に，授業内容を記録し，仲間の意見・感想に対してコメントを書き，授業通信を編集する。必要に応じて筆者もコメントを加えている。これも初めての試みであるが，授業に対する学生の参加意識が向上し，授業中の話し合いに加え，授業通信を通した学生同士の対話が展開しており，今まで以上に，グループを越えた学生間の対話が活性化されている。この挑戦が，学生にどのような変化・成長をもたらすか。今後の展開が楽しみである。

6 まとめ

　本章では，教授学習ユニットを組み込んだ対話中心の授業モデルを提案し，協同学習の観点から授業づくりのポイントを解説した。また，その学習成果として挑戦が始まったばかりの学生による授業づくりの一端を紹介した。

　最後に紹介した学生による授業は，本章の冒頭で小学校教師が指摘した大学の授業風景とはまったく異なっている。学生たちは，本気になって熱心に授業づくりに取り組んでいる。授業方法も一方向的な解説ではなく，教授学習ユニットを組み込んだ構成になっている。受講生に対する指示も的確で，机間巡視もできている。受講生も受動的な学習態度は一切示さず，授業者と共に授業づくりに深く関与している。ここに，学生の手により，理想とする大学授業の一例が実現しつつある。この学生による授業づくりの成功は，本章で紹介した授業モデルに沿った前期「教育心理学Ⅰ」の教育成果を見事に表している。大学教師はここから何を学び取るべきか，真摯な態度での検討が望まれる。

　学生の授業づくりの予想外の成果に接し，本書の中心テーマである「学生主体」を筆者自身どれほど理解できていたのだろうかという自責の念を感じている。教師主体の対概念として「学生主体」という言葉をしばしば使うが，その理解は表面的なものに留まっていたのではないだろうか。協同学習を専門とする筆者は，少なからず「学生主体」の授業を実現できているとの自負心があっ

た。しかし，現在進行中の学生による授業づくりを通して「教師が教え，学生が学ぶ」式の古い教育観から十分には脱却できていなかったのではないかという反省がある。「学生は無限の可能性を秘めた存在である」と信じているが，この信念がどれほど実際の授業づくりに活かされていたのか疑問を感じている。そこには，グループ活動を取り入れ，学生の活動を高める，さまざまに配慮した授業を提案すれば，それで「学生主体」の授業は成立しているという錯覚があったのではないだろうか。その錯覚に気づいた今，再度「学生主体」の授業のあるべき姿を問い続けることから，次の一歩を踏み出したいと思っている。

このような心境に導いてくれた「教育心理学Ⅱ」の受講生一人ひとりに感謝して，本章を閉じることにする。

【引用・参考文献】

Bandura, A. 1997 *Self-efficacy: The Exercise of Control.* NY: W. H. Freeman and Company.

Barkley, E. F., Cross, K. P., & Major, C. H. 2005 *Collaborative learning techniques: A handbook for college faculty.* San Francisco: Jossey-Bass.（安永 悟（監訳） 2009 協同学習の技法―大学教育の手引き，ナカニシヤ出版）

Bruffee K. A. 1999 *Collaborative learning: Higher education interdependence and the authority of knowledge.* (2 ed.). Baltimore: The Johns Hopkins University Press.

出口拓彦・吉田俊和 2005 大学の授業における私語の頻度と規範意識・個人特性との関連: 大学生活への適応という観点からの検討. 社会心理学研究, **21**, 160-169.

井下千以子 2008 大学における書く力考える力―認知心理学の知見をもとに，東信堂

Johnson, D. W., Johnson, R. T., & Smith, K. A. 1991 *Active learning: Cooperation in the college classroom*, 1/E.（関田一彦（監訳） 2001 学生参加型の大学授業―協同学習への実践ガイド，玉川大学出版部）

加藤 司・C. R. Snyder 2005 ホープと精神的健康との関連性―日本語版ホープ尺度の信頼性と妥当性の検証, 心理学研究, **76**, 227-234.

McCroskey, J. C. 1978 Validity of the PRCA as an index of oral communication apprehension. *Communication Monographs*, **45**, 192-203.

Millis, B. J., & Cottell, Jr., P. G. 1998 *Cooperative learning for higher education faculty.* Westport, CT: Oryx Press.

長濱文与・安永 悟・関田一彦・甲原定房 2009 協同作業認識尺度の開発, 教育心理学研究, **57**, 24-37.

Rabow, J., Charness, M. A., Kipperman, J., & Radcliffe-Vasile, S. 1994 *Willam F. Hill's*

Learning through Discussion. California: Sage. (丸野俊一・安永　悟（共訳）
  1996　討論で学習を深めるには―LTD 話し合い学習法（共訳），ナカニシヤ出版）
関田一彦　2009　協同学習ワークショップ＜Basic＞用テキスト ver. 2., 日本協同教育学会
須藤　文　2009　ラウンドテーブル「大学における協同学習の実践―大学授業への導入」指定討論　日本協同教育学会　第 6 回大会（神戸大学），10 月 18 日（日）10:50-12:20 開催
杉江修治・関田一彦・安永　悟・三宅なほみ　2004　大学授業を活性化する方法，玉川大学出版部
安永　悟　2005　LTD 話し合い学習法と不確定志向性 122-152.（溝上慎一・藤田哲也（編著）　2005　心理学者，大学教育への挑戦，ナカニシヤ出版，pp. 159-188.）
安永　悟　2006　実践・LTD 話し合い学習法，ナカニシヤ出版
安永　悟　2009　協同による大学授業の改善，教育心理学年報，第 **48** 集，163-172.
安永　悟・江島かおる・藤川真子　1998　ディスカッション・スキル尺度の開発．久留米大学文学部紀要（人間科学編），**12・13**，43-57.
安永　悟・甲原定房・藤川真子　1999　ディスカッション・スキル運用能力と思考動機との関係　久留米大学文学部紀要（人間科学編），**14**，63-73.
安永　悟・長濱文与・永峯卓也　2007　学生の変化・成長を意図した対話中心の授業計画と展開法―協同学習の視点から，看護人材教育，8・9 月号，80-86.

04 学生とともに作る授業を求めて
「ドキュメンタリー・環境と生命」

木野　茂

1 授業を始めた背景

　私は1991年の大学設置基準の大綱化以後，大学での授業の大半がいぜんとして高校までの授業と同じように教員から学生への知識伝授型の一方向型であることに疑問を抱き，教員と学生による双方向型の授業展開を主張し，1994年度から自らいくつかの授業を実践してきた（木野, 2005；木野, 2009）。その中には講義だけでなく演習や実験もあるが，中でも講義は典型的な一方向型授業になりやすく，学生の主体的・能動的な学習を導く参加型授業にするには相当な工夫が必要であった。
　そこで，いっそのこと教員による講義をなくした授業ができないものかと考えたのがこの授業の発端であった。それは2001年の末頃で，前任校の大阪市立大学にいたときのことである。講義の代わりに何を授業の中心にするかが問題であったが，ヒントになったのが，他の授業でドキュメンタリーの一部を観せたところ学生たちからもっと観せてほしいとの声が多かったことである。ドキュメンタリーの鑑賞からスタートする風変わりなこの授業を開講したのは2002年度からであるが，2005年度までの大阪市立大学での授業については（木野, 2005）の第8章で紹介した。
　ここでは，2006年度から立命館大学で始めた同名の授業を紹介する。ドキュメンタリーの鑑賞からスタートすることは変わらないが，学生のより主体的能動的な学習を求めて，授業の進め方や方法をさらに進化させたつもりである。

2 授業の設計

現在のシラバスを紹介し，大阪市立大学での授業（木野, 2005）から進化した点をコメント（⇒）で付け加える。

● 2-1 授業の概要

> いま，環境と生命に関わる問題は人々から大きな関心をもたれているテーマである。
>
> この授業では環境と生命に関するテレビ・ドキュメンタリーの中から選んだ9本を教材にし，ドキュメンタリーを題材にしたディスカッションを通じて，自分の意見を人に伝える力と自分の考えをまとめる力をつける。
>
> さらに，ドキュメンタリーに関連する課題研究のテーマを設定してグループ研究を行い，その成果を教室で発表し，クラスメイトとQ＆Aを行うことにより，グループ研究の仕方を身につけ，プレゼンテーションとディスカッションの力をつける。
>
> また，学部・回生の異なるクラスメイトと一緒に受講することにより，異なる視点からのものの見方・考え方を理解できるようになる。
>
> この授業では，受講生の自主的・能動的な学習と授業への参加を促し，自ら学んだという実感を得てもらいたい。

⇒ 授業の目的は以前と変わっていないが，ドキュメンタリーを教材にしてディスカッションするだけでなく，それに関連した課題研究のグループ学習に発展させたところが進化である。

● 2-2 授業内容・授業計画の概要

> 第1回～第9回の授業では毎回1本（30分～50分程度）の環境と生命に関連するテレビ・ドキュメンタリーを教材として鑑賞する。ドキュメンタリーの作品は最近数年間に放映されたものが中心で，多岐に渡っている。

4 学生とともに作る授業を求めて

　第1回から第9回のドキュメンタリーについては，各自感想や意見を400字程度にまとめ，授業後，コースツールに書き込む。みんなの書き込みを読んでもっともよかったと思うものを翌週教室で投票する（最多得票者を称えるアトラクションもあり）。

　また，第9回までの授業と並行して，ドキュメンタリーに関連した課題研究をグループで行う。グループは各自の関心を尊重しながら7人程度になるように調整する。第2回から第9回の授業の後半では，グループミーティングも行う。教員は各グループを順次回り，グループ研究の指導と相談を行う。

　第10回からは，グループ研究の発表を中心に授業を進める，発表はグループの全員で行う。

⇒　課題研究のグループ学習を導入したため，教室で鑑賞するドキュメンタリーの本数を減らすとともにドキュメンタリー鑑賞直後の感想交換もグループで行うようにした。また作品も完成型のものより問題提起型のものを主とし，30分くらいの作品を多くし，グループワークの時間を多くした。

● 2-3 到達目標

- ドキュメンタリーを観て，何が問題かを理解できるようになる。
- ドキュメンタリーに関連した情報を自分で調べることができるようになる。
- ドキュメンタリーに対する自分の意見をもつことができるようになる。
- 自分の意見を所定の字数にまとめ，人に伝えることができるようになる。
- 他の人とディスカッションをし，人の意見を理解することができるようになる。
- グループ研究ができるようになる。
- 所定の時間で発表ができるようになる。

⇒　グループ研究とプレゼンテーションが新しく加わったので，到達目標も豊かになった。

◉ 2-4　授業外学習の指示

- 授業後，ドキュメンタリーに関連する情報をインターネットや図書館を利用して調べる。
- グループ研究に関する情報や資料をグループのメンバーで分担協力して調べる。
- グループ研究発表に向けて，グループメンバーと授業時間外にも連絡を取り合い，準備を進める。
- 授業終了後，下記の課題レポートを提出すること。
- 授業期間中に TV で放送されるドキュメンタリーの中から環境と生命に関する 1 本を選び，その要旨（400 字程度）と自分の意見（400 〜 600 字）をまとめる。

⇒　当初から授業外学習がこの授業の基本であるが，グループ研究でさらにそのウエイトが高まった。

◉ 2-5　成績評価方法

- 平常点評価（80％）　　毎回のコースツールへの投稿とその評価を 50％，ドキュメンタリーの要約（各自 1 回）の評価を 10％，グループ研究の評価を 10％，グループ研究への貢献度を 10％とする。なお，原則として 2/3 以上の出席を成績評価の要件とし，欠席回数に応じて平常点を減点する。
- レポート試験（20％）　　課題レポートの要旨および意見について総合評価する。
- プラスアルファ評価　　番組要約やグループ・ディスカッションの報告を 2 回以上担当した場合。

⇒　グループ研究に関する評価（計 20％）が新しく加わった。

4 学生とともに作る授業を求めて　47

◉ 2-6　受講に関するアドバイス

> 受講にあたっては，コースツールの読み書きができること，インターネットで情報検索ができることが必要である。

⇒　大阪市立大学ではメーリングリストと科目ホームページを利用してきたが，立命館大学では大学が全授業に用意しているコースツール（Web-CT）を利用することにした。電子掲示板方式なので記録性が高くなり，クラスでの情報共有感が増した。

3　授業の実践

　2008年度の授業日程を追いながら，実際にどんな授業を行っているかを紹介する。なお，受講者は80名を定員とした事前登録制で，それを超えた場合は機械抽選となる。2008年度は4月の事前登録で定員を超えたため抽選になったが，授業は後期のため実際に受講したのは60名であった。

◉ 3-1　初回　授業ガイダンス，ドキュメンタリー鑑賞，グループ分け
　ガイダンスではシラバスの復習の後，この授業の具体的な進め方について下記の説明をする。

> ❶ 9回目までの授業では，最初に全員でドキュメンタリーを鑑賞する。毎回の授業後，ドキュメンタリーに対する感想・意見をコースツールの電子掲示板（BBS：Bulletin Board System）に投稿（400字程度）すること。また，それぞれ9回のうち1回，ドキュメンタリーの内容要約（400字程度）を投稿すること。毎回，挙手で7人くらいずつ決める。
> ❷ コースツールの使い方の練習を兼ねて，今日の授業後，先に簡単な自己紹介と受講の動機を投稿すること。
> ❸ 今日は鑑賞した後，9本の予定ドキュメンタリーの内容紹介（新聞のテレビ欄程度）を読んでから，各自の関心に応じて，テーマ研究のグループ

をつくる。
❹ グループに分かれたら，自己紹介の後，代表と副代表を選出する。次に今日の書記（毎回交代）を決め，今日のドキュメンタリーについて簡単な感想を交わした後，グループ研究の課題について話し合いを始める。書記は授業後，グループワークの報告を電子掲示板に投稿すること。
❺ 次回までに電子掲示板に投稿された意見の中からもっとも優れていると思う意見を選んできて，次回の出席時に投票する。最多得票者には私からお菓子のプレゼントで表彰した後，選ばれた人に即席で1分間スピーチを行ってもらう。スピーチの内容も授業後，電子掲示板に投稿すること。
❻ 第10回以後の授業は，各グループの研究発表と全員でのディスカッションを中心に行う。

このうち，グループ分けについては人数バランスの調整や出席者の出入りもあり，3回目くらいまでは移動を認めている。2008年度のグループ数は10で，グループあたりの人数は平均6人であった。

◉ 3-2　2回目〜9回目　投票，ドキュメンタリー鑑賞，表彰・スピーチ，グループワーク，コースツール

毎回，授業の進行は下記の通りである。

❶ 前回のドキュメンタリーに対する感想・意見の中からもっとも優れていると思うものを投票する。
❷ その日のドキュメンタリーを鑑賞する。直後に要約希望者を挙手で決める。
❸ 投票結果を発表し，最多得票者に登壇してもらい，自分の投稿文を読み上げた後，それに付け加えるコメントを1分間でスピーチしてもらう。最後にお菓子をプレゼントし，みんなで拍手してたたえる。
❹ グループに分かれ，その日のドキュメンタリーの簡単な感想を交換した後，グループ研究の課題についてグループワークを行う。教員は各グル

ープを回りながら進み具合を聞いたり，研究の進め方についての相談や助言を行う。

　学生はその日のドキュメンタリーについて，初回のプリントで新聞のテレビ欄程度の内容しか知らされていない。当日プリント（A4判4頁）に後で自分で調べるための参考になると思われる資料を載せているが，教室ではすぐに鑑賞が始まるため，学生にとっては家でテレビを見るときと同じ状態である。

　観た直後の感想は当然人によってさまざまであるから，それを少しでも交換してから後でゆっくり自分の考えを整理して電子掲示板に投稿するようにと指導している。しかし感想といっても多人数の中では話しにくいうえに時間もかかるので，少人数のグループの中で行うようにしている。

　グループワークの進展状況は電子掲示板に投稿するようにしているので，自分たちのグループの記録になるだけでなく，他のグループとの進み方の違いもわかり，お互いに参考になることも多いと思われる。もちろん，教員にとっては各グループの状況を把握するために欠かせないグループ報告である。

◉ 3-3　10回目〜14回目　グループ研究発表，ディスカッション，コースツール

❶ 1回の授業で2グループずつ発表を行う。発表レジュメの原稿（A4判8頁）は発表の前の週に提出する。

❷ 当日は，1つの発表につき，発表15分，ディスカッション（Q&A）15分とし，司会とタイムキーパーおよびマイク回しは次週の発表グループの代表・副代表が担当する。

❸ 発表は全員で分担して行う以外は制限なく，スライドを映写しながら行うグループがもっとも多いが，レジュメだけで行うグループもあれば，動画を使うグループもある。

❹ ディスカッションは聞いている学生からの質疑や意見に対する発表グループからの返答（Q&A形式）で進行するが，発言した学生にはすぐにQ&Aカードを渡し，質問の要旨，回答の要旨，Q&Aの感想をメモさせる。これは後で電子掲示板にQ&Aの報告を書くためである。発表グループ

❺発表とディスカッションが終わったら，聞いている学生は全員，当日の出席カードに発表の総合評価を5段階でつける。

❻教室ではここまでであるが，Q&Aの報告以外に，授業後に全員が電子掲示板に書き込む宿題がある。発表を聞く側の学生は，「発表を聞いて」という題で各発表に対する感想・意見を書き込み，発表したグループは各自，「発表を終えて」の題で自分の総括を書き込む。

● 3-4　最終回　授業の振り返り，全員スピーチ，最優秀発表グループの表彰，独自アンケート，コースツール

　最終回は，受講生全員で作ってきたこの授業にふさわしいプログラムを用意している。

❶これまでの発表でもっともよかったと思うものを投票する。評価の基準は，レジュメ，プレゼンテーション，Q&Aの総合評価で決めるように指示している。なお，この指示は前の週に行っているので，投票は出席時に出席カードに書いて提出する。

❷この日の授業の最初の30分間は授業のふり返りのグループワークを行う。テーマは「自分たちの発表をふり返って」で，電子掲示板に書いた自分たちの「発表を終えて」と自分たちの発表に対するQ&Aの書き込みをもとに，グループで意見交換を行う。

❸30分経ったら，各グループごとに「発表をふり返って」のスピーチ（一人1分以内）を全員に行ってもらう。このスピーチ内容は，授業後1週間以内に「発表をふり返って」の題で電子掲示板に書き込むよう指示する。

❹最後に，投票で選ばれた「もっともよかった発表グループ」を表彰し，私からお菓子のプレゼントをする。

❺授業を終えるにあたっての私からのスピーチの後，全員で授業完走をたたえ合う拍手で終ろうと呼びかけると，教室全体が笑顔と拍手で包まれる。

なお，この日は私の独自アンケートを最初に配っている。大学の一斉アンケートの設問と科目独自の設問を組み合わせたものであるが，大きな違いは記名式である。受講生には成績提出まで見ないことを約束し，学習に役立つ授業法を知るためのアンケートなので協力してほしいとことわっているので，提出率は非常によい。

4 授業の工夫

　この授業の目標は究極の双方向型授業である。私のいう双方向型授業とは，学生とのコミュニケーションが取れていることや学生参加型の授業であることは必要条件ではあるが，それだけでは十分ではない。私が目指す双方向型授業の最大の目標は，学生が自ら学習（研究も含む）するようになることである。知識伝授型の授業から学生とともに作る授業へのパラダイムの転換は1990年代からアメリカで提唱され，実践されてきた（Johnson et al., 1991；Davis, 1993）。この新しいパラダイムによる授業の特徴がグループ学習を基本とする授業方法にあることは間違いないが，その理由は学生が受け身で知識を蓄えるだけの銀行型教育[1]から学生が主体的能動的に学習する教育スタイルへの転換のためである。したがって，私の言う意味での双方向型授業であったかどうかは，学生がどれだけ自ら学習するようになったか，教えられるだけでなく自分の頭で考えるようになったか，他の学生と協力して問題を探求し，その成果をみんなに発表し，議論し，自らを高めていく力がついたか，という観点が重要である。

　この授業でそのために行った工夫は，教材にドキュメンタリーをもってきたこと（☞● 4-1），コースツールの電子掲示板を活用したこと（☞● 4-2），グループ学習を取り入れたこと（☞● 4-3），その他のちょっとした工夫（☞● 4-4）である。

● 4-1　テレビ・ドキュメンタリーを教材に

　授業では9本のテレビ・ドキュメンタリーを教材とした。その目的は，講義を聞くという受け身の受講スタイルからの脱却である。

　聞くも観るも受け身ではないかと思われるかもしれないが，講義は通常，教

科書か授業プリントを使って行われるので，予習をしていれば内容は事前に予想できるし，予習をしていなくても後で復習をすればよいので，教員の指示がない限り，よほど意欲のある学生でないと自主的にノートや書き込みをすることはないであろう。これに対し，この授業でのドキュメンタリーについては新聞のテレビ欄の内容紹介程度しか予告していないので，実際に観てみないことには何も始まらない。そういう意味ではドキュメンタリーに対する事前学習は要らないが，その分，この授業では観ることが重要になる。

　ドキュメンタリーの時の授業プリントはちょっとした基礎知識と関連資料を編集したわずか4頁であるから，自分で調べるためのヒントにはなっても，ドキュメンタリーを観ずに後から復習できるものではない。ドキュメンタリーを録画したDVDは教室では使えるが，著作権の保護上，貸し出しはできないので，映写中にメモしておかなければ後できちんとした要約や感想・意見を書くことは無理である。

　実際，学生の受講状況を観察すると，私が他の授業で講義をしている時に比べて格段の違いがあることに驚く。

　第一に，私語がまったくない。ドキュメンタリーを観るのはお茶の間でテレビを見るのと同じであるから，少しぐらい会話を交わしながら観るのかと思ったのだが，教室とお茶の間の違いは心得ているようであった。

　第二に，背筋が伸びて姿勢がよい。これはドキュメンタリーを観ることに集中している証拠であり，後で見直すこともできないので，一瞬のシーンも見逃せないからであろう。出席さえすればよいと思われがちな講義に対し，このドキュメンタリー鑑賞の時間はまさに一発勝負であり，教室での時間の重要性を体得している現われであろう。

　第三に，メモしている学生が多い。これは鑑賞直後に要約希望者を募って決めるので，そのつもりの学生は余計に熱心にメモをしていることもあるが，意見・感想を後で書く際にもポイントをメモしておかなければ困ることを自覚しているからであろう。メモを取ることは主体的学習の第一歩でもある。

　第四に，居眠りしている学生もほとんどいない。映像作品の鑑賞であるから，居眠りなどできないのは当たり前のことである。

● 4-2　電子掲示板の活用

この授業では授業後に提出する課題レポート以外のすべての提出物は電子掲示板への書き込みとした。最初の「自己紹介」から始まり，ドキュメンタリー鑑賞後は「要約」「感想・意見」，表彰者の「1分間スピーチ」と続き，グループワークが始まれば「グループ報告」が求められ，グループ研究発表後は，発表グループ全員の「発表を終えて」と質問に対する「回答」，聴衆は「Q&Aの報告」を書き込まねばならず，さらに最終授業の後は「発表をふり返って」と，何種類もの書き込みが次々と求められる。

最初からこれらのトピックスが全部電子掲示板上にあれば，見ただけで逃げ出す人がいるかもしれないが，実は最初は「自己紹介」だけで，第1回の後は最初のドキュメンタリー名のトピックスがあるだけである。電子掲示板を利用するにあたっては，学生が回を追うにしたがって無理なく順応できるように導くことが大切である。トピックスによっては書き込み期限を設けたり，ハンディ回復を希望する学生にはQ&Aへの積極的参加を勧めたりしながら，授業の進展にメリハリをつける一方，個別の学生には学習意欲を喚起するための丁寧な指導を心がけた。

● 4-3　グループ研究の導入

この授業を始めた当初はドキュメンタリーを教材にしてクラス全体でディスカッションしながらみんなで問題を考えるというスタイルであったが，さらに一歩進めて，現在ではドキュメンタリーに対するディスカッションをヒントに関連した課題を見つけてグループ研究を行うというスタイルに進化している。

ただし，こうなると完成度の高いドキュメンタリー作品よりは問題提起型の作品の方が望ましく，またグループワークの時間との関係で30分程度の比較的短い作品が望ましい。また，毎年同じ作品ばかりでは学生がかわるとはいえマンネリ化の懸念もあるので，何本かは最近の新しいものに入れ替えている。

グループ研究としては，研究テーマを決めることが最初の関門である。まず何回かのミーティングで各自の関心のある候補を調べて持ち寄り，グループとして1つに絞ったうえで，次にどういう切り口で何を問題にするのか，テーマを考える。テーマは「……について」などの調べ学習ではなく，問題提起型に

し，発表ではグループとしての結論を示して，聴衆とディスカッションできるように求めた。

表4-1に，2008年度のグループ研究テーマをドキュメンタリーのキーワードとともに示す。

● 4-4　その他のちょっとした工夫

以上の3つはこの授業を双方向型授業にするための大きな柱であるが，その他にもちょっとした工夫をいくつも凝らしている。

(1) 学生投票による優秀意見や優秀グループの発表と表彰

ドキュメンタリーを鑑賞する授業では，授業後の電子掲示板に書き込まれた感想・意見の中からもっとも優れていると思うものを選んできて，次週の冒頭で専用の出席カードに書いて投票する。開票はその日のドキュメンタリーを映写している時間内に私が行い，ドキュメンタリーが終わって要約担当を決めた後で，発表と表彰式を行う。最優秀賞に選ばれた人は，自分の書いた感想・意見を読み上げた後，それを書いたときの心境やその他に思ったことなど自由に1分間スピーチをしてもらう。時計を見ずに話すので長かったり短かったり

表4-1　2008年度のグループ研究テーマとドキュメンタリーのキーワード

No.	グループ研究のテーマ	ドキュメンタリーのキーワード
1	終わらない食品偽装，原因は企業にだけあるのか？	食品偽装，産地偽装，内部告発
2	間伐の必要性	美しい森，輸入木材と日本の林業
3	化学物質過敏症とは？	化学物質過敏症の少女
4	「代理出産」の是非をめぐって	誕生の風景，凍結受精卵，避妊
5	希望のマイクロクレジット？ マイクロクレジットは完全無欠か？	マイクロクレジット，貧困層への融資
6	家族と幸福度の関係	地球家族，ふつうの暮らし，世界
7	あなたは合併する？OR 合併しない？	矢祭町長の決断，平成の市町村合併
8	差別はいけないのか？	青い目・茶色い目，エリオット先生
9	さべつをつくる	〃
10	アフガニスタンの難民，その援助活動	中村　哲，アフガニスタン，難民

するが，スピーチでは内容と時間の両方を考えながら話さなければならないので選ばれると大変である。スピーチの内容は推敲（すいこう）して電子掲示板に書き込むことが宿題でさらに大変であるが，表彰のお菓子の食い逃げと言われないためか，サボる人はいない。

最後の授業でももっとも優れていたと思う研究グループを選ぶが，選ばれたグループのメンバーは「発表を終えて」の書き込みの中で，頑張ったからと納得する人から先輩が引っ張ってくれたからと素直に認める人までさまざまでグループ研究の様子が目に浮かぶようである。

なお，優秀意見を学生投票で選ぶことに疑問をもつ方もいると思うが，どんな意見が世間を納得させるかを知っておくことは学生たちが社会に出てからどのように社会の中で行動すべきかを考えるときに大いに役に立つと私は思っている。それは多数意見が正しいということではなく，正しい意見が多数になってほしいと願うからである。

(2) グループ研究発表の進行を学生に任せる

グループ研究発表の授業では，発表とQ&Aの時間（各15分）だけ指示して，あとは司会進行を次週の発表グループ代表の2人に任せている。2人で協力して司会とタイムキーパーをやり，Q&Aのときは2人の副代表がマイクの持ち回り役をつとめている。タイム切れを知らせるベルとマイクは学生たちを真剣にさせる小道具として意外に効果を発揮している。

(3) 連絡用に携帯メールを活用する

電子掲示板は本人がアクセスしない限り連絡がつかないので，私とグループ代表との連絡のためにグループ代表学生の携帯アドレスを登録してもらっている。グループ内ではメンバーの間で携帯アドレスを交換させているので，私から連絡がある場合はグループ代表に携帯メールを送れば代表がメンバーに転送する仕組みである。もちろん，私への連絡は，グループ，個人を問わず，いつでも可能である。

5 学生の反応

　最後の授業で,「授業後,電子掲示板に『授業を終えて』というトピックスを立てておくので,この授業に対する感想や意見を自由に寄せてほしい。もちろん,書き込み内容で成績を左右するようなことは絶対ありません」と呼びかけておいたが,2008年度は約3分の2に相当する39人から書き込みが寄せられた。書き込みの早かった4人の学生の反応を紹介する。

　今までの授業は先生が一方的に話して,最後にテストして終わり,っていう授業が多かったですが,この授業のように学生が授業を作っていくという授業は初めてなのではないかと思います。そして,このようにコースツールを利用して授業の感想や質問などを書くような授業は今までなかったので,私的には新鮮な授業でした。

⇒　この学生は優秀意見の投票に何度も選ばれただけあって,コースツールの印象が強いようである。

　この授業は今までにない授業であり,自分たちが主体となってやっていくためとても活発に授業に取り組むことができた。実際プレゼンのために集まったり,調べたり,友人も増え,とてもいい経験になりました。この授業で学んだことをこれからの生活に生かしていきたいと思います。

⇒　この学生はグループ学習の印象が強いようで,グループ学習が学生に与える効果がよくわかる。

　この授業は,ドキュメンタリーを見てディスカッションをし,プレゼン,Q&Aという今までにはない形で,能動的に動くことが求められる授業でした。調べ学習や発表を通して得た知識は,講義形式のものに比べてより定着しやすいと思います。木野先生もおっしゃっていたように,このような授業こそが大学生らしいと私も思いますが,他の授業では基礎演習や一部の授業を除

> き，そのような機会はあまりないので，この授業を受講してよかったと思います。授業内で得た知識や新たにもった疑問などは今後の学修にさらに活かしていこうと思います。

⇒　この学生は私の双方向型授業の目的をよく理解してくれていて，私も「やったー」という感じになるうれしい書き込みである。

> 「学生が主体となった授業で新たな刺激を受けられただけでなく，教授が良い人で良かった」というのが，私の今の率直な感想であります。
> 　まず，前者においては，改めて述べるまでもなく，この授業形態においては，「私たち学生」が主体となっていました。そのため，目に見えずとも"積極的な参加"が求められており，他の教授からの一方的な講義形態に比べれば，はるかに有意義な時間を過ごせたように思います。
> 　また，コースツールの活用などにおいて，学部・回生を超えた様々な視点からの「声」を聞くことが出来，私自身とても勉強になったと同時に，刺激を受けました。
> 　一方，後者においては，先生が醸し出すほのぼのとした「空気」の中に身を置くことはとても居心地がよかったです。また，もしかすると「緊張感」に欠けている…という見方もできるかもしれませんが，こちらの方が自らの「責任感」がより求められている気がして，結果としてはとても「タメ」になったと感じます。機会があれば，また是非木野先生の講義を受けたいと思います。

⇒　この書き込みを読んだときは，それまでの苦労がいっぺんに報われた感じで，ディスプレイの向こうの彼女に「よい学生に囲まれて私こそうれしいよ，ありがとう」と心の中で叫んだものである。実は，この授業の開講審査のときには「講義のない授業なんて講義（科目）ではない」という委員もいて難航したと聞いており，普通の講義形態の授業よりもよい授業だったと学生から言われるのが一番うれしかったのである。

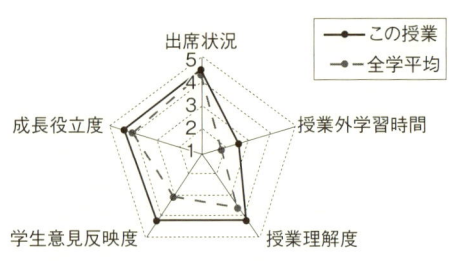

図4-1 2008年度の「ドキュメンタリー・環境と生命」の授業アンケート結果
アンケートの回答は5段階評価で，数値が高いほどよいことを示す。

　最後に，立命館大学でやっている授業アンケートから，この授業の結果を図4-1に紹介しておく。一見してわかるように，この授業では学生意見反映度と授業外学習時間が全学平均よりきわだってよく，学生たちの授業後の感想がお世辞ではないことがデータでも裏付けられている。

【注】
1) パウロ・フレイレが知識伝授型の一方通行の教育を銀行に例えて表現したもの。学生が金庫で教員が預金者という意味で，学生にいっぱいの知識を満たす教員ほどよい教員で，いっぱいの知識で従順に満たされている学生ほどよい学生とする。これに対してフレイレが実践したのが「問題提起型教育」である（フレイレ，1979）。

【引用・参考文献】
Davis, B. G. 1993 *Tools for Teaching*, San Francisco: Jossey-Bass（香取草之助監訳 2002 授業の道具箱，東海大学出版会）
フレイレ，P. 小沢有作・楠原 彰・柿沼秀雄・伊藤 周訳 1979 被抑圧者の教育学，亜紀書房
Johnson, D. W. Johnson, R. T. & Smith, K. A. 1991 *Active Learning: Cooperation in the College Classroom* Edina, MN : Interaction Book（関田一彦監訳，2001，学生参加型の大学授業―協同学習への実践ガイド，玉川大学出版部）
木野 茂 2005 大学授業改善の手引き―双方向型授業への誘い，ナカニシヤ出版
木野 茂 2009 学生とともに作る授業―多人数双方向型授業への誘い，（清水 亮・橋本 勝（編著） 2009 学生と変える大学教育―FDを楽しむという発想，ナカニシヤ出版，pp. 136-151.）
木野 茂 2009 教員と学生による双方向型授業―多人数講義系授業のパラダイムの転換を求めて，京都大学高等教育研究，**15**, 1-13.

05 調べる・読む・書く・話す
ルポルタージュ演習で学生の基礎能力を開発する

大島　武

1 授業開設の背景

　筆者の勤務する東京工芸大学は，工学部・芸術学部の2学部を擁し，テクノロジーとアートの融合を目指したユニークな教育を実践している[1]。今回紹介する「基礎演習Ⅱ」は，芸術学部アニメーション学科の科目（1年次配当）である。

　芸術学部に入学してくる学生は，写真学科なら写真を撮りたい，マンガ学科なら漫画を描きたい，アニメーション学科ならアニメ作品を作りたい，というように，創作に対してきわめて高いモチベーションをもっている。しかしながら，本学で学んだ卒業生のすべてが写真家やアニメーション作家等になるわけではない。専門をいかす道として，創作以外の，例えば作品評価，歴史研究，教育など，周辺領域に携わる可能性を担保するため，「調べる・読む・書く・話す」といったリテラシーを高める必要性が学科内で注目されるようになってきた。筆者は芸術学部基礎教育課程に属し，学部内の全学科の基礎教育を担当する教員だが，今回こうした学科の要請を受け，基礎能力[2]養成のための科目である「基礎演習」の中で，応用的な演習を行う「基礎演習Ⅱ」を担当することになった。

　本科目においては，演習内容，レベルを「浅く，広く」とり，受講生一人ひとりが自分の課題を発見できるようなプログラムをめざした。具体的な授業目標は次ページのとおりである。

- 社会人として求められる基礎能力・リテラシーを養成できるプログラムとすること。
- 学生が自分の得意,不得意に気づき,課題を見つけられるような工夫をすること。
- 他人との協働作業の重要性,難しさを体感できるような内容を含めること。
- 学生の専門(アニメーション)との有機的なつながりをもった素材を選択すること。

　基礎能力を高めることが第1の目標であることは言うまでもない。しかし,大学の半期15回の時間内でできることはおのずと限られる。1年次配当という特性も考え,学生が自らの能力の棚卸しを行い,現状について課題発見をすることを目標の1つとした。また,初等中等教育の正課科目の中では本格的なグループワークを核とするものは皆無といってもよい。大学初年次で負荷の高い協働作業を体験させることも,今後の学びにとって重要であると考えた。なお,本科目は一般教養科目ではなく,アニメーション学科における学びの導入役を果たす専門科目と位置づけられている。演習に使う題材を吟味し,学生が専攻とのつながりを感じられるよう配慮した。

2 授業の設計

　授業プログラムの設計にあたっては「調べる」「聞く」「書く」「話す」「考えをまとめる」「他人と意見を調整する」等のリテラシーを満遍なく取り上げることを基本方針とした。これは当然ながら,「総花的で深みがでない」「一つひとつのスキルの十分な養成につながらない」といった批判ととなり合わせである。しかしながら,授業目標にあるように,学生が自分の「あるべき姿」と「現状」のギャップに気づくことも重要である。そこで,あえてさまざまなタイプの演習課題を設定することとした。具体的な授業スケジュールは以下のとおりである。

> ❶ガイダンス：授業のルールと到達目標
> ❷リサーチの手法：多面的に「調べる」
> ❸ライティングの基本：読ませる文章を「書く」
> ❹インタビューの技法：目的をもって人の話しを「聞く」
> ❺インタビューの実践
> ❻プレゼンテーションの基本：わかりやすく「話す」
> ❼プレゼンテーションの実践
> ❽プレゼンテーションの実践
> ❾新聞記事の検討：グループで素材を「選ぶ」
> ❿新聞記事の検討：グループで要点を「まとめる」
> ⓫新聞記事の検討：報道プログラムを「企画する」
> ⓬報道プログラムの発表
> ⓭発表結果のふり返り
> ⓮作品分析・批評：他人の創作物を評論する
> ⓯まとめ

　評価については，科目特性から期末テストやレポートではなく，出席点や提出課題，授業時間内の貢献（課題への取り組み）や口頭発表まで含めた総合的なものとした。配分は表5-1のとおりで，シラバスで公表している。

　なお，本科目はアニメーション学科の中で，制作系でない指向をもつ学生（卒業研究を作品ではなく論文で行う可能性のある学生）を対象としており，履修者数は多くない。過去2年間の単位取得者数は2007年度は10名（14名），2008年度は15名（16名）である（カッコ内は履修登録者数）。

　10～15名程度の少人数クラスであるため，学生への個別対応が可能であり，きめ細かい指導を行うことができた。

表5-1　授業評価の内訳

出席点	10%	課題③（作品評）	20%
課題①（授業時間内ミニレポート）	5%	個人プレゼンテーション	20%
課題②（人物ルポルタージュ）	25%	グループ発表（報道プログラム）	20%

3 授業の実践

上記の授業スケジュールは，内容的に大きく2つに分かれている。❷〜❽，及び⓮は個人作業，❾〜⓭は協働作業（グループワーク）である。

個人作業の回では，それぞれのリテラシーについて基本的な知識教授をした後，必ず個人で頭や体を動かすプロセスを入れた。❷リサーチの回は図書館探検，❸ライティングの回は演習問題（新聞記事の要約），❹インタビューの回はペアワークによる聞き取り実践，❺プレゼンテーションの回は発表準備と発表をそれぞれ課している。個人作業期間中の総合的な演習課題が「ルポルタージュ演習」であり，これが本科目においてもっとも特徴的な内容である。

● 3-1 ルポルタージュ演習

自分にとって身近な人（原則として両親または祖父母）にインタビューを試み，聴き取った内容を自分なりに整理して発表する。発表は，口頭（プレゼンテーション），および文章（雑誌記事に準じる形態）の両方で行う。

さきほど具体的な授業のスケジュールに挙げた❸ライティングの回の最後にルポルタージュの課題（最終的に求めている内容とレベル）についてガイダンスし，約1ヶ月の準備期間を与えて完成させる。

学生の標準的な作業工程は以下のとおりである。

---

❶対象者の選定：両親・祖父母等，自分より上の世代から対象者を一人選ぶ

❷打診と内諾：選んだ対象者に取材の趣旨を説明し，内諾を得る※

❸対象者の確定：担当教員が，対象者に依頼状を発送し，確定する※

❹インタビュー計画：聞くべき内容を準備する※

❺インタビュー実施：各自がアポイントした日時に対象者にインタビューする※

❻インタビュー結果の整理：聞き取った内容を整理してまとめる※

❼発表準備：7分間のプレゼンテーションとして準備する※

❽プレゼンテーション：パワーポイントを使い，人物ルポの発表をする

> ❾ルポルタージュ作成：所定フォーマットを用い，ルポルタージュを執筆する※
> ❿ふり返り：良かった点，反省点を教員と一緒にふり返る

※印で示した作業工程は，すべて授業時間外のものであり，学生にとってはかなりの負荷がかかる課題であることがわかる。1年目に数名のドロップアウト者が出たことを考慮し，2年目は授業ガイダンス時に，本課題についての十分な説明を行った。また，2年目は各回授業で，それぞれの作業状況を学生に発表させ，進捗管理を行った。こうしたこともあり，2年目のドロップアウトはゼロにすることができた（ただし，履修登録したが最初から一度も来なかった学生が1名あり）。

● 3-2 報道プログラム作成

同じ日付の複数の新聞にあたり，ニュース素材を選択し，それを元にテレビの報道番組を制作する。3〜4人のグループで行い，発表会の模様はVTR録画し，後日ふり返りを行う。

標準的なスケジュールは以下のとおり。

> ❶グループ分け
> ❷アイスブレイキング
> ❸課題提示・ガイダンス
> ❹同一日付の新聞3紙をグループ内で通読
> ❺話し合い・ニュース素材決定
> ❻報道プログラム（10分）の設計
> ❼ストーリー・流れの調整
> ❽リハーサル
> ❾発表
> ❿録画したVTRを上映し，ふり返り

原則的に，授業時間内の作業とし，学生への負荷が高くなりすぎないよう

に配慮している。❶〜❺を1回目，❻を2回目，❼〜❽を3回目の授業で行い，発表とふり返りにそれぞれ1コマずつあてている。ただし，現実にはプログラム設計とリハーサルを2コマの中で行うことは不可能で，本番前はすべてのグループが授業時間外に集まり，準備をしていた模様である。

学生は非常に熱心に計画・準備をするが，できあがった10分間のニュースプログラムをVTRでふり返ると，段取りの悪さや説明のわかりにくさが目立つことが多い。リハーサルの不足，最終的な詰めの甘さを学生が実感し，今後の学びにいかしてくれることを願っている。

4 授業の特徴・工夫

● 4-1　成果物の作成

基礎能力のトレーニングは，スポーツに例えればランニングや腕立て伏せのようなもので，本来，地道な作業の繰り返しである。しかし，「今，地道に頑張っておけば，将来必ず役に立つから」というお題目だけでは，学生のモチベーションは上がらない。努力した成果が，何らかの「形」として実感できる課題を与えることが大切である。

ルポルタージュ演習では，取材の成果がプレゼンテーション（口頭表現）と，インタビュー記事（文章表現）という2つの形で表れる。とくにインタビュー記事は最終課題作品集として冊子化されるので，学生の達成感につながる。冊子を作ることのもう1つの意義は次年度の授業の最初に，「君たちの先輩が作った作品集はこれです。このレベルを超えるものを今年は目指します！」とガイダンスできることである。筆者の実感として，初回授業でシラバスをもとに授業目標や計画を丁寧に説明しても，今一歩授業の全体イメージがもてない学生が多い。最終目標を冊子という「形」で示すことで，求めているクオリティや作業量を実感させることができることには，大きなメリットがあると感じている。

報道プログラムの課題もVTR録画し，全員でふり返りを行っている。学生は多くの場合，自分たちが出演したプログラムを観るのを恥ずかしがり，嫌がる。いわゆるPDSサイクル（PLAN計画 – DO実施 – SEE統制）で，一番怠りが

ちなのは，SEE（統制・ふり返り）のプロセスであり，これは何も学生に限ったことではない。「やりました，みんなしっかり努力しました」では，せっかくの経験が次回に活きないことを説き，VTRをもとに自己分析することを求める。現実問題として，大学1年生が3週間程度の準備期間で満足のいく作品を作ることはまず無理に近い。教員の求めるレベル以前に，学生たち自身が「この程度しかできないのか」と感じることが多いのである。一生懸命みんなで協力したのに，このレベル止まり……。この演習は，ある意味で自分の弱点認識，課題発見を目的としているともいえる。

◉ 4-2　異文化体験
　ルポルタージュで，取材する対象者を両親または祖父母に限定したことには，理由がある。学生たちのこれまでの人生でもっとも身近な存在であったはずの家族，その家族のことを実は意外に知らない。自分の両親はどんな青春時代を送り，キャリアを積んできたのか，若い頃はどんな夢をもっていたのか，子どもに対する気持ちは？　世代の違う親，祖父母に取材することは，もっとも身近な異文化コミュニケーションであると考えた。ただし，家族（2年目からは叔父叔母等の親族も認めた）に限定しているため，それぞれの学生のもつ家庭の事情，プライバシーへの細やかな配慮が必要になる。また，一人暮らしで実家が遠方で物理的に取材が難しいというケースも少なくない。過去には，遠方のため電話取材を認めたケースが3件，適当な親族がみつからず，両親と同世代の（筆者以外の）教員へのインタビューを認めたケースが1件あった。
　「親世代の人物にインタビューをし，ルポルタージュとしてまとめる」という演習課題は，実は筆者のオリジナルではない。鶴見大学短期大学部牛島倫子教授（現在は退官）の考案したフォーマット・手法に準拠している[3]。2004年の牛島教授の発表を聴き，筆者は大きな感銘を受けた。日頃学生に不足しているコミュニケーション能力，取材能力，文章表現力を醸成する総合課題として最適なプログラムであると感じたからである。そこで同教授にお願いし，実際の指導上の留意点を教示いただいた。その内容が2007年度からスタートした本科目の核になっている。ファカルティ・ディベロップメントの文脈で，さまざまな授業法や演習課題が情報交換されるが，よいと思ったものはどんどん取り

入れる「健全なパクリ」が重要だと思う。本書のような事例集の意義もまさにそこにある。

● 4-3 教員の役割

本科目は，学期の前半が個人作業，後半がグループワークという構成になっているが，学生の方はそう簡単に切り替えができない。8回目の授業で個人作業のプレゼンテーションをようやく終えたと思ったら，その次の回で突然グループ分けをされ「さあ，話し合ってごらん」では，なかなかエンジンがかからないのである。そこで，2年目からは「アイスブレイキング」の演習を入れた。これは，誰もが関与しやすい簡単な課題を与え，協力して解決させるプロセスの中で，グループ内のコミュニケーションを活性化させることを企図したものである[4]。わずか10分程度のプロセスだが，効果は大きく，本番の新聞記事比較検討のワークに，スムーズに入っていく様子が見られた。

ところで，グループワークを実施している時の，教員の役割はどのように規定したらよいであろうか。体験参加型のグループ学習（＝ワークショップ）では，ファシリテーターの重要性が指摘されている。グループ内の個人の創造性や，メンバー間のコミュニケーションから生まれる相互作用を最大限に引き出すためには，指導者（＝インストラクター）ではなく，助言者・話しの引き出し役（＝ファシリテーター）が求められるという考え方が一般的である。これはまさにそのとおりなのだが，授業の場合は，予定調和的な要素も必要で，参加者の自主性・方向性をあまり尊重しすぎると思わぬ落とし穴がある。

筆者が担当する他の授業では，1ヶ月の準備期間を経てビジネスの企画をコンペ形式で競うプログラムがあるが，かつて一度だけ本番で「棄権」したグループがあった。6人のメンバーのうち，2人を除いて極端にモチベーションが低く，事実上，準備途中でグループ崩壊が起きていたのである。結果，メンバーには後味の悪い思い出だけが残った。途中で教員が適切に介入していれば，防げた事例だったと思われる。

筆者は，演習型授業における教員の立ち位置は，作業の流れに沿って「インストラクター」→「ファシリテーター」→「インストラクター」の順に変化させるのがよいと考えている[5]。課題設定，最終目標，スケジュールなど，演習

ナカニシヤ出版 教育関連図書案内

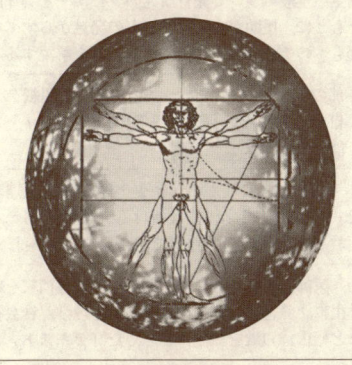

〒606-8161
京都市左京区一乗寺木ノ本町15番地
tel. 075-723-0111
fax.075-723-0095
URL http://www.nakanishiya.co.jp/
＊価格は2012年12月現在の税込価格です。
＊最寄りの書店にご注文下さい。

学生のための教育学
西川信廣・長瀬美子編　2100円

「教育の思想と方法」「教育の制度と構造」「教育の現代的課題」の3部構成で教育学の基礎的力量を形成する，最新の研究成果を踏まえた入門テキスト。

教育学の基礎と展開[第2版]
相澤伸幸著　1995円

教育の諸現象をしっかりと見据えたうえで，教育の基本原理から現状における展開まで解説した好評書。教育基本法・学校教育法改正に対応した第2版。

未来を拓く教育
軌跡と展望
田中潤一・田中達也著　2415円

ソクラテス，ルソー，カント，フレーベルなど古代からの主要な教育理論と，先進各国における教育システムの実践的な展開を解説。

小中一貫(連携)教育の理論と方法
西川信廣・牛瀧文宏著　2310円

小中一貫(連携)教育は学力向上につながるのか。すでに始まっている各地の取り組み例と，算数科・数学を題材にした教科教育を具体的に紹介。

アドラー心理学による教育
古庄　高著　2100円

競争や賞罰を用いた子どもに「教える」教育から，子どもが「すすんで学ぶ」教育へ。自発性，協調性を高めるアドラー心理学のエッセンスとその実践。

幸福感を紡ぐ人間関係と教育
子安増生・杉本　均編　2310円

京都大学グローバルCOEが，多彩な論考，エッセイと，GNHで注目されるブータン調査をもとにした座談会から，幸福感を支える「教育の力」を示す。

もう一つの教育
よい行為の習慣をつくる品格教育の提案
青木多寿子編　1155円

「よい行為の実践を習慣にする」品格教育。家庭と学校で，地域で連携して，人として大切なものを次の世代に確実に伝えてゆくもう一つの教育を提案。

教育心理学エッセンシャルズ[第2版] 西村純一・井森澄江編　2310円	教育の現実を理解し，教育実践を行っていくうえでおさえておかなければならない基本的・基礎的な知識を網羅する好評テキストのアップデート！
実践をふりかえるための教育心理学 大久保智生・牧郁子編　2310円	大人目線の「子供のため」にならないように，言説を疑い，「正しいとされていること」に惑わされず現実に向き合って実践をするためのヒント。
学校での効果的な援助をめざして 石隈利紀監修／水野治久編　3360円	学校生活全般について先行研究のレビューと具体的実践をもとに，援助が必要な子どもの発見からすべての子どもへのチーム援助とそのシステムを解説する。
中学生・高校生・大学生のための **自己理解ワーク** 丹治光浩著　1680円	第1部のグループワークと，第2部の質問紙テストで，自分やみんなの行動・思考の傾向を知り，未来の可能性を拡げよう！
発達心理学 福本　俊・西村純一編　2100円	身体，認知，社会性から，歴史・研究法・発達理論まで。学生主体で学べる仕掛けも充実の入門テキスト。教員と学生の相互作用でさらに学びが楽しく！
子どもの発達と支援 医療，心理，教育，福祉の観点から 池田行伸・藤田一郎・園田貴章編　2520円	教師，医師，福祉士等，子どもに関わる専門家をめざす学生に。障害児教育や小児医学，心理学，社会福祉学など幅広い知識を一冊にまとめた好テキスト。
保・幼・小・中・高校における **発達障害のある子を支援する教育** 姉崎弘著　1995円	特別なニーズのある子どもたちにどのように関わるか。特別支援教育の制度と課題や子どもの理解と指導事例，保護者との関わりなどを具体的に解説。
特別支援教育とインクルーシブ教育 姉崎弘著　1995円	これまでの特別支援教育の成果と課題とは何か。インクルーシブ教育への転換に向けて，何を継承し，何を改善すべきか。現状を整理し，具体的提言を行う。
障害臨床学ハンドブック 中村義行・大石史博編　2730円	かかわりあいという臨床的視点を実践に結びつけるべく様々な障害やその支援，また早期療育や特別支援教育，親支援まで幅広く解説する。
子どものこころ 教室や子育てに役立つカウンセリングの考え方 原田眞理著　2310円	いじめや不登校など教育現場の深刻な問題への対処法を多様な事例から学び，子どもや保護者の表面的な行動から，隠れたこころを読み取る力を鍛える。
議論能力の熟達化プロセスに基づいた指導法の提案 中野美香著　6090円	なぜ日本人は議論に弱いのか？　高等教育での議論教育の導入とカリキュラム開発の可能性とは？　議論教育への道を拓く貴重な提言！
「分かったつもり」のしくみを探る バフチンおよびヴィゴツキー理論の観点から 田島充士著　4410円	「つもり」を理解を促す積極的な学習戦略と捉え，生徒が「つもり」で終わるか「理解」へ至るかの違いを実証研究から示し，効果的な授業法を提案する。
子ども学[第2版] その宇宙を知るために 杉岡津岐子編　2310円	発達，病いや障害，文化情況，文化人類学的比較，子ども観の変遷など，包括的な子どもの理解をめざす「子ども学」の先駆的書を時代にあわせて改訂。

協同学習入門
基本の理解と51の工夫
杉江修治著　1890円

協同の原理を踏まえた学級経営で子どもの動きがみるみる変わる！　本当の効果を生む原理を解説し，授業で工夫すべき51のポイントを具体的に紹介する。

協同学習の技法
大学教育の手引き
バークレイ&クロス著／安永 悟監訳　3675円

なぜ仲間との学び合いが学習効果を高めるのか，実際にどのように授業を行い，どのように評価するのか，具体的に解説。小・中・高校の授業改善にも。

ファシリテーター・トレーニング[第2版]
津村俊充・石田裕久編　2310円

組織の運営や活性化のために重要な役割を果たすファシリテーション・スキル養成のための基本的枠組みを提供する好評テキスト，最新の内容を追加。

教師のための情報リテラシー
知識基盤社会を生き抜く力を育てるために
舟生日出男著　1890円

子どもたちの情報活用能力育成のために，まず教師としての情報リテラシーを！　情報活用能力をより一歩踏み込んで考える，教職課程向けテキスト。

学校における教育相談の定着をめざして
西山久子著　5250円

生徒の学校適応，成長には，教育相談システムの充実と支援領域の明確化が欠かせない。忙しい学校現場での定着をめざす，学校調査からの提案。

学校心理学入門シリーズ3
臨床生徒指導　理論編
市川千秋監修　2100円

生徒に寄り添うカウンセリングと，指し示して生徒を導く生徒指導を，うまく取り入れれば学校は変わる！　実践の基盤となる理論や具体的方策を解説。

ソーシャルスキルの視点から見た
学校カウンセリング
小林正幸・奥野誠一編著　1995円

ソーシャルスキルトレーニングができることとできないこと。学校内での子ども向けソーシャルスキル教育の研究及び実践を徹底網羅したガイドブック。

学校カウンセリング[第2版]
田上不二夫監修／中村恵子編著　1575円

シリーズ子どもと教師のための教育コラボレーション第Ⅱ巻。適応援助のシステムの構築をめざす。援助チームのコーディネーターについて加筆した改訂。

三訂版　学校カウンセリング
新しい学校教育にむけて
長尾 博著　2100円

カウンセリングの要点を明快にまとめ，教師と学校が生徒の心の問題に対処し，支援態勢を整える具体例も紹介する，好評テキストの改訂版。

教育臨床の実際
学校で行う心と発達へのトータルサポート
武内珠美他編　2310円

学校・相談機関の現状から，いじめ，不登校，学校の危機対応，カウンセリングなど支援の実際までコンパクトに解説する，実践的・教育臨床入門。

事例から学ぶ児童・生徒への指導と援助
庄司一子監修　2310円

子どもの抱える問題の理解・解決の方法など指導・援助に関する理論を前半部分で解説し，後半部分でそれを使った支援の実際の様子を事例から学ぶ。

発達と臨床の心理学
渡辺弥生・榎本淳子編　2100円

発達段階ごとに特徴的なケースを紹介。発達的課題と臨床的かかわりをからめ，心理的な問題を抱えている人たちを支援するための知識を実践的に解説。

発達と教育のための心理学初歩
福沢周亮・都築忠義編　1890円

保育士，幼稚園・小学校教諭をめざす学生に。乳幼児期から青年期までの発達心理学と教育心理学の基礎的内容を，豊富な図表とコラムで楽しく解説。

学生・職員と創る大学教育
大学を変えるFDとSDの新発想
清水 亮・橋本 勝編 3675円

学生が活き，大学が活きる。教員・職員・学生一体の取り組みを，理論と実践からトータルに捉える。珠玉の授業と取組を集約した待望の実践集！

大学を変える、学生が変える
学生FDガイドブック
木野 茂 2415円

FDは学生とともに作り上げていく時代に入った。各大学での教員・職員と学生が一体となった実践を詳しく解説するガイドブック。

生成する大学教育学
京都大学高等教育研究開発推進センター編
3885円

大学教育学とは何か？ 技術的合理性の軛から脱するために――「相互研修」と教育の日常性の豊かさから，今，まさに生成する大学教育学。

学生の納得感を高める大学授業

山地弘起・橋本健夫編 3465円

キーワードは学生の「納得感」。このコンセプトを手掛かりに，学生の自主的な学びの力を引き出す数々の方法や様々なツールを用いた授業実践を集約。

学びのデザインノート
MH式ポートフォリオ　大学英語学習者用
村上裕美著 1890円

自分を正確に分析して弱点を見つけよう！ 個々人の学習目標に合わせてその成果を確認しながら英語力を高める工夫が施された英語学習の自己管理帳。

グローバルキャリア教育
グローバル人材の育成
友松篤信編 2625円

グローバルに活躍できる人材に必要な能力はグローバルマインド――その教育育成のためのテキスト。具体的な実践例やノウハウ・考え方も豊富に掲載。

大学生のためのデザイニング・キャリア

渡辺三枝子他著 2100円

就活生も新入生も，自分の未来がきっと開ける！ 大学4年間に丁寧に寄り添うワークが導く，いつだって遅くない，自分の人生と向き合う思索のススメ。

実践　キャリアデザイン
高校・専門学校・大学
生駒俊樹編 2100円

進学のみで終わらない高校の進路指導，専門学校の取組の実情，キャリア教育で実績をあげている大学の取組から探る，社会的・職業的自立のエッセンス。

中学校から高校への学校移行と時間的展望
都筑 学著 6720円

義務教育卒業という転機に彼らはどう変わっていくか。中1から高3まで個々の成長を追う貴重な縦断的研究で，この時期の心理的特徴を明らかにする。

子どもの問題を解決するための教師へのコンサルテーションに関する研究
小林朋子著 6195円

教師を支援し，解決へと補佐するコンサルテーションについて，理論的検討から具体的スキルまで教師の視点を取り入れながら解説する。

幼児・児童の発達心理学

中澤 潤監修 2520円

章末ワークを効果的に使いながら，運動・認知・言葉・遊び・社会性など，幼児期から児童期までの発達の進み方やメカニズムを体験的に理解する。

子どもの発達と学校[改訂版]
宮川充司・大野 久・大野木裕明編
2415円

2000年刊行のロングセラーに，発達障害をはじめとするさまざまな社会情勢の変化・科学的研究の進歩を反映した新たな知見を加え内容を刷新。

青年の学校適応に関する研究

大久保智生著 5460円

適応・不適応が関係の問題であることを示し，「青年は関係をどう意味づけているのか」に焦点を当て，青年の現実を踏まえた介入の可能性を提案する。

開始時には必要な情報を明確に教示（＝インストラクト）しなければならない。また，話し合いの初期の段階で方向性に迷っていたり，活性化していないグループが見られた場合は関与し，ある程度導いていくことも重要である。「船出」までは，細かく指示を出し，面倒も見るのだが，グループ活動が軌道に乗ってからは原則口出し無用である。学生の作業を見守り，質問や働きかけがあったときに助言を与える（＝ファシリテート）役に徹するのがよいだろう。ところで，演習型授業の授業アンケートでは，「楽しく，有意義な体験をしたと思うが，具体的に何を学んだかはよくわからない」といったフィードバックがみられることがある。これは，演習の最後のプロセスで，教員がきちんと活動の評価・総括をしていないことに一因があると考えられる。学生側が演習の結果を出したら，それに対して具体的にコメントし，学習目標の中における意味づけをする。最後に，「見守る人」から「教える人」に戻ることで，授業としての収まりをつけることが大切なのである。

5 学生の授業評価と感想

　この授業に対する総合評価は，5点満点で4.7（1年目），4.9（2年目）と良好であった。ただし，受講者数が少ないので，点数そのものには大きな意味はない。以下，自由記述欄に書かれたものを紹介する。下記は教員がピックアップしたものではなく，すべての記述を列挙（原文ママ）した。

● 5-1　2007年度

- 台の上で一人で10分も話したのは初めてだったので，（だらだらしてしまったけれど）良い経験になりました。
- 話しがわかりやすくておもしろかった。
- 面白い授業だった。
- 全体的におもしろく，しかもタメになる授業だった。たのしかったです。
- 「先生の話し方，授業を受けるだけで，とても勉強になりました」

5-2 2008年度

- 調べたり，人とコミュニケーションを取ることの楽しさを実感しました。
- 作品評やニュースなど今までやったことのないようなものを色々出来た。
- 課題やプレゼン1つ1つに先生から講評をもらえた点。
- 基礎演習Iはただただ大変でしたが，IIは楽しかったです。『雑誌にのるかも』シールを貰ったときは嬉しくて，その後の課題のやる気がでました。
- 『書く，話す』という能力は身に付けておくと絶対，タメになる！ この授業をとって良かったです。
- 大変だったけれど，実践的でとても参考になった。
- とても楽しい授業でした。人数も丁度良かったです。
- 授業内容全体に興味が持てるよう内容が考えられていて，積極的に課題に取り組むことができた。
- 新聞記事（ニュース）にもう1回分くらい時間がほしかったです。

1年目の感想として「楽しい，おもしろい」ばかりが目立つのに対し，2年目はやや具体的な評価・コメントが出てきたのはよい傾向と思われる。しかしながら，全体に表面的なフィードバックであるという印象は否めない。学生の本音，より深いレベルでの改善意見等をどのように引き出すかが今後の検討課題である。

6 今後の課題と展望

本科目は，現在，まだ開講して3年目であり，これから改善していくべき課題は多い。例えば，ルポルタージュ実践において，3年目の今期には，複雑な家庭事情をもっている学生にどう配慮するかという課題に直面した。今回は，当該学生と話し合い，本人に納得してもらったうえで通常のやり方で行ったが，非常にデリケートな問題である。教員自身がしっかりとしたポリシーを持つと同時に，学生の気持ちに十分配慮した臨機応変な対処も必要であると痛感して

いる。

　報道プログラム作成のグループワークは，課題設定，進め方ともに（教える側が）未成熟であると感じる。限られた期間の中で，いかに多くのことを学生に学ばせるか，他の教員のもつさまざまな事例やノウハウも取り入れながら，徐々に改善していきたい。また，筆者が雑誌で発表している書評を見本として学期末に自由に書かせている「作品評」についても，やらせっぱなしでフィードバックが不十分という現状がある。少人数の特性をいかし，労を惜しまず，細かな添削を行うなどしていきたいと考えている。

　高等教育における「初年次教育」の重要性が叫ばれて久しい。初年次教育の範囲については諸説あるが，初等中等教育から高等教育への「橋渡し」としての基礎能力養成を主たる目標としていることには異論がないであろう[6]。本科目は，多くの具体的な成果物を求めることで，学生がモチベーションを維持しながら基礎能力を高めたり，課題発見をしたりすることを企図しており，初年次教育の一部を担うものと位置づけている。今後も改善を重ね，学生本位の内容に高めていきたい。

【注】
1) 1923年創立。工学部はメディア画像・生命環境化学・建築・コンピュータ応用・システム電子情報の5学科，芸術学部は写真・映像・デザイン・インタラクティブメディア・アニメーション・ゲーム・マンガの7学科を擁する。学生数は約5000人。詳しくは，「東京工芸大学」（日経BPムック）など。
2) 何をもって基礎能力とするかについては，十分議論が尽くされていると言い難く，「学士力」（中央教育審議会）「社会人基礎力」（経済産業省）「若年者就職基礎能力」（厚生労働省）等の概念が並立している。見舘は，これらの概念を「人と関わる力」「自分をコントロールする力」「考える力」「処理する力」「問題や課題に対処する力」に整理した。これに準拠すると本科目は「処理する力」に力点をおきつつ，5つの力の底上げを目的としていることになる。見舘の分類について，詳しくは，坪井ら（2008）を参照のこと。
3) 牛島（2004）による。なお，同発表で牛島教授は日本ビジネス実務学会プレゼンター・オブ・ザ・イヤー優秀賞を受賞した。
4) 演習型授業におけるアイスブレイキングについて言及した論考としては，溝上（2004）渡辺（2004）などを参照のこと。
5) 演習型授業における教員の役割については，大島（2005, 2008）などを参照のこと。
6) 初年次教育の位置づけや教授法についての研究としては，濱名・川嶋（2006）などを

参照のこと。

【引用・参考文献】
濱名 篤・川嶋太津夫 2006 初年次教育―歴史・理論・実践と世界の動向，丸善
溝上慎一 2004 学生の学びを支援する大学教育，東信堂，pp.53-55.
大島 武 2005 ワークショップの機能と類型化に関する考察，パフォーマンス教育，**4**，63-68.
大島 武 2008 演習型授業の進め方③―教員は何をすればいいのか 月刊「看護展望」，8月号 77-80.
坪井明彦・池内健治・大島武・藤原由美・見舘好隆 2008 初年次教育におけるアクティブ・ラーニング実践法―能動的に学習できる学生にしよう，2008年度日本ビジネス実務学会助成研究
牛島倫子 2004 ルポルタージュの作成と評価―インタビューと編集ビジネスの実践，日本ビジネス実務学会第23回全国大会
渡辺裕一 2004 ワークショップ学習法の開発，ビジネス実務論集，**22**，47-55

06 日本と台湾を結ぶ遠隔授業
ICTを用いた遠隔授業の意味と可能性を拓く

村上正行

1 はじめに

　ICT の発展により，遠隔地にいる教師，学生がコミュニケーションすることで授業を行う遠隔授業が可能となり，高等教育において数多く実践されるようになってきている。

　遠隔授業実践を考える時に，対面授業との関係，"遠隔"であることの意味を考える必要がある。吉田（2001）は「遠隔授業を教室の授業に近づけるだけでは，遠隔授業はいつまでも代替としての意味しかもたない。そうだとすると，教室の授業のオンライン化というのは，わざわざ質の劣るものを生み出す作業にしかならないことになる」と述べている。技術の発展によって遠隔地で授業を受ける場合でも対面での授業に近づいていくことそのものには価値はあるが，遠隔であることの特性を見出さなければ，遠隔授業の価値は対面授業より劣ってしまうという視点である。また，田中（2003）は，遠隔授業の特性を明確化するために，バーチャルユニバーシティ（VU）の機能類型を表6-1のように2

表6-1　VUと近代大学における肯定的相関の2つの類型モデル（田中, 2003）

	類型1	類型2
学校教育との関係	量的な補完ないし拡張	質的な革新
学習の様式	知識伝達 個別学習	知識創造への 学生参加 協調学習
インターネットの機能	学習のツール	学習の場

つに分類している。

　類型1はICTをツールとして用いて物理的距離および時間を克服するものである。例えば，時間のない社会人大学院生を対象にした講義アーカイブの提供や，ある授業の担当教員が1名しかいない場合に同時に複数キャンパスで受講できるようにネットワークで結んで遠隔授業を行うことなどが挙げられる。

　これに対して，類型2は，ICTがつくり出す学習の場としての特性を重視しており，従来の授業では実現できなかった教育を目指して，「電子情報メディア革新を利用して，リアリティ構成の相互的交渉化を推し進める」(田中，2003)ものである。すなわち，2つの現実空間をICTを活用して結ぶことによって対面授業とは異なる新たな学びの場を構成し，その場において学生が主体的な活動を行うものだといえる。

　この類型2にあたる新たな学びの場が決定的な重要性をもつと考えられる領域の1つが，異文化交流・協調の領域である。遠隔授業によって，学生が日常的に自文化に属しながらも，定常的に異文化と交流することができるまったく新しい場をつくり出し，新しい学びをそこから生み出すことが可能となるならば，その意義は非常に大きいと考えられよう。

　しかし，このような利点を踏まえて，国際遠隔講義を実施することを考えた場合，さまざまな文化背景，価値観，視点をもつ学習者が集まって，異文化環境をつくり出すことになるが，このような環境は，学生だけではなく教員にとっても高い障壁になりうるという問題が指摘されている。実際に国際遠隔講義を担当する教員は相手学生の状況を把握できないことなどによって，ストレスを受けやすいことがわかっている（村上ら，2001）。

　この問題を解決するには，学習者の自発的な学習を支援するために国際的な文脈を一致させることのできる新しい教育的な方法や技術が必要となる。とくに教員や学生がそれぞれ異文化に属しており，よく知らない相手と教育活動をするという異文化交流の文脈で実施されるような遠隔講義ではインタラクションや動機づけがより重要な要因となる。例えば，京都大学とUCLAでは1999年から2005年まで遠隔講義を実践しており，受講文化の違いによって評価要因の違いやコミュニケーションにおける誤解，葛藤が生じること，また，それらの誤解や葛藤を解決することによって異文化の理解が可能になることなどが

明らかにされている（美濃ら, 2005）。

　このような背景から，筆者らは2005年から京都大学と国立台湾大学を結んで遠隔講義を実践している（Lin et al., 2006）。

　またプロジェクト学習（project-based learning）を取り入れている（Lin et al, 2009）こともこの遠隔講義の特色の1つである。プロジェクト学習の大きな特徴としては，"伝える"から"行う"へと教える内容を変える構造を提供することを挙げることができる。そのため学生はテストに適切な返答を行う能力よりも，問題解決能力の開発を支援される。もちろん，プロジェクト学習を進めるうえで，文化の違いは作業する際に誤解や衝突が起きる1つの要因となりうるが，これらの課題を解決しながら異文化交流を行い，プロジェクト学習を進めていくことによって，より深い学びを獲得することができることもまた確かである。すなわち，これらの文化の違いを授業の中で活用することができれば，従来の授業では難しかった学習を学生にもたらすことが可能となる。

　本章では，京大と国立台湾大学，中正大学とを結んだ国際遠隔講義について紹介し，授業デザインで注意した点や学生の学びなどについて紹介する。

2 日本と台湾を結んだ国際遠隔講義

● 2-1　授業の概要

　本章で紹介する授業は2005年度，2006年度の後期（10月から翌年の1月）に実施された「Introduction to e-Learning」である。2005年は京都大学と国立台湾大学の2大学，2006年は京都大学と国立台湾大学，中正大学の3大学をテレビ会議システムで結んで行われた。国立台湾大学は岳副教授が，京都大学側は筆者が，それぞれ担当した。

　授業の目的は，e-Learningに関する知識を講義からだけでなく，実際に遠隔講義を体験することで獲得してもらうことである。そのために，e-Learningや遠隔教育に関する基礎知識や，日本や台湾，アメリカなどの実践に関する講義を行った。授業では，双方にとって第2言語である英語を使用した。主に台湾側から講義を行ったが，日本側からの講義や招待講義なども数多く取り入れた。

　この国際遠隔講義における学生の学習を効果的なものにするため，プロジェ

クト学習を取り入れた。

また各大学にファシリテータとして1名ずつ教員がおり，毎週適切な知識を与えたりグループ活動を支援したりしながら，個人とグループ両方の学びについてふり返りを促した。

TA（Teaching Assistant）も各大学に1～2名配備し，学生の学習支援などを行った。

最終授業の際に受講生によるプレゼンテーションを行った。2005年度の実践では，京大生が少なかったこともあり，同じ大学でグループを組んで，自分の国のe-Learning実践について調査し，プレゼンテーションを行った。2006年度の実践では，各グループに3大学の学生が入るようにグループ分けを行い，ICTを活用した教育などさまざまなテーマを決定してプレゼンテーションを行った。学生同士の相互評価も行った。そして12月の後半に台湾の学生が京都を訪問し，授業を受けたうえでさまざまな交流を行った。

● 2-2　学習支援環境

遠隔講義システムとして，インターネットによるH.323のテレビ会議システムを用いて映像・音声の伝送を行った。また，受講生のコミュニケーションを支援するオンライン上の学習環境として，Forumやインスタントメッセンジャー，ブログなどさまざまなメディアを準備した。これらのメディアを活用して，グループの形成やグループ内の議論を行った。以下に詳細を述べる。

まず，この遠隔講義実践を支援するために台湾大学で開発されたLMS（learning management system）を利用した。LMSによる授業資料の配布に加えて，掲示板機能をもったForumを活用した。Forumはグループの形成やグループ内での議論などに用いられた。また，1回分の授業を使って，このForumのみを用いて両大学の学生で5名程度のグループを構成して，e-Learningと対面授業の特徴に関する議論を試みた。

個人の学びをふり返るツールとして利用できることに加え，集団内，集団間の相互理解を深め，議論を促すことができることから，ブログを使用できるように準備した。ブログの環境としてはb2evoluation[1]というシステムを使用し，英語，日本語，中国語に対応できるようにした。ブログの利用について，学生

には授業を受けたうえでのふり返りで利用するため、どの言語で書いてもいいと説明した。さらに、プロジェクト学習を実施するうえでも活用できるように、グループごとに別のブログを利用できるように準備した。

● 2-3 授業デザイン

2-1 でも述べたように、遠隔講義（特に国際間遠隔講義）においては、両大学をつなぐだけで学びを誘発できるわけではない。そのためつなぐ意味をもたらす授業デザインが非常に重要になってくる。とくに日本を中心としたアジアの学生文化を考慮してみると、単にプロジェクトを付加したりグループで行う課題を与えるだけでは、学生の成功を促したり保証することは難しい。

そこで、学生にとってプロジェクト学習をより意味のあるものにするために、コースを以下の3つのステージで構成されるよう設計した。各ステージの目的としては、それぞれ知識の獲得、産出、伝達が挙げられ、ステージ間の連携によって受講者の動機や学習効果を高めることを狙っている。2006年度の授業実践のスケジュールを表6-2に示す。

表6-2　2006年度の授業内容

ステージ	回数	授業内容
第1ステージ 知識の獲得	1	オリエンテーション・自己紹介
	2	Project-based Learning
	3	e-Learning の利点，欠点
	4	プロジェクト学習の経過報告・議論
	5	リレー講義（台湾における OCW）
第2ステージ 知識の産出	6	リレー講義（AR の教育利用）
	7	リレー講義（日本における OCW）
	8	リレー講義（LMS）
	9	プロジェクト学習の経過報告・議論
	10	リレー講義（バーチャルスタジオ）
	11	Forum によるディスカッション
第3ステージ 知識の伝達	12	プロジェクトの最終打ち合わせ
	13	プロジェクトの成果発表
	14	プロジェクトの成果発表

(1) 第1ステージ：知識の獲得

　最初のステージでは，学生が領域の知識を獲得し，この授業における学習目標を理解することを目的としている。まず，e-Learning に関する教育工学研究の知見が教育実践にどのように適用されているか，という点について担当教員が具体的な実践例を用いながら説明した。これは，授業の初期段階で学生が何をプロジェクトで学ぶかという決定が難しいことから，その問題を克服してもらうためにプロジェクト学習で扱うようなトピックについての授業を行うことが必要なためである。そして，プロジェクト学習のアイデアについての議論を行った。学生がスムーズにプロジェクト学習へ取り組めるようにするため，教員はプロジェクト学習を支援するうえで必要となる学生の反応を集めることに注意した。また，受講者に個人のブログを書いてもらうことで，理解を促し，自分の考えを深めることを狙った。

(2) 第2ステージ：知識の産出

　第2ステージでは，学生がプロジェクトを産出することに焦点が当てられている。オンライン上でグループ内で興味のある内容をテーマとして決定し，学生がそれぞれの考えやデザイン，活動計画を出し合って共有し，他のグループの学生に説明して広くフィードバックをもらえるようにする。また，特徴的な取り組みを行っている研究者，実践者によるリレー講義を行い，学生が自分の考えやグループワークで行う内容について関連づけることによって，理解を深めることを目指した。また，個人のブログに加えてグループのブログを書いてもらうことで，グループ内の議論を進め，学習活動をふり返ってもらうことを狙った。さらに，プロジェクト学習を進めるうえで有効に活用できるように，オンライン上に授業内容に関係する多くの情報，資源が提供された。

(3) 第3ステージ：知識の伝達

　最後のステージでは，学生がプロジェクトの成果を報告し，その評価を行った。学生は口頭によるプレゼンテーションで成果を報告し，その成果に対して相互評価，自己評価を行い，これまでの授業をふり返ることで，学習内容を深めることを目指した。

● 2-4 プロジェクト学習

　この授業実践では，国際遠隔講義である特徴をいかしたプロジェクト学習を導入し，異文化コラボレーションによる学生の学びを深めることを目指している。2006年度の授業を受講した学生の出身国は6カ国（台湾，日本，マレーシア，韓国，中国，米国）であり，学生の専門においても文学，経済学，理学，工学や生物化学など高い異質性をもっていた。このような異なった国文化，学校・機関文化をもち，異なった専門的知識をもっている学生がグループを形成することによって，同じテーマについて議論する中でもさまざまな視点の違いを感じることができ，自分の考えを相対化しつつ，グループでの作業を行うことができると考えている。

(1) グループ形成の方法

　グループ形成の方法については，下記のような手順をとった。

　まず，最初の授業で，学生は自己紹介を行い，お互いに相手のことを知ることができるように試みた。これだけでは不十分であることから，授業終了後にForumに自己紹介を書くことを課し，閲覧するように指示した。このことによって，オンライン上で受講生同士の人となりを互いに知ることができるようになっている。

　第2週目から第4週目までの間に，プロジェクト学習をするためのグループを形成することを学生に課した。この際，学生が自発的にグループへの勧誘を行ったり，交渉したりしながらグループを形成するように指示した。この結果として，最終的に7つのグループが形成された。本授業実践においてグループを形成する行為は，異文化コミュニケーションによる学習活動と位置づけることができる。グループ形成のプロセスを通して，学生が自分自身の専門分野や役割，ニーズを発展的に相互理解することを期待した。

(2) グループ学習の内容

　グループ学習は，授業時間外を中心に，主としてForumやブログを通してコミュニケーションをとり，テーマ決定，内容の議論，プロジェクト成果の作成に関する打ち合わせなどを行った。テーマとして，ICTを活用した外国語学

習，ユビキタスラーニング，デジタルミュージアム，AR（augmented reality）の活用などがあり，成果物として，PowerPoint や Web サイト，ビデオなどが作成された。例えば，「ICT を活用した外国語学習」においては，日本語と中国語の比較を行いながら，お互いが学べるような単語，会話の教材を作成した。また，「デジタルミュージアム」では，台湾のデジタルミュージアムを分析し，日台の受講生にアンケート調査を行い，その結果について報告し，考察を行った。

3 国際遠隔講義における学生の反応

● 3-1 ブログ利用の効果

まず，2005年度の実践における，ブログ利用の効果について述べる。2005年度のブログにおいては，合計700以上の書き込みがあった。総投稿数と総コメント数を図6-1に示す。使用言語を指定しなかったにもかかわらず，ほとんどの受講生が最初から英語で書いていた。これは，自分の学習履歴をまとめるだけではなく，相手の受講生に自分の考えを伝えるために，英語を用いたと考えられる。

授業終了後に実施したアンケートの結果から，以下のような意見が得られた（Lin et al., 2006）。

> 最初は，ブログに書くことがなかなかないので，毎日少しずつ何か書くように心がけていました。そうしたら，授業の最後に自分のブログを見直してみたら，自分の勉強してきたことが一覧になっていて驚きました（京大生）。

ブログ上で，授業で学んだことを逐次まとめていたことによって，これまでの学びをふり返ることができたことがわかる。

> ● 私は，ブログをあまり書きませんでしたが，他の受講生のブログを読むのはとても楽しかったです。彼らのブログを読むことによって，何を勉強してきたのか理解できました（台湾大生）。
> ● ブログに勉強したことを書いたり，他の受講生と議論をすることができて，e ラーニングはいい方法だと思いました（台湾大生）。

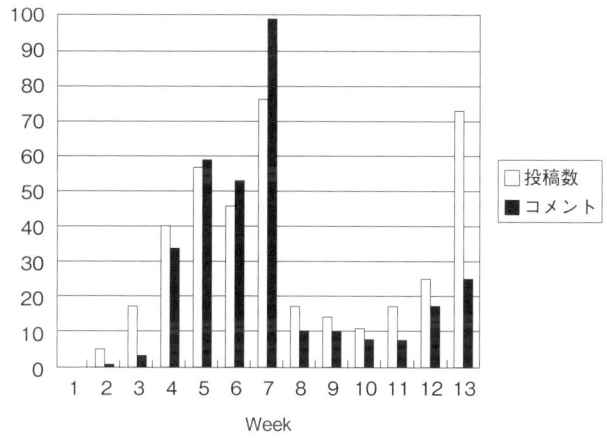

図6-1 ブログの総投稿数・コメント数

　ブログを利用することで，他人の学習履歴を見て他者の考えを把握し，自分の考えをまとめ直すことができたといえる。また，互いの投稿を引用したり，コメントすることによって，授業時間外にも議論を進めることができたことがわかる。

　遠隔講義の場合，双方の文化の違いを理解し合うことが重要になる。BBS (bulletin board system：電子掲示板) などでは，あるテーマを中心に議論を進めることができるが，ブログを用いることで，個人の学びをふり返るツールとして利用できることに加え，集団内，集団間の相互理解を深め，議論を促すことができると考えられる。

● 3-2　プロジェクト学習に対する学生の評価
　2006年度の最終授業時に質問紙調査を実施した。質問紙は，授業に関する評価14項目，プロジェクト学習に関する評価18項目による32項目からなり，すべて5件法で回答された。回答者数は，国立台湾大学17名，中正大学31名，京都大学8名の合計56名であった。
　また，授業終了後に学生に対して半構造的インタビュー[2]を行った。質問した内容は，プロジェクト学習に対する感想，意見，メディアの活用，学生のコンピュータースキルや経験，などである。

□ 京大　■ 台湾

この遠隔講義に熱心に取り組んだ	
この遠隔講義を受講して，学習効果があった	
この遠隔講義における学習内容に満足した	
この遠隔講義全体に満足した	
プロジェクトのテーマは適切だった	
プロジェクトを進める上で十分計画した	
プロジェクトの内容はよかった	
口頭発表がうまくできた	
グループ内の議論は十分できた	
グループ内のコミュニケーションが十分できた	
グループ作業は楽しかった	
プロジェクトは成功した	

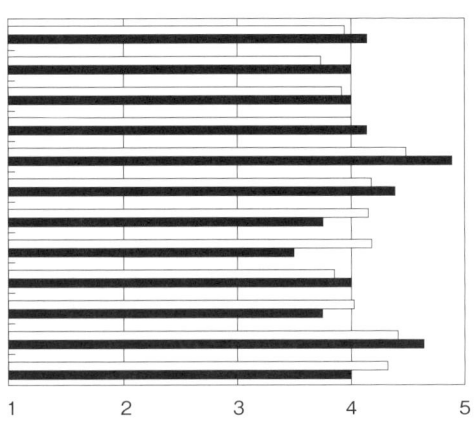

図6-2　遠隔講義・プロジェクト学習に対する学生の評価

　質問紙調査の結果の抜粋を図6-2に示す。遠隔講義，プロジェクト学習両方において受講生の評価は高かったと考えられる。その要因について，インタビュー結果から3点に分けてまとめる。

(1) 異文化の学生との協調作業による新たな視点の獲得

　異なった国や大学，専門分野の相手との協調作業は，学生に多様な意見や視点を認識する機会を与えるものであったといえる。また，グループによる学習を進めるうえで，学生は文化差に対して敏感であったといえる。従来の遠隔講義では受講生の動機づけを維持することは難しく，異文化をもつ受講生と目標を共有しながらグループ学習を行ったことはたいへん有効であったと考えられる。その差異は単にナショナリズムといったものだけではなく，各大学のもつ固有のスタイルや伝統も含んでいたと考えられる。

　例えば，中正大学の学生は，グループにおける議論について次のように語っている。

> ブレーンストーミングの時間は楽しい。メンバーがともに異なった志向を持ちながら合意に達する。こういったことは私が今までに聞いたこともないほど，知的で創造的ものだった。日本人学生が提案したいくつかの考えは面

白くて，風変わりなもので，私が以前もっていた彼らに対するステレオタイプとまったく違うものであった。

また，中正大学の他の学生は次のように述べていた。

報告を通して，国立台湾大学と私たちの学校との違いを見つけることができた。私が思うに，国立台湾大学の学生は実に頭がいいと思うので，私は彼らから学ばなければいけない。

本実践において，プロジェクト学習を遂行するうえでの受講生同士のコミュニケーションの中から異文化を感じ，新しい視点の獲得につながったと考えられる。プロジェクト学習の導入によって，国際遠隔講義において異文化を感じながら授業内容について深い理解を得ることが可能になるのではないかと考えられる。

(2) プレゼンテーションスキルと英語力の向上

数名の学生は，このプロジェクト学習を通してプレゼンテーションを経験したことがとても重要な進歩であったとふり返っている。自己評価や相互評価の結果によれば，多くの学生は授業当初，英語で話すことに尻込みしており，グループプレゼンテーションの進捗状況を報告することに自信がなかったが，授業が進むにつれ，多くの学生は授業やグループでのコミュニケーションを努力して行うようになった。

学生は自分の英語力の上達や進歩についてふり返っている。例えば，中正大学の学生は次のようにコメントしている。

私にとって，プレゼンテーションを行うこと自体がとても大変でした。それに英語で行なうわけだから。まず，私はクラスメートがうまくプレゼンテーションをしていることに驚いたし，自分がそれを維持できるのかどうかとても心配になりました。でも，グループの仲間たちと議論して，私はとても刺激を受けてがんばろうと思いました。

また，京大生のコメントとして，次のようなものがあり，英語力とともにプレゼンテーションを経験することの重要性を感じていることがわかる。

> ● 私たちはそれぞれのプレゼンテーションの前にとても重要な時間を過ごしました。進捗状況を報告する準備のために，グループ内でかなりの議論を行いました。英語は確かに大変だと思いましたが，頑張ってグループの議論についていかないといけない，と思いました。
> ● 最終プレゼンテーションで，グループの代表として教壇の前に立ってプレゼンテーションをしたことによって，私は本当にものすごい達成感を感じました。

(3) コミュニケーション技術の利用

　本実践において学生がICTを活用することに関する興味深い点として，学生がグループ学習を行ううえでさまざまなICTを使ってコミュニケーションをとる場合，学生がはじめに感じる文化差は情報スキルであることが挙げられる。それは，ハードウェア，ソフトウェア両面における操作技術の差だけではなく，コミュニケーションメディアに対する好みや利用頻度の違いも含まれる。これらの差異はグループ内のコミュニケーションに多様性をもたらした。
　例えば，台湾大学生のコメントとして，次のようなものがみられた。

> ● 今回のことは忘れられません。今セメスターの間，京大や中正大学の学生と議論したことはとても面白かった。私はいろんな方法でコミュニケーションをとるように試してみました。
> ● 私たちはコンピュータの操作やネット上でのやり取りにさまざまな問題を抱えていた。グループの仲間はよりよくコミュニケーションするための方法を理解する必要があったと思う。

　インタビュー調査を分析した結果として，多くの京都大学の学生は，オンライン上での議論でコミュニケーションをとることは容易ではない，と感じていたことがわかった。オンライン上でかつ英語での議論という不慣れでプレッシ

ャーを感じる環境の中で，明確かつ率直に考えやアイデアを表現する能力がなかったと感じているからだと考えられる。

4 まとめ

　本章では，日本と台湾を結んで実施した国際遠隔講義について紹介した。まず，遠隔講義を設計する際には，その遠隔の意味を問うということが重要になる。そして，この実践ではプロジェクト学習を中心とした授業デザインを行い，両大学の異文化が学生の学びに有効に機能することを目的とした。また，学生自身のふり返りを支援するとともに，学生同士のコミュニケーションも支援することを目指して，ブログなどの学習環境を提供した。

　その結果として，以下のようなことがわかった。

- 国際遠隔講義の実践全体に対する満足度については台湾，日本両国の学生から，高い評価を得た。
- 他大学の学生によるプロジェクト学習について，学生が有効性を認識していた。
- 授業とオンライン上での交流に加えて，実際に対面による交流を組み合わせることによって，授業やプロジェクト学習に対する動機づけを高めることができた。
- プロジェクト学習を進めるうえで，文化差によってICT活用の傾向に違いがあり，グループによってメディアの利用などについて十分に計画してコミュニケーションを行っていた。
- 異なった国や大学，専門分野の相手との協調作業は，学生に多様な意見や視点を認識する機会を与えるものであり，学生は文化差に対して敏感であった。
- 学生が感じる文化差は単にナショナリズムといったものだけではなく，各大学のもつ固有のスタイルや伝統も含んでいた。
- プロジェクト学習を通して英語によるプレゼンテーションを経験したことを一部の学生が重要視していた。

今後も，学生がさまざまな学びをできるような国際遠隔講義や授業実践を行っていきたいと考えている。

【注】
1) 詳細については http://b2evolution.net/ を参照のこと。
2) 半構造化面接（インタビュー）とは，一定の質問にしたがい面接をすすめながら，被面接者の状況や回答に応じて面接者が何らかの反応を示したり，質問の表現，順序，内容などを臨機応変に変えることのできる面接法である。構造と若干の自由度をあわせもつことで，ある方向性を保ちつつ，被面接者の語りに沿って情報を得ることが可能になる。

【引用・参考文献】
美濃導彦・村上正行　2006　遠隔授業による異文化コラボレーション，情報処理，**47**（3），283-289

村上正行・田口真奈・溝上慎一　2001　日米間遠隔一斉講義における講師・受講生の評価変容の分析，日本教育工学会論文誌，**25**（3），199-206

田中毎実　2003　電子情報メディア革新と教育実践―大学での遠隔教育プロジェクトによる一考察，京都大学高等教育研究，**9**，59-74

Wei-Jane Lin, Hsiu-Ping Yueh, M. Minoh　2006　*Blogs v.s. Forums: Asynchronous and synchronous communication using text in supporting international distance learning*, ED-MEDIA2006

Wei-Jane Lin, Hsiu-Ping Yueh, Murakami Masayuki, Minoh Michihiko　2009，Exploring students' communication and project-based learning experience in an international distance course, *International Journal of Digital Learning Technology*, **3**（1），140-155

吉田　文　2001　IT 先進国に見るデジタル・キャンパスの実態　（バーチャル・ユニバーシティ研究フォーラム発起人（監修）バーチャル・ユニバーシティ―ＩＴ革命が日本の大学を変える，アルク，pp.26-53）

PART 2
◉新しい教養教育の試み

07 「自分を創る―表現工房の試み」の授業実践

小田隆治

1 授業開設の背景

　筆者は平成12年（2000年）度からFDに関わり現在に至っている。山形大学のFDは，これまでの授業を少しでもよくすることを主な目的としてきた。それは今も変わらない。

　ところが，FDの立ち上げにおいてお世話になっていた北海道大学の阿部和厚教授（当時）（☞ 12-14章）の口から「学生との双方向型授業」「学生参加型授業」「学生参画型授業」「学生主体型授業」の言葉が出てきて，実習船による体験型授業や医学部生の演劇による発表などの授業実践を，写真やビデオを交えて紹介していただいた（阿部ら，1998）。その際に学生の能力を引き出し向上させるためには，従来の知識偏重の講義型の授業だけでは駄目だという説明があった。正直，当時の私にはすべてのことを理解する知識や経験はなかったのだが，授業にはもっと可能性があることを直感的に理解することができた。それはおそらく，そのときすでに私が「学生による授業評価」から，一方的な講義に対して学生が強い不満をもっていることを承知していたからかもしれない。

　こうした経緯を通して，平成13年度から全学の教養教育研究委員会で「学生主体型授業の研究と実践」をFDのテーマの1つとしてとりあげることにした。だが，実際に誰がこうした授業を開講するのであろうか。委員会が勝手に誰かを指名するわけにはいかないし，委員会のメンバーも敬遠するだろう。そこで前年の教養教育初の「公開授業と検討会」の時と同様に，今回もまずは自分で引き受けることにした。自業自得である。

2 授業の設計

● 2-1 それは先生にもわからない

　授業の設計を考えている時，『京都大学高等教育叢書』(京都大学高等教育教授システム開発センター, 2000) の報告が目に留まった。それは京都大学と慶應義塾大学が試みた学生創造型授業「KKJ」の授業実践記録であった。KKJは，1つの授業の中で学生の多様な能力の開発を目指していた。その記録を読んで思わず吹き出してしまったのは，授業中に「先生，次に私たちは何をしたらいいのでしょう」という学生の質問に対して，授業者が「それは先生にもわからない」というようなくだりがあったからである。この時，学生の多様な能力を引き出そうとするならば，授業者もゆったりと構えなければならないと思った。

　そこで筆者は学生に好きなことをしてもらう授業を開講することにした。「もっと自由だったらこうしたことができるのに」とか「チャンスが与えられればすごいことができるのに」という若者の思いを可能にする場を提供しようと考えた。

● 2-2 「ジブツク」の誕生

　授業名を西洋美術史が専門の元木幸一教授に相談した。名づけてくれたのが「自分を創る―表現工房の試み」であった。この授業は後に学生たちの間で親しみを込めて「ジブツク」と呼ばれるようになった。

　理系の生物学が専門の筆者が何でもありの授業を一人で担当することに引け目を感じたので，文系の経済学が専門の立松潔教授に授業担当者に加わってもらった。これで文理融合である。

　全学共通教育の教養教育は全学部の主に1年生を対象とし，一般教育科目は学生たちの自由選択に任されていた。ご存知のように人気のある授業には数百人の学生が集まるが，そうでない授業は誰も来ない。

● 2-3 開講時間の工夫

　本授業は教養教育の一般教育科目・総合領域の2単位科目として前期の水曜日の4コマ目に開講した。この時間帯にした理由は，全学部の学生が混在する

授業にしたかったからである。授業で他学部の学生と同席できるのは教養教育以外にはない。学生は異質な学生の間で多くのことを学んでいく。総合大学の利点はこうしたところにある。

● 2-4 シラバスの工夫

シラバスは入学したばかりの学生が授業を選択するうえでほとんど唯一の情報源である。筆者はシラバスの書き出しを「若いエネルギーがかたちになる」とした。それにつづけて「自分を創ろうではありませんか。「具体的に何するの？」それは自分で考えてください。演劇・映画制作・ビデオ作品・コンサート・ミニFM・小説・絵画・ホームページ作成・自由研究とにかく何でもありです。あなたの意欲とアイデアと行動力しだいです。何をしたいか考えてきてください。それが具体的に可能かどうかを議論し，実現へ向けて何人かでチームを組んでもらいます。それから発表会を行い，その評価と反省会を行います。このセミナーにはお金も機材も知識も準備されていません。無責任なようですが，こうしたこともあなたたち次第です」と書いておいた。

シラバスに到達目標を「リーダーシップ，コミュニケーション能力，協調性，討論力，発表力，責任感，能動的行動力，企画力，社会性，自己発見，問題解決能力の育成」と羅列した。成績評価の欄には，「出席30％（毎回出席とります），授業への取組30％（役割の作業量と授業への発言内容や回数です），作品40％」とし，定員を30名とした。

3 授業の実践

● 3-1 オリエンテーション

最初のオリエンテーションにおよそ60名が集まった。授業の簡単な説明の後，筆者が「自己紹介とどうしてこの授業を選んだのかその理由を述べてください」と言っただけで，まず半数の学生がいなくなった。仮履修届は全学部から32名が提出し，そのうち25名が最後の授業まで残った。

この時のオリエンテーションを新聞記者が取材し，その記事は朝日新聞の山形版に掲載された（図7-1）。記事の見出しには「学生による学生のための授業

図7-1 学生主体型授業「自分を創る」の新聞報道（2001年4月15日，朝日新聞山形版）

スタート」「テーマ決め自分たちで運営」「創造力養成がねらい」と書いてあった。記事には次のような筆者のコメントが載っていた。「授業の運営は学生に任せる。授業はこの先どう展開するか分からないが，自分で物事を考え，それを実現する経験を積ませたい」「元気がない学生が多い。潜在的な能力を引き出し，自分で思考できる力を育てたい。無責任のようだが，授業の成功，失敗は学生次第だ」。今読みかえせば筆者にもかなりの気負いがあった。

● 3-2　班づくり

1回目の授業が始まった。授業の進め方について筆者が簡単に説明した後で，司会役の学生の進行による授業が始まった。しかし，すぐに収拾がつかなくなった。そもそもやりたいことがある学生はほとんどいなかったのだ。混乱を解消するために，筆者が「やりたいことがある人だけにプレゼンテーションをしてもらい，他の人は興味をもったところに集まったらいい」という提案を行いそれが実行に移された。こうして次の6つの班が形成された。①演劇班，②ビデオ映画班，③ホームページ班，④総合芸術班，⑤ミュージックビデオ班，⑥ユーロビート班。総合芸術班は，絵画・詩・小説・書・工芸の制作で，本来それぞれ一人で行う活動であるが，「コラボレーションも考えてほしい」という筆者の指示によって総合芸術班としてまとまった。

2回目の授業で，ユーロビート班は機材等が調達できないという理由で，自主的に解散した。この班の2名は演劇班とホームページ班に移った。それから

各班による企画の発表と質疑応答を行った。どの班の企画も具体性に乏しかった。次回から毎回1つの班がレジュメに基づいて経過報告とそれに対する質疑応答をすることになった。

● 3-3 各班の活動報告

3回目の授業は，演劇班の活動報告であった。メンバーは総勢6名であった。演目と7月末の公演を決定し，橋の下を練習場所とした。だが，班長である女子学生以外はほとんど誰も練習に集まらなかった。

4回目の授業は，ビデオ映画班の活動報告であった。あらかじめ筆者が指示しておいたのだが，彼らはこの一週間で1分もののビデオを制作し，それを流して全員の意見を聞いた。なかなか好評であった。撮影機材は筆者が10年前に購入した8ミリビデオカメラを貸与し，ビデオテープは彼らが自費で購入した。

5回目の授業はホームページ班の活動報告を行った。筆者からこの日までにホームページを開設するように指示しておいたので，この日の朝に開設された。どの班も指示されなければほとんど何もしてこないが，指示すればきちんとやってきた。

6回目の授業は総合芸術班の活動報告であった。彼らは書いたものを読み，描いた絵を見せた。この班には上級生も数人参加していたので，彼らが後述する発表会をリードしていった。

7回目の授業はミュージックビデオ班の活動報告であった。自分たちで撮影した映像に既製の音楽を流すので，音楽の著作権について調査中であると報告した。

8回目以降の授業も各班の活動報告を行っていったが，しだいに発表会の準備にかなりのウエイトを占めるようになっていった。

● 3-4 発表会の提案から決定まで

4回目の授業の際，授業担当者の立松教授から学生たちにコンパの開催の提案があり，5月16日の放課後に学内にある瓦屋根の一軒家，通称「コンパ小屋」で行うことが決定した。このコンパの席上で筆者は隣り合わせた数人の学生に

7 「自分を創る─表現工房の試み」の授業実践　91

発表会を学外にある立派なホールを借りて開催してはどうかと提案した。彼らは目を輝かせた。これが後の大々的な発表会のきっかけとなった。

コンパから一週間後の6回目の授業で，総合芸術班は市内にあるいくつもの公演会場の規模や賃料などを調査し，その結果を報告した。彼らは県立図書館を併設した340名収容のホールがある複合施設「遊学館」で自分たちの発表を行うと宣言した。この宣言は全員の目を開かせ，他の班も大々的に発表したいと思うようになった。そのため次回までに各班の対応を決めることとなった。「遊学館」のホールはプロのコンサートや演劇の発表に使われるところである。学生たちは立派な会場での発表に夢を抱いた。

7回目の授業で「遊学館」での合同発表会が決定した。会場も仮予約をした。8回目には発表日が正式に決定した。この時，演劇班の班長から，間に合わなかったら延期はあるのかという質問が出たが，司会者からその班だけ後日勝手にやるようにという返事が返ってきた。演劇班の練習の集まりはいぜんかんばしくなく，班長の苦悩は続いていた。

● 3-5　発表会の準備

9回目の授業で，発表会のための役割分担（ポスター係，チケット係，広報係，会計係，総責任者）を決めることになったが，学生たちの話し合いでは何も決まっていかなかった。そのため筆者が各人の役割と決まったことを黒板に書くように指示を出すと，作業ははかどっていった。学生のアイデアで大学会館の集会室を発表会が終わるまで借りることにした。こうした活動をしようとすれば，部室のように機材が置け，ポスターやチラシを作れる部屋がどうしても必要であった。これは学生のすばらしい発想と行動力であった。

10回目の授業でパンフレットの内容や広告とりの手配が行われた。チケットの料金を決めるのに無料から1,000円までの幅でいくらにするのかについて全員で侃々諤々と議論した結果，300円に決まった。全員，お金をとるだけの価値のある発表にしようと心に決めた。

11回目の授業で発表会が8月1日18時開演ということが決定した。各班の発表時間と順番も決まった。筆者は「一人ひとりが責任感をもとう」と檄を飛ばした。

12回目の授業で全員が市内近郊の高校や大学を回って宣伝することになった。また，履修生の相互評価を行い，その結果を翌週全員に返した。

13回目の授業では，もっとも準備が遅れていた演劇班が通し稽古を行った。できは筆者を含めて全員の予想をはるかに越える素晴らしいものであった。彼らの発表はすべての班に衝撃を与え，自分たちの作品も質の高いものにしなければという気にさせた。

14回目の授業は，放課後を利用してビデオ作品の試写会を行った。発表会当日と同じようにスクリーンに大きく写して観たかったのだ。ビデオ作品を見終わった後，一人ひとりに感想を聞いて回ったが，学生の口からは罵倒といってもいいほど辛辣な言葉が出てきた。40分間以上非難が続いた。そこには妥協をゆるさない若者の姿があった。

発表会の一週間前に最後の授業である15回目が行われた。この日は発表会のリハーサルを行った。授業の最後に，筆者は「発表会にすべてをぶつけよう。きっと成功する」というメッセージを送った。この日の授業を全学に公開し，その後に検討会を行った。

4 活動の一断面

授業のリアルな姿を紙上に再現することは難しい。次の文章は学生がつくったホームページに当時の筆者が書きこんだものである。この文章によって学生の熱気が少しは伝わるかもしれない。

深夜0時，旧県庁の文翔館の前庭で，懸命に激しい動作を繰り返している一群の若者たちがいた。彼らこそ，山形大学の授業「自分を創る」の演劇集団であった。

夜8時から練習を開始し，深夜3時頃まで毎日練習をしているという。発表会まで1週間を切ってしまっていた。外灯の下で，汗が飛び散り，瞬時に闇に消えていった。さらに向上しようとするたくさんの意志が，怒声になり，涙になって闇を昇っていった。山形の真夏の夜は，若者からでる真摯な熱で一層暑くなっていた。

「20年間生きてきて今一番頑張っています」と，練習で潰れた声でSは語った。かれは午前4時半にアパートに帰り，寝たら起きられないので，起きたまま朝8時50分に始まる学期末試験に出て行った。「練習が終わって自室でウトウトとしたらそのまま寝てしまって，起きたら昼を過ぎて2科目も試験を受けられませんでした。K先生の研究室はどこでしょう。レポートを出してもらえるように頼んできます」と，大きな体から吹き出す汗をハンカチで拭いながら，本当に困った顔をしてYは訊いた。「これだけやって2単位なんですか。10単位くらいくださいよ」。自嘲気味に彼らは言った。どうして自分たちは，こんなに必死になって練習を繰り返しているのだろう。迷えるほど余裕はないが，ふっと脳裏をかすめる。「次，練習に入ります」その声に体と心は反応してしまった。

　一週間前の授業の時，演劇集団はビデオ班の作品に激しくかみついた。「もう一回撮り直しをしろ」「真剣さがみられない」「それでお金をとる気なのか」「お客さんに入場料は返せても時間は返せない」という火矢のように燃えさかる批判が彼らの口から発せられた。彼らは自分たちの必死さを踏まえてビデオ班の連中にいらだっていた。彼らがわかってもらいたければ，自分たちの練習風景をビデオ班に見せれば十分だったのに。

　壮絶という域にまで達してきた演劇集団の練習だった。私は青春などという言葉を口から出すのも気恥ずかしい年齢になってしまったが，彼らはまさに青春真っ只中にあり，過激なまでの青春を作り出していた。私は敬意を持って，彼らを振り返った。

5 発表会とその評価

　発表会にはおよそ100人の観客が集まった。すべての班による合同発表会の本番が始まりそして終わった（図7-2）。学生たちと観客の表情を見れば，発表会が大成功だったことは誰の目にも明らかだった。

　発表会のポストアンケートに観客の大学生が次のような感想を寄せた。

●感動した！！　マジッス。何かを作って発表することはすごい大変だっ

- 最後全員が出てきた表情を見て，久しぶりに生き生きした人間の笑顔を見た気がした。

発表会を行うことによって，観客の学生にもやる気が広がっていった。それはこだまのように響き渡る「エコー効果」といってもいいような教育の成果であった。

図7-2 学生主体型授業「自分を創る」の合同発表会のカーテンコール

社会人の観客から「今の学生も捨てたものじゃない。すごくがんばっているじゃないか」という評価が返ってきた。「とかく今の大学生は」というステレオタイプな社会の反応に対して，その見方を変えるきっかけにもなった。

6 公開授業と検討会

最後の授業を公開し，1学部を除いたすべての学部から15名の教員の参観があった。参観者のアンケート結果から察すると，かなり衝撃的な授業として受け取られたようだった。参観者の意見として以下のような言葉が寄せられた。

- とても画期的な授業である。学生たちにとって，最も記憶に残る授業の一つになると思う。
- 学生が主体的に，能動的行動力を発揮し，伸び伸びと表現しているのが素晴らしい。また，学生相互の意見交換を通じて，企画を改善・充実させて行く点も感心しました。
- 私の授業を履修している学生が何人かおり，生き生きしている姿が印象的だった。
- これだけの討論能力・プレゼンテーション能力を獲得されている点が素晴らしいと思う。参加型の授業の充実に，多くの可能性があることを実感できたので，専門科目の授業にも取り入れたいと思う。

- 各自，Autonomous（自律的）でありながら，協調が成り立っておられる点に感銘を覚えました。
- 与えられることに慣れている今，企画立案から発表までを自主的に討論していることは，社会に出てからも役立つものと思います。自分の意見を発言する機会の少ない日本では，今後もっと進めていくべき授業形態と思われます。

　授業検討会では，最初に授業者がこの授業の目的やこれまでの授業の経緯，工夫などについて資料を使って説明した。その後で，参加者との意見交換を行った。「小田先生の説明によりこの学生主体型授業が細部までよく考えられ，準備されていることが理解された。明確な目的意識と適切で整理された計画と準備の重要性が確認できたように思う」とポストアンケートに記された。

7 授業者の役割と工夫

　この授業は学生のサークル活動と同じではないか，という声を耳にする。たしかに同じようなものだ。しかし，そこに教師がいるかいないかで大きな違いが生じてくる。教師の存在によって学生主体型授業は授業として成立するのである。

　学生が授業に積極的に関わるようになるために筆者はいくつかの工夫を入れた。まず，全員が作業をするようにした。具体的には毎回の授業に司会と記録係を2名ずつ置いた。毎回の授業を目に見えるものにするために，記録係に授業の記録をとってもらい，それを次回の授業前に筆者に提出してもらい，それを全員分コピーして配布した。こうして事実や成果が蓄積していき，学生が資料として活用できるようにした。学生の記録をとる技術も向上していった。

　毎回の授業は各班の構想や進捗状況の発表と相互討論に費やしたが，発表にはあらかじめA4版のレジュメを提出させ，これも筆者が人数分コピーして，発表日に渡した。

　学生の議論に筆者は介入しないことを旨とした。だが，実際は学生間の議論が膠着することがたびたびあったので，その時にはタイミングを見計らって

挙手し，方向性をもたせるために意見を述べ，学生たちの議論の俎上(そじょう)にのせてもらった。たしかに，筆者が介入し，その意見が授業進行のうえで大きなウエイトを占めたことは，一部の学生にはおもしろくなかったはずである。一方で，議論の膠着によって学生もどうしていいかわからなくなり嫌気がさすことがあり，その時には，筆者の意見が多くの学生にとって救いと感じられたことがあったのもたしかであった。学生主体型授業では，授業者は学生の個性や集団のあり方に臨機応変に対応していかなければ，授業をつくり上げていくことができない。その対応の仕方が授業者の力量である。筆者は力量不足で明らかにしゃべりすぎなのである。

　本授業を当初の計画を越えて壮大なスケールなものへと押し上げたのは発表会の存在であった。筆者は発表会の計画が学生にとって魅力的なこと，それが受け入れられるだろうこと，同時に，彼らの予想を越えてはるかにたいへんな作業になるであろうことが，あらかじめわかっていた。だがそれは，彼らの能力を向上させるために大きな役割を果たすだろうということも予見できた。そしてこのメンバーなら最後までやりとげるだろうということも推測できた。このように学生主体型授業にあっては，授業全体の達成状況や学生の能力・個性を把握して，段階的により高いハードルを提示する，ということが授業者の果たす重要な役割となる。この高いハードルによって最終的には達成感と自信が彼らの中に育まれていく。これは大きな教育成果である。

　本授業では，学生自身による相互評価も試みた。こうしたことを通して学生に評価ということを考えてもらいたかったからだ。彼らは，班内で相互に意見を交わして，全員の同意の下に評価表を作成していった。評価点の客観性を述べるもの，自分のセールスポイントを述べるもの，他人を正当に評価して高い点をつけるもの，自分の持ち点を他のメンバーに回すものまでがいた。

8　学生の授業評価と感想

　「学生による授業評価」の総合評価は5点満点中4.68と，とても高いものであった。授業評価の「授業の良かった点」の自由記述には次のような点が挙げられた。

- 他の授業にない能力，すなわち，自発性，発表構成力，積極性，協調性，判断力等が本当に直接的に必要とされるので，ためになるセミナーでした。特にエゴのぶつかりあい，主張のぶつかりあい，意見のぶつかりあいがあり，刺激的な授業だった。
- チャレンジャーであれたと思う。久々に劇的な試みであった。
- 学生が自分たちで計画をすすめていくのがよかった。協力して作品を作りあげることによって，友人も増えた。
- 自分の好きなことと，責任の重さを学んだ。普通の授業とは違うので新鮮だった。自分たちでやったという気がする。

授業評価の授業のよくなかった点の自由記述には次のような点が挙げられた。

- 一人一人の主張がぶつかって，あまりコミュニケーションがとれていないところもあった。ある意味，それもいいところだけど。
- 良くないのかどうかしらないけど，般教なのに，般教とは思えない程大変。
- 先生が口を出しすぎの感あり。学生に問題があったと思う。ちとくやしい。

「学生による授業評価」は，本授業で重要なポイントを占める発表会が行われる前の授業中に行われた。そこで学生にはホームページに発表会後に感想を載せてもらうように頼んだ。その中の1つが次の文章である。学生は深く物事を考えていた。

　小田先生は授業の始めに「私は何もしない。授業は君達が進めるんだ」と仰いました。その時私の胸にとても大きな期待が込みあがってきたのを覚えています。「自分達が何かを出来る」ということが当時の私には，何の懸念もない理想郷のように感じられたのです。しかし，数回セミナーをやるうちに，自分の考えが如何に浅はかであったかを見せ付けられました。進まぬ会議，な

かなか明確な形の見えてこない企画。私たちは「何をやってもいい」という幻想を抱いて，心の張りを失っていました。今だから言えることかもしれませんが，私たちの手に授業の進行が委ねられるという事は我々が「何かを出来る」ということでは決してなく，我々が「何をするかを決め，実行しなければならない」ということだったのです。これは当たり前のことのように感じられるかもしれません。ですが私たちはそれを，実際の経験として，直面した現実として体験しました。そしてそこで具体的に求められたのは，「自発性」「意見発表の内容構成力」「積極性」「協調性」「判断力」「表現力」等です。これらはとても日常的な能力です。そしてこのセミナーは我々にこれらの能力を遺憾なく発揮するように要求します。もっと言えばこのセミナーは，人間が関係を取り結ぶ上で重要なこれらの能力を我々に突き付けていたのです。

　このセミナーには要求される能力以外にも，とても日常的なことがあります。それは人間関係の「摩擦」と「衝突」です。このセミナーは，何かを表現するという方式を取っているため，自然，活動の場とそのほとんどの時間は授業時間以外にならざるを得ません。このセミナーの最後の時期以外は，バイトの予定や個人的な用事のために各班の活動でメンバー全員が揃うことは稀だったそうです。そこで不満や軋轢（あつれき）が生まれ，人間関係の難しさを実感しました。また，授業の発表の場で意見，主張がぶつかり合い，エゴがぶつかり合いとても刺激的でした。

　私はこのセミナー「自分を創る」に参加できたことを，本当に嬉しく思います。このセミナーで得たのは特別なことではないけど掛け替えのないこと。このセミナーで創った「自分」はとても日常的な，しかし認識を新たにした「自分」。このセミナーから受けた影響でまだまだ掘り下げていきたいことがあります。これからの夏休みの期間，そして一生をかけて，ゆっくりと自分の心の中から，この「一生の宝物」を掘り出して磨いていきたいと思います。

9　その後の「自分を創る」

　平成13年に始まった「自分を創る」の授業は5年間続いた。その間に学生はさまざまなドラマを展開し，その中で筆者も多くのことを学んでいった。始

めた頃は3年で終止符を打とうと思っていたのだが，途中で新聞や受験雑誌に大々的に取り上げられ，やめるにやめられなくなってしまったのが正直なところである。4年目に人文学部の若い教員の渡辺将尚准教授がこの授業を見学に来て，発表会を見て，学生たちの成長ぶりに感激したので，渡りに船とばかりに，6年目からこの授業を継承してもらうことにした。そこで5年目は筆者のやり方を一学期間すべて見学してもらうことにした。こうして「二代目・自分を創る」の授業が誕生し，それが3年続いた。平成22年度には杉原真晃准教授（☞本書8章）が三代目を襲名し，授業を継承している。まるでこの授業は山形大学の伝統芸能の様相を呈してきているかのようだ。

　授業公開や検討会，報告書などを通して，この授業は学内にも広く知れ渡るようになり，他の教員も教養セミナーでさまざまな工夫をこらしてくれるようになった。こうして山形大学内で多様な学生主体型・参加型の授業が展開されるようになった。

　おまけとして，この授業から「お笑いサークル」と「アカペラサークル」の大学公認サークルが誕生し，現在も活発に活動している。筆者と立松教授はそれぞれのサークルの顧問になっている。

　筆者は学生主体型授業の経験を通してさまざまなことを学び，他の授業にもそのノウハウをいかしている。そろそろ筆者も再び学生と一緒に新しい授業の旅に出る時期かもしれない。

【引用・参考文献】
阿部和厚・小笠原正明・西森敏之・細川敏幸・高橋伸幸・高橋宣勝・大崎雄二・小林由子・山舗直子・大滝純司・和田大輔・佐藤公治・佐々木市夫・寺沢浩一　1998　大学における学生参加型授業の開発．高等教育ジャーナル，**4**，45-65.
京都大学高等教育教授システム開発センター（編）　2000　平成11年度　KKJ─Kyoto-Keio Joint Seminar─で何が起こったか─授業・合宿・インターネットを通した学び．京都大学高等教育叢書7
山形大学教養教育研究委員会　2001-2003　教養教育　授業改善の研究と実践．山形大学教養教育改善充実特別事業報告書

08 現地体験型授業「フィールドワーク―共生の森もがみ」のしくみ

学習の質の向上と，地域と大学の持続可能な発展を求めて

杉原真晃

1 はじめに

　大学における「現地体験型授業」といえば，教育実習，インターンシップ，病院実習等，職業人養成・キャリア形成に向けた意識の向上，職業決定，専門職に必要な知識・技能の獲得を目的とした教育を思い浮かべられるのではないだろうか。あるいは，人口問題・食糧問題・環境問題等，社会の諸課題を解決するための研究・専門教育としてのフィールドワークを思い浮かべられるかもしれない。

　しかし，本章で紹介する授業「フィールドワーク―共生の森もがみ」は，教養教育科目であり，山形大学が初年次教育として位置づけている授業であるという点において，これらのものとはおもむきを異にしている。つまり「フィールドワーク―共生の森もがみ」は，専門的知識・技能の獲得を目指すものではなく，専門教育の準備段階でもなく，教養教育としての独自の意義をもつ授業なのである。

　以下では，本授業の意義を知っていただくために「誕生の背景」「概要」「実際」「学習の質の向上にむけた工夫」「授業の評価」について述べていく。

2 授業の誕生の背景

　山形大学教養教育科目「フィールドワーク―共生の森もがみ」は，山形大学の特徴的・代表的な地域連携事業である「山形大学エリアキャンパスもがみ」

（以下，エリアキャンパスもがみ）の中心的な取り組みとして存在する。エリアキャンパスもがみは，本学のスタッフ・ディベロップメントの一環として，山形県最上広域圏に事務職員が出向いたことがきっかけとなり，平成17年に両者で包括的協力協定が締結され誕生した。山形大学では，大学と地域の連携を「大地連携」とよび，その主な取り組みとして，このエリアキャンパスもがみでの取り組みの充実を図っている。

● 2-1 「エリアキャンパスもがみ」とは

エリアキャンパスもがみは，校舎を新たに建設することなく，教育・研究といった大学の「機能」を新たに地域にもたせ，最上広域圏全体をキャンパスと見立てる「ソフト型」キャンパスである。ここでは教育，研究，課外活動等，多様な大学の活動が展開されている。さらに，エリアキャンパスもがみは，特定の事業での提携による「テーマ型」の大地連携ではなく，包括的な提携により多様でありかつ変化していく地域の課題に対応できる自由で柔軟な「エリア型」の大地連携の取り組みである。

● 2-2 「フィールドワーク―共生の森もがみ」とは

「フィールドワーク―共生の森もがみ」は，エリアキャンパスもがみの中核となる事業で，最上広域圏において展開されている地域活性，人材育成，伝統文化等の活動に学生を参加させる教養教育科目の授業である。受講生の多くは1年生であり，山形大学は先述のように初年次教育として位置づけている。

最上広域圏は，全国の地方の例にもれず，過疎化，少子高齢化の進む地域である。さらに，「最上」「庄内」「村山」「置賜」という4つの広域圏からなる山形県において，最上広域圏には唯一，高等教育機関が存在せず，若者の人口が極端に少ない地区となっている。

若者との交流や大学との連携による地域活性化を模索していた最上広域圏の想いと，学生の能動的な学習，課題発見・探求能力の育成といった，大衆化時代の大学教育の新たなあり方や，大学と地域の連携のあり方を模索していた山形大学の想いが重なるところに，この授業は企画された。そして，本授業を核とした「エリアキャンパス未来遺産創造プロジェクト」は，文部科学省平成18

年度現代的教育ニーズ取組支援プログラム（現代GP）に採択され，授業の展開への追い風となった。

3 授業の概要

● 3-1　授業目標

本授業の目標は，「フィールドワークを通して，地域，文化，歴史，過疎化，少子高齢化等の現代日本が直面する諸問題を地域の人たちと一緒に考えること」「最上，山形，日本，そして世界を知ること」「課題発見能力，課題探求能力，コミュニケーション能力，プレゼンテーション能力，行動力，社会性等の基礎的な力を身につける」ことである（2009年度山形大学教養教育シラバスより）。

山形大学は，「自然と人間の共生」「充実した人間教育」「社会との連携重視」を，21世紀の基本理念として掲げており，本授業はその理念を実現するための大きな役割を担っている。

● 3-2　授業内容

これらの目標を達成するために，最上広域圏における文化，地域活性化の活動，そして人材育成活動そのものを「未来遺産」と名づけ，地域の「達人講師」の指導のもと，学生が8市町村選りすぐりの「未来遺産」のプログラムに1泊2日（土曜・日曜）を2回にわたって参加する。各プログラムによって日程は異なるが，学期のほぼ毎週末，学生が最上広域圏を訪問していることになる。土曜・日曜を活用しているので他の授業と時間が重ならないため，山形大学の全学部（山形大学は6学部）の学生のみならず大学コンソーシアムの単位互換制度による他大学の履修生にとっても，受講しやすい授業となっている。

本授業は平成18年度より開講されている。提供されているプログラム数は，開設当初は前後期合わせて17であったが，その後少しずつ増加し，平成21年度現在，年間27プログラムとなっている。1プログラムに参加する学生は約10名の少人数であり，現在，年間200名を超える受講者を抱える授業となっている。

授業は，①ガイダンス（● 4-1），②事前オリエンテーション（● 4-2），③1泊

2日（×2回）の現地体験学習（● 4-3），④事後レポート提出（● 4-5），⑤活動報告会（● 4-4）から構成される．以下では，これらについて具体的な活動内容を紹介する．

4 授業の実際

● 4-1 ガイダンス

ガイダンスでは，各市町村のプログラムの写真と概要（日程・内容）が掲載された冊子『フィールドワークハンドブック』が大学から学生に配布される．そして，最上広域圏8市町村から担当者が大学に足を運び，自らの地域のプログラムを学生に紹介する．学生はハンドブックと各市町村からの発表をもとに諸プログラムの中から自分が参加したいものを選択する．

1つのプログラムに学生が集中することがあるため，学生には参加したいプログラムの希望調査票とともに，そのプログラムを希望する理由を書く小レポートを提出してもらい，それをもとに大学スタッフが学生の参加プログラムを決定する．この作業を通して，学生は自分が選択し参加しようとする活動について深く知り，考えるようになり，「なんとなく」履修を考えている学生にも能動的な参加の意思が発生する．

● 4-2 事前オリエンテーション

学生の参加プログラムが決定した後，フィールドワークの留意点や提出物の説明を行うため，事前オリエンテーションをもよおす．学生には，各プログラムの詳しいスケジュール，提出物の種類や期限，学習の進め方，保険の説明等が記載された『フィールドワーク―共生の森もがみ　しおり』が配布される．このしおりには，フィールドワーク後に提出する「活動記録」および「事後レポート」の用紙も綴じられている．これと同時に，現地でフィールドワークを行う際につける名札とフィールドワークのマニュアル冊子『Enjoyフィールドワーク―フィールドワークの手引き』も配布される．この名札は，本授業を履修している証拠（エリアキャンパスもがみ学生証）にもなる．エリアキャンパスもがみでは「学生サポートショップ」という制度を設けており，この名札を持

参すれば10%割引等の特典付きで学生が利用できるショップが最上広域圏に存在する。これにより，授業を超えた，学生と最上広域圏との持続的な交流をつくるようにしている。

図8-1　現地体験学習の様子

● 4-3　現地体験学習

　土曜日の早朝，学生は山形大学（小白川キャンパス）に集合し，チャーターバスで現地に向かう。そして，日曜日の夕方，現地にバスが学生を迎えに行き，学生を乗せて大学まで帰ってくる。同日に複数のプログラムが進行しているため，バスは最上広域圏8市町村の1つである新庄市の主要駅の新庄駅まで学生を送り，そこからは各自，各市町村からのバスや車に乗りかえ，各地に分散していく。プログラムが1つの場合は，チャーターバスが現地に直接向かうこともある。

　現地体験学習では，学生は，地域活性，人材育成，伝統文化等の活動に参加する。例えば，有機農法の作業，伝統芸能の練習と発表会への出演，祭の山車の作成，銀山・森林・湿地帯等の地域の資源の整備，地域の子どもたちとの交流，地域の宝探し等である。地域の民家に宿泊する民泊や，お風呂を民家で借りる「借湯」を取り入れているプログラムもある。これらにより，学生は地域の実情を知り，能動的な活動を行うとともに，地域の人々とコミュニケーションをとり，人々の生活そのものや生の声に触れる。

　さらに，現地において毎日，しおりに活動記録を記入する。本授業では，学生が単に地域の諸活動を体験するだけでなく，そこで行ったこと，感じ・考えたことを記録することを通して，自身の体験をふり返り，地域の諸活動の背景，良さと改善点等について考察し言語化するようにデザインしている。

　また，本授業では，現地での活動に「学生サポーター」を同行させている。学生サポーターは，現地において受講学生の活動や現地の講師の手伝い，救急処置の支援，ビデオや写真の記録等を行う。初年度以降は，過去に本授業を履修した学生を学生サポーターとして採用し，円滑かつ充実したフィールドワーク

になるよう支援してもらっている。

● 4-4 活動報告会

活動報告会では，学生はプログラムごとに活動のふり返りや事後レポートを題材にプレゼンテーションのファイルとハンドアウトを作成し，10分程度の活動報告と質疑応答を行う。これにより，学生は，他のグループがどのような体験をし，どのようなことを学び・感じたのかを共有することが可能となる。

図8-2　活動報告会の様子

活動報告では，活動内容だけでなく，少子高齢化・過疎化が進む地域社会においてさまざまな取り組みをしている地域の人々の熱意，つながり，温かさや，自然の美しさ，すばらしさ，食のおいしさなどへの感動体験が報告される。さらに，地域の名産品を使ったアイデア食品，イベント企画，広報の方法等，青年期の若者だからこそ感じられる最上地域の特長・宝物の発見，諸課題を克服するための方策の提言も報告される。例えば，地域のすばらしさをもっと世間に知ってもらうために広報の必要性を訴えた後，実際にCM作品や携帯サイトを作成して発表するグループもある。

● 4-5 事後レポート

学生は，活動記録の他に，フィールドワーク（1泊2日×2回）を終えた後，ふり返りの事後レポート「私はもがみで考えた！」を書く。学生からは，地域の活動の課題への気づき，地元の人々と交流した喜び，山村のすばらしさの認識などについての声がたくさん寄せられる。学生はこのふり返りを通して，体験を通して知り・感じた地域の伝統，諸活動，人々のすばらしさ，および地域活性化の課題等を改めてとらえ直し，意味づけを行う。活動記録および事後レポートは，『フィールドワーク―共生の森もがみ　授業記録』として冊子化され，地域の人々の手元にも届けられる。

5 学習の質の向上に向けた工夫

● 5-1 学生の現状

　本授業において，多くの学生は地域での諸活動に能動的に参加し，地域の人々も学生とともに活動を進めていくことを喜んでいる。しかし，初年次の学生を対象にした現地体験型授業は，現地で学生がただ活動しただけに終わる場合や，地域の人々が期待するほど積極的に活動しない場合などの課題があがることも十分に予想がつく。学生の学習の質や，大学の授業としての質が大きく問われることになる。本授業も例外ではない。

　例えば，学生の事後レポートや活動報告会での発表に，大学スタッフとして物足りなさを感じるものが多く存在した。また，地域講師の方々からも「学生さんたちは質問をしてこない」「活動はするが，その他の場面であまり我々とコミュニケーションをとってこない」などの声があがった。

　すべての学生に問題があるわけではない。しかし，大学と地域の連携により持続する本授業では，信頼関係が重要である。学生の学習の質，活動の質に多少なりとも問題が存在するならば，それを放っておくわけにはいかない。さらに，問題をすべて学生個人の資質，能力に還元するべきではない。われわれ大学スタッフの教育や支援のあり方を問い直すことが大切である。学生が期待するような活動を行わないならば，それをなげくのではなく，期待するような活動に導くために，より丁寧な教育・支援の工夫を重ねていくことが必要となる。

● 5-2 現地担当の地域講師の研修

　そこで，平成20年度から，地域講師を対象とした研修会を山形大学で実施するようにした。地域の人々をも巻き込んだFD（ファカルティ・ディベロップメント）ということになる。

　大学教員が，ガイダンスの際に集まった地域の担当者の人々に，資料『教養教育の授業『フィールドワーク—共生の森』の改善を目指して』を配布した。そして，「はじめが肝心：自己紹介をする」「挨拶をする（食事は揃って。名前で呼ぶなど）」「活動中はメモをとらせる」「1日目，2日目のそれぞれの終わりに，学生一人ひとりに考えたことを発表してもらう」等のポイントを説明し，学生

の問題発見能力，積極性，コミュニケーション能力を高めるためのアドバイスを行った。

現地では，これらのアドバイスを参考にプログラムを編成し，学生の活発な活動が生み出されるようになっていった。

● 5-3 事前オリエンテーションの強化

より質の高いフィールドワークとなるように，平成20年度より，学生にもさらなる意識の向上を目指して事前オリエンテーションを改善した。大学教員が，資料『グループワークショップ『フィールドワークをさらに実のあるものにするために』』を配布した。そして，「「楽しかった」で終わらない」「「考える」「調べる」「質問する」「メモをとる」ことを重視する」「現地の人から「受ける」だけでは不公平。現地の人たちにも，こちらから何か（知，気持ち）をプレゼントすることが大切」「大学生のみなさんだからこそできる参加のあり方を」など，フィールドワークの際のポイントを説明し，受講学生の意欲・能動性を刺激した。

さらに，参加意識の向上を目的として，各プログラムに分かれた学生グループで自己紹介・役割分担を行うワークショップを実施した。ここに学生サポーターが参加することによって，スムーズなワークショップの展開と，互いの信頼関係の構築が図られていった。

● 5-4 学生サポーターの研修

受講学生と一緒にフィールドワークに参加する「学生サポーター」は，学生と地域の人々とをつなぐ重要な役割を担う。学生であり，かつ上回生だからこそ，受講学生あるいは地域の人々との距離が近く，両者の橋渡しや支援者としての機能を果たすことができる。この機能の向上を目的として，平成21年度より，フィールドワークに参加する前に，大学にて学生サポーター研修を行うことにした。

研修の内容は，資料『学生サポーターのお仕事』を配布し，仕事内容とその意義，留意点等について，教員から解説を受けるというものである。資料には，「現地の担当者・講師の作業補助，活動改善の提案」「受講学生の活動指導」「受

講学生の時間管理」「受講学生の安全や健康の管理（救急処置，人数点呼など）」「活動内容や時間の記録（メモ）」「活動の写真撮影」「緊急連絡」等の仕事項目と，それぞれに具体的な活動内容が列記されている。教員は，過去の学生の様子，問題点，各プログラムの課題等について事例を紹介しながら仕事内容を確認する。そして，学生サポーターの力が受講学生を，そしてこの授業を大きく育てることを伝え，学生サポーターの意欲・能動性を刺激した。

● 5-5　体験学習前後の授業時間外学習の義務化

現地でのフィールドワークが単なる体験に終わることなく，そこで新たな問題意識や次の活動への意欲が生まれることが，より質の高い学習を保証することにつながる。そこで，平成 20 年度より，LMS（learning management system：学習支援システム）を活用し，フィールドワーク前後の授業時間外学習を課すことにした。1 泊 2 日のフィールドワークを 2 回行うため，事前学習（1 回目の体験の前），中間学習（1 回目と 2 回目の間），1 回目と 2 回目の活動記録の書き込み，合計 4 回の授業時間外学習を設定した。事前学習では，学生は自己紹介を行い，自分が参加するプログラムあるいはその地域について調べ考えた内容について書き込みを行う。中間学習では，1 回目の体験で抱いた疑問や新たな興味等について文献等を通して調べ，2 回目のフィールドワークの発展への動機づけを行う。1, 2 回目のフィールドワークの活動記録は，現地にてその都度手書きをしているものであるが，日をおいて改めて LMS に書き込む際に，もう一度活動をふり返り，活動記録の内容を充実させるとともに，文体や構成等の文章表現を推敲するよう学生に指導している。

● 5-6　活動報告会に向けた発表の練習

活動報告会には最上広域圏の人々も多忙の合間をみつけて参加することが多い。学生は高校までの総合的な学習を代表とする授業においてプレゼンテーションの場を経てきているとはいえ，活動報告会において，地域の人々およびわれわれ大学スタッフが十分に満足するような発表は正直あまりみられるものではなかった。そこで，平成 20 年度より，フィールドワーク終了後，活動報告会の直前に，発表説明会の開催と個別の発表指導を行うことにした。

発表説明会では、教員が資料『『フィールドワーク―共生の森もがみ』発表会における発表について』を配布し、発表の意義、地域の人々も聞きに来ること、若い大学生だからこそのアイデアが求められていることなどについて解説を行うようにした。

そして、プレゼンテーションに対するモチベーションの向上および実際に「良い」プレゼンテーションを目指して、プレゼンテーションの質を成績評価に組み入れることを学生に伝え、プレゼンテーションに対する評価ポイントを彼らに提示している。主要な評価のポイントを表8-1にまとめた。

さらに、具体的なイメージをつかんでもらうために、過去の優れた発表の映像を視聴してもらう。もちろん、学生には、視聴した映像どおりの発表をまねるのではなく、その優れた発表を越えるような、新たなアイデアを求めるようにしている。

発表説明会の後日に行う個別の発表指導では、各グループが1回以上参加し、可能な限り一度に複数のグループが参加するように日程を調整した。発表指導の場は、発表を客観的に判断すること、発表の水準および改善点を知ることを目的とし、発表後、他のグループや教員からコメントをもらうという形式をとっている。発表およびコメント終了後、各班のメンバーで話し合い、発表の内容および方法を共同で改善している。大学スタッフ、学生サポーター、そして

表8-1 プレゼンテーションの評価のポイント

課題発見と探求（フィールドワークでの学び）	発表の方法（技術）
①内容の独創性	①発表方法の独創性（メッセージ性、インパクトなどを含む）
②課題発見能力	②論理性（要点の整理や分かりやすい構成などを含む）
③課題探求能力	③具体性（活動した具体的内容や参加者の生の声を反映しているか）
④発表の情報の量（文献的にどれだけ勉強したか、自分たちの考えたことを相対化するために）	④表現力（視線、表情、ジェスチャー、声の大きさ、速さなどを含む）
⑤発表の情報の質（最新で正確な情報を入手していたか、質の高い勉強であったか）	⑤タイムマネジメント（発表時間は正確に）

受講生同士による協同での工夫と試行錯誤を繰り返すことで，地域の講師も感心する質の高い発表ができあがる。

6 授業の評価

● 6-1　学生の活動の様子

　本授業は，受講した学生から大変好評を得ている。受講学生の中には，前期に履修してとても感激したので後期も履修した例，過去に履修した友人や先輩から「この授業は良い」と推薦されたため履修した例，1年生の時に履修して最上地域が好きになったので，その後，自主的に最上地域に出かけ，諸活動に参加している例，学生サポーターになりたいと申し出てくる例など，授業に満足している様子が数多くうかがわれる。「この授業を受けたいので，山形大学に入学しました」という学生まで出てくる次第である。

　筆者はいくつかのプログラムに学生とともに参加しているが，どのプログラムにおいても学生は楽しく，かつ真剣に活動に取り組み，地域の人々と交流を深めている。地域の活動や課題を肌で感じることを通して，学生は強いインパクトを受け，地域の課題に対する切実感や地域の人々への感謝の念が生まれる。学生の目は間違いなく輝き，最上地域から大きなプレゼントをいただいて帰ってくるようである。とくに学習の質を高めるためにさまざまな工夫を行うようになった平成20年度以降は，地域の人々からの学生に対する苦言も減少し，充実した活動が展開できるようになってきた。

　さらに，活動報告会での発表も，質の高いものが増え，平成21年度の前期の発表では，発表を聞きに来ていた地域の人が，自分の地域のプログラムに関する発表を聞き，感動し，地元に来て直接地域の人々の前で発表してほしいと要望してきた。その結果，2つのプログラムが里がえりして，プログラムを行った地元で発表を行った。

● 6-2　学生の声

　われわれは，これまで3年間行ってきた本授業の総括のために，平成20年度の終わりに総括アンケートを実施した。3年の間に受講した全学生を対象に，

8 現地体験型授業「フィールドワーク―共生の森もがみ」のしくみ　　*111*

「この授業をふり返って，今，どう思うか」「この授業が今の自分にいかされていることは何か」などを質問した。

「この授業をふり返って，今，どう思うか」への回答は，回答者数121名のうち，「大変よかった（51.2％）」「よかった（40.5％）」「ふつう（5.0％）」「あまりよくなかった（3.3％）」となり，9割以上の学生が本授業に満足している様子がうかがわれた。その理由には「ただ学ぶだけでなく，実際に様々な地に行き能動的に学べた」「金山町の現状と，少子高齢社会の問題について知ることができ，自分たちができることは何かと考える時間が与えられていい経験になり，とても勉強になった」「受講したことで商店街の方々の活性化への思いを感じ，自身も故郷について考えることができるようになった」などがあった。

さらに「この授業が今の自分にいかされていることは何か」への回答には，回答数528（複数回答有）のうち「地域や社会全般について考えるようになった（62.0％）」「自然や環境について考えるようになった（58.7％）」「授業で知り合った友人との交友が続いている（52.1％）」「山形が好きになった（38.8％）」「さまざまな人とコミュニケーションをとることができるようになった（38.0％）」などが多くみられた。その他「「考える」習慣が身についた（21.5％）」「活動的になった（20.7％）」「大学の授業全般に対する学習意欲が向上した（15.7％）」などの回答もみられた。

● 6-3　地域の人々の声

3年間の総括アンケートでは，地域の人々を対象に「総合的な評価」「本授業で大学生が地域の活動に参加することについての「良かった点」「改善すべき点」」などを尋ねる質問も行った。

総合的な評価では，59名の回答があり「大変よい（42.4％）」「まあまあよい（39.0％）」「「まあまあよい」と「ふつう」の間（1.7％）」「ふつう（13.6％）」「無記入（3.4％）」「「あまりよくない」と「まったくよくない」（0％）」であった。

「本授業で大学生が地域の活動に参加することについての「良かった点」」に関する回答には，回答者数59名，回答数316（複数回答有）のうち，「自分自身にとって，よい経験になった（54.2％）」「地域の高齢者の方々にとって，よい交流となった（54.2％）」「地域の子どもたちにとって，よい経験になった（42.4％）」

「地域が活気づき，明るくなった（40.7%）」「地域の魅力を新たに，改めて知った（33.9%）」等の回答が多く見られた。

その他，自由記述では「地域のおばあちゃん達が学生の取材を受け大変感激し，その後の生き甲斐につながっている」「大学生を身近に見る，話すことより子供達は想像以上に効果がありました」「この地域は人口交流が少ない所なので，人口交流が活発に出来た事，これに伴い経済効果があった点が，何よりも住民のやる気を引き出したと思います」などの意見がみられた。

このように，地域からも本授業は高く評価され，大きな期待をもたれているのである。

7 おわりに

以上，現地体験型授業「フィールドワーク—共生の森もがみ」を紹介した。本授業を通して，大学教員と学生と地域住民がともに学び合い，それぞれのよさを引き出していく「学習コミュニティ」が形成されているといえるであろう。大学が，地域における産学連携による技術向上・革新，産業の発展にとどまらない，地域社会を巻き込んだ学習コミュニティの形成に寄与する必要性が議論されている（OECD編，2005）。本授業において形成されつつある学習コミュニティは，地域の人々と学生，そして大学スタッフの生きる喜び，触れ合う喜び，そして学ぶ喜びと深まり，地域の諸活動の広がりと深まりを実現させているといえる。そしてその結果，地域と大学がともに持続的に存在・発展していくことが可能となる。このような持続可能性を包含した取り組みの核となっている授業「フィールドワーク—共生の森もがみ」が今後，ますます発展していくことを願ってやまない。

本章で紹介した諸取り組み，発表会の映像，その他，エリアキャンパスもがみの取り組みなどは，「エリアキャンパスもがみ」のホームページにてご覧いただける（http://www.yamagata-u.ac.jp/gakumu/yam/）。ぜひ，ご参照いただきたい。

【引用・参考文献】

OECD（編）　相原総一郎・出相泰裕・山田礼子（訳）　2005　地域社会に貢献する大学，玉川大学出版部

杉原真晃・小田隆治・出川真也　2007　山形大学の挑戦—『山形大学エリアキャンパスもがみ』に見られる地域連携のあり方，第57回東北・北海道地区大学一般教育研究会研究集録，62-65

杉原真晃・小田隆治・山際良弘　2008　山形大学の挑戦—大地連携『山形大学エリアキャンパスもがみ』における学びの分析，第58回東北・北海道地区大学一般教育研究会研究集録，51-55

山形大学高等教育研究企画センター編　2006-2008　エリアキャンパスもがみ研究年報

【謝　辞】

本章の執筆にあたっては，「フィールドワーク—共生の森もがみ」関係者をはじめ，山形県最上広域圏の方々のさまざまなご協力がありました。この場を借りて厚く御礼を申し上げます。

09 学生主体型授業「未来学へのアプローチ」を担当して

学生主体型授業創造への挑戦

栗山恭直

1 背景

　山形大学では，平成20年度質の高い大学教育推進プログラム事業（教育GP）として「学生主体型授業開発共有化FDプロジェクト」が採択された[1]。取り組みは，年度毎に3期に分かれている。第1期は，調査・研究段階，第2期は，パイロット授業の開発・共有化段階，第3期は，全学実施段階として，全学的に教員が学生主体型授業に取り組むことを目指す。筆者はプロジェクトリーダーの小田隆治教授（☞本書1章, 7章）に誘われて，このプロジェクトに第1期の途中から参加することになった。

　平成20年の冬の初め，第2期の学生主体型授業のシラバスを決めることになった。地域教育文化学部の佐藤慎也教授（☞本書11章）と高等教育研究企画センターの杉原真晃准教授（☞本書8章）と筆者の3人で担当することになり，講義名や内容・進め方などについて何回か話し合いをもった。学生が興味をもつ内容でわれわれの専門に関連した授業はなんだろうか？　小田の数回のだめ出しの末に，学生に自分たちの未来を考えさせてみよう，ということで講義名『未来学へのアプローチ』が生まれた。

　その柱として，建築が専門の佐藤が都市模型づくりをするグループワークを，杉原が専門である教育学を基本に格差について考えるグループワークを，理系である筆者が科学的根拠に基づく環境問題を考えるグループワークをそれぞれ行うことになった。各自4週連続で担当し，最後の2回で3人の講義を元に作成した未来の都市の説明の発表会を行うことになった。杉原は教育学の研究者

であり，佐藤もアメリカで教育方法を学んできており，両者はともに学生主体型授業の中心となるグループワークをはじめ，さまざまな教育方法の経験者である。そのため昔ながらの講義の経験しかない理系（化学）の筆者は，正直非常に不安であった。その不安の中，先進授業の調査のため訪問したカリフォルニア州工科大学においてネルソン教授が中心になって行っている Design-Based Learning（DBL）を学ぶ機会を得た[2]。

それは小・中学校の総合学習に都市計画を取り入れたもので，学年の進行にあわせて，それぞれの教科に関連づけて進めていくものである。例えば，社会科で都市の機能を勉強した後，子どもたちは，学校，警察，議会，市役所，病院などを分担し，都市機能を勉強する。この現地調査は今回の授業の参考になった。

2 パイロット授業：『未来学へのアプローチ』

山形大学には教養教育の中に少人数を対象とした教養セミナーとよばれるものがあり，3人の授業はこの枠の中で開講されることになった（平成22年度から教養教育から基盤教育と名称を変えた）。授業名は『未来学へのアプローチⅠ（教養セミナー）』である。初めての授業なので，魅力的なシラバスでないと学生が集まらないこともあり，一番若い杉原がシラバスを書いた。

シラバスの授業概要は，次の通りである。

本授業で扱うテーマは現代社会の諸問題のうち都市問題，格差問題，環境問題です。私たちが生活する自然に包み込まれた世界には，病気，災害，飢餓などさまざまな問題があります。これらの問題に対し，私たちはこれまで科学，政治，経済，思想などにより問題を克服し幸せに生きる道を切り拓いてきました。しかし，現代社会においてこれらの問題は新たな局面を迎えるようになりました。それは，環境，人口，食料，紛争，生命などにまつわる諸問題です。これらはこれまで私たちが克服しようとしてきた諸問題とは大きく質を異にします。それは，人類がこれまで幸せに生きるために行ってきたさまざまな対処自体がこれらの諸問題を逆にもたらしたということです。我々

> は幸せに生きるために，これらの諸問題に対し，今後どのように考え，行動していくべきなのでしょうか．本授業では都市問題，格差問題，環境問題というテーマを通して，我々が現在，何を考え，何を行い，何を後世に伝えていくべきかについて学び，我々の今，そして未来を明るく幸せなものにしていくためにできることを考えていきます．
>
> 　本授業は学生のみなさんが主体的に学ぶことをねらいとしています．つまり，知識を「教えられて」終わるのではなく，知識を「教えられ」「自分で掴み取り」それらをもとに「自分で考え」仲間とともに「意見を交わし」自分の考えを「深め」そして考えを「発表する」ことを目指します．

　第1週目はガイダンスにあたる．もし教室の規模を超えた学生が来たら，レポートを書かせて選抜しようと期待していたが，残念なことにその必要もなく定員内の学生が集まった．しかし，集まった学生のモチベーションは非常に高く，結果として最終授業での学生の評価も高いものになった．

　授業は「先端学習ラボ（Leading Learning Laboratory L^3〔エルキューブ〕）」という最先端の情報学習機器や可動式の机や椅子が整備された専用の教室で行われた．最先端の情報学習機器としては電子黒板・クリッカー・学生個人で使用するノートPC，インターネット接続のための無線LAN，電子模造紙とよばれるコラボノート[3]，デジカメが接続した書見台などがある．

　次に3人の授業について説明する．

◉ 2-1　都市問題：未来の持続可能都市を探る

　まず佐藤の担当では，課題として，①未来の持続可能都市を表現する模型を作成すること（800mm × 550mmのボード上，スケール1/1,000），②未来の持続可能都市のシナリオをまとめること（パワーポイントを活用）が提示された．学生は，グループでの模型作成を行った．授業の冒頭では，佐藤が，未来の持続可能都市の写真や，それを支える思想などを紹介した．それを踏まえて，学生は，「未来の持続可能都市のイメージ」についてピンクの付箋紙，「現代都市のイメージ・課題」をグレーの付箋紙で書き分け，ブレインストーミングを行い，イメージをふくらませつつ，模型づくりに着手した．付箋紙の色を使い分け大き

い紙にいろんな意見を出し合う方法は[4]、このような授業では重要であると感じたが、今までの筆者の授業では経験がなく、どのような場面で使うかを考える必要があると感じた。後述する後期の授業『未来学へのアプローチⅡ（教養セミナー）』で筆者も試みたが、高校や前期の講義で経験した学生がいて、積極的に使用する様子に単純に感動すら覚えた。

授業の流れは次のように展開された。最初に①持続可能都市の基準づくりである。持続可能都市に「必要なもの」「必要でないもの」をワークシートに記入し、話し合うことによってグループメンバーの共通理解を目指した。次に②役割の設定であるが、グループリーダーを市長とする各グループでメンバーの役割が決定された（例：環境委員、建設委員、交通委員etc.）。③授業では、随時、現代都市が抱える問題について、建築学の観点のみならず、歴史的・経済的・文化的・政策的背景、国際的文脈や福祉・環境問題など多角的な視点から解説が加えられた。④また学生間では、模型づくりの基準づくり、役割分担、そして持続可能都市の模型作成において各グループに何が必要であり、何が必要でないかが話し合われた。グループメンバーの意見をそれぞれメモし、コンセプトを立て、絵を描きながら作業を進めているグループもみられた。これはまさに背景に記述したDBLを大学生対象に実践したことになる。なお模型づくりに欠かせないプラスチックの素材などは佐藤の研究室の学生があらかじめ準備をしてのぞんだ。

どれくらい学生が都市づくりのイメージをもって模型づくりに取り組むか心配していたのだが、これもよい意味で裏切られ、彼らが一生懸命につくる姿を目にすることになった。3人のリレー講義終了後、最後の2回でもう一度未来都市をつくることになる。この間に学生どうしのコミュニケーションも必然的にスムーズになっていった。

● 2-2 格差問題：格差問題を踏まえて未来を創る

杉原が教育学の立場から、社会におけるさまざまな格差について、「理想の高校教育を創る」をテーマに担当した。LMS（Learning Management System：Black Board）に毎回文献を提示し、授業外で参照することを求めた。取り上げた文献やテーマもさまざまな観点から「格差」に焦点を当てたものだ。参考文献も例示した。

また毎回，ジグソー・メソッド[5]によるグループディスカッションを行った。具体的には，課題についてまとめてきたパワーポイントを使って1分間のプレゼンテーションをする。班員全員のプレゼンテーション終了後，グループ討論をして，グループの意見を班員一人ひとりが他の班へ分かれて討論の内容について紹介した。最初，ほとんどの学生が1分で説明することができなかったが，3回目ともなると1分以内に終わらせることができるようになり，彼らの能力の高さを確認することができた。

杉原は発表後の拍手や発表者をほめることなどを学生に求めた。われわれはこうした雰囲気づくりに気をつかっていた。4回の講義終了時には学生が気持ちよく発表できる環境がきちんと整っていた。当たり前のことのようだが，たいへん効果があることを認識することができた。

最終回には，5つのグループから，これまでの各テーマを通じグループワークで深めてきた考えに基づいて，班ごとの独自の高校の目標や，背景，教育内容，教育方法，特徴などが発表された。学生が考えた学校名は，① Free Star学園，②太陽学園，③夢学館，④公立しあわせ未来が待つ学園，⑤よし，もっと話すべ高校，などユニークな名前がそろった。質疑応答では，「格差」や「能力」といった問題群と，それに対して育てたい能力は具体的にどのように実現できるのか，といった教育の実現可能性についての意見交換が活発に行われた。数カ月前まで高校生だった学生たちにとって高校について討論することは自分たちの経験をもとにすることができ，共感もしやすいので，非常に活発に意見交換が行われていた。

● 2-3 環境問題：環境問題を考える

環境をテーマに筆者が理系の立場から担当した『環境問題を考える』のグループ活動では科学的根拠に基づき議論することを念頭においた。具体的には，「サイエンスの知見」「データ」「事実」に基づいてどう判断するか，解釈するかということを問題とした。また，科学的なデータをどう提示するか，立論するかに配慮しながら，環境問題について考え，ディスカッション，プレゼンテーションすることを求めた。

第1回目に，地球温暖化においてよく提示される二酸化炭素の増加グラフ

の縦軸を0からの表示に設定すると少し増えたイメージしかもてないが，変化した範囲だけを縦軸に設定すると非常に増加したように見えることを例に挙げ，データの提示において，縦軸を変えただけでもイメージがかわることを，学生たちに認識させた[6]。

またダイオキシン問題の発端となった所沢市での産廃銀座の焼却量と新生児の死亡率のグラフについても，オリジナルの値から故意に導き出したものであることを紹介し，データからの加工において操作されたものであること[7]を知ってもらった。そして課外学習として，LMSを通じて学生の興味のある環境問題について1分間プレゼンの資料を提出してもらい，学生の興味関心に応じて，2回目からのグループ分けを行った。グループは，「森林伐採・砂漠化」「水・ゴミ問題」「異常気象・ヒートアイランド現象」「地球温暖化」「エネルギー問題」に分かれた。グループが決まると，グループ内で分担してプレゼンに必要なデータを課外活動として集めてくることにした。また，次回の授業中に最終資料作成中にでもインターネットにアクセスできる環境で作業を行った。2回目にジグソー法を行い，他の班の発表内容を知ることや意見交換を行った。3回目に最終プレゼンを行った。採点基準を示した資料をこちらで配布し，学生同士で評価を行った。評価を得点に変換し，ベストプレゼンチームを表彰した。授業記録[7]からそのプレゼンテーションの内容をここに掲載する。

1　森林伐採と砂漠化

なぜ，世界的に森林が減少しているのか，という問いが提示された。海外からの輸入に頼らず，日本の樹をもっと活用することが提案された。日本の森林面積が約2500万haであること，その約5割である約1300万haが天然林であり，約4割の1000万haが人工林であること。そのうち日本の木材自給率は22.6%であること。国土面積に占める森林面積は約66%（森林率約7割）で，先進国の中では，有数の森林大国であること。その他，森林蓄積量と木材自給率などが，グループの主張を根拠付けるデータとして提示された。また，砂漠化には現在研究段階である納豆に含まれる菌を利用する研究が示された。最後に，環境問題を身近で小さな所から考えること，解決可能性がわずかでも，何か行動をすることが求められているのが現状ではないか，と

のメッセージが発せられた。質疑応答では，なぜ木材自給を海外に頼っているかという問題を巡って議論があった。

2　異常気象について

　異常気象の定義について説明があった。異常気象の一例として平成6年の渇水が取り上げられた。また，気候因子と異常気象の関連について述べられた。エルニーニョ現象，ブロッキング現象について紹介された。これらがさまざまな異常気象につながっていると想定されているが，確かなことはわかっていない。しかし，頻度が高くなってきていることによる被害の拡大は見過ごせない。こうした気候が，世界的に影響を及ぼしている図が示された。このグループは，異常気象への対策として，環境税・電気自動車・透過性道路，建築家・安藤忠雄氏の「海の森（東京湾のゴミの埋め立て地に植林をする試み）」を挙げた。

3　水不足

　水不足問題を述べるにあたり，全世界の水のうち98％を海水が占めており，わずか2％の淡水のうち70％が氷河であり，30％は地下水，飲み水はわずか0.01％であること，また，アフリカ諸国の水の使用率は日本の1/10，アメリカの1/15であることがデータとして示された。そして地球においてどのような水が存在しているかの全体傾向が提示された。加えて，世界的にどのような地域が水不足になっているかが地図で提示された。さらに，砂漠気候の拡大について説明があった。これらの問題に対して，人工降雨・海水・地下水が特に水不足問題に対する解決策として提案された。こうしたことに付随する水質汚濁の原因も紹介された。水質汚濁の解決策については工業用水，生活用水の観点から取り上げられた。ごみの問題についても取り上げられ，3R（Reduce-Reuse-Recycle）の徹底とモノを長く大切に使うことが提案された。質疑応答では，水不足とごみ問題の関連性について質問があった。

4　エネルギー問題

　まず，石油諸問題に着眼し，大気汚染問題，地球温暖化問題，資源の格差問

題，枯渇問題が，大きな問題として取り上げられた。メタンハイドレート・オイルサンド・オイルシェール等の新しいエネルギーは発見されているものの，化石燃料はいつか枯渇してしまうということが根深い問題として示された。化石燃料の半分以上を中東に依存していることが円グラフで提示された。次に，化石燃料を代替するエネルギー源が紹介された。原子力発電，バイオマス・エネルギー，自然エネルギーについての歴史的・社会的背景を踏まえた概要が述べられた後，それぞれのメリット，デメリットが両論併記された。質疑応答では，新たなエネルギーが孕む問題や課題点をどう解決するかについて，オバマ政権でのアメリカの政策など，政治的・経済的側面からも議論が行われた。

5　地球温暖化

まず，地球温暖化問題を捉える際には，自然要因も考えられているが，人間による化石燃料の使用が主因である，と考えられていることが示された。対策は，新技術の開発と普及・炭素プライシング・炭素税・クリーン開発メカニズムが提示された。また，民間への啓発活動の必要性，国際協力の重要性についても述べられた。加えて，地球温暖化が具体的に地球全体に及ぼす具体的な現象について，大型台風から生物種の大規模な絶滅の可能性まで紹介された。このグループからは，地球規模のスケールの問題だけに，個人の節約などの努力が相対的に小さな営みとして映ってしまうが，環境問題を一人ひとりの問題として捉えることが重要である，との提案があった。質疑応答では，これらの問題の具体的な解決策が模索されているということ，先進国と発展途上国との国際的な合意形成の可能性がどうあるべきか，例えば，京都議定書のもつ実際の影響力についての議論が行われた。

　今回の科学的な議論において，実は地球温暖化チームに地球温暖化の科学的事実の提示を期待していたが，筆者の力不足で地球温暖化が進行していることを疑うプレゼンテーションを導くことができなかったのは残念だった。

　4回目は，山形大学 SCITA センター[8]に場所を移して，実際に実験を行った。太陽光発電の最先端の研究である，「色素増感太陽電池」を作成した。実験

終了後の検討会でも「実験を行ってみてエネルギー問題を身近に感じることができた」「工学部でエネルギー問題について研究してみたくなった」などの意見があり，実験を用いることの大切さを改めて認識することができた．

● 2-4　総まとめ　学習成果発表会

佐藤の課した2つの課題に対し，杉原の「格差問題を踏まえて未来を創る」と，筆者の「環境問題を考える」で議論した内容を反映して，未来の格差問題や環境問題に配慮し，コンセプトを再検討し，未来の持続可能都市の模型を再度つくりかえていった．この作業では，未来の持続可能都市について，"Humanity" と "Environment" の2つのキーワードをもとに考えることが求められた．"Humanity" は杉原の授業「格差問題を踏まえて未来を創る」の人間のあり方，"Environment" は筆者の「環境問題を考える」の授業で議論された環境問題についてと接続性が保たれている．これまで受講してきた2軸を指標にして未来都市がつくられ，学生相互で評価が行われた．

また，都市を考えることを通じて，『未来学へのアプローチⅠ』で考えたことを学生が主観的に評価することを求めた．プレゼンテーションにおいても質問に困ったときには班員のサポートがあったり，活発な意見交換があり，学生の成長が十分にうかがえる発表会になった．

● 2-5　公開授業と検討会

『未来学へのアプローチⅠ』の授業は毎週公開され，検討会も開催された（図9-1）．検討会には，授業者や受講生，山形大学の教員，山形大学の事務職員，さらには全国からの大学関係者や一般市民の参観者がおり，さまざまな視点から意見を交換した．「先端学習ラボ」の機器を導入している企業からの参観もあり，どのように機器が使われ，学生が何をどのように学んでいるかをフィードバックした．また，この教室の先端機器の研修会も行って，学内に活

図 9-1　授業検討会

用方法の可能性を周知した。

3 評　価

　主体性や自主性といった能力を客観的に計測して提示することは困難であるが，本学で組織的に実施している「授業改善アンケート」とは別に，「未来学へのアプローチⅠ　振り返りシート」で本授業についての満足度の調査を行った。その中で「この授業でよかったことは何ですか？」という質問を行い，学生の回答結果（27名中23名回答）を分析し，全体的に高い満足度を示した[9]。自由記述からも，「課題等の難易度は高く，量は多いが，取り組んでよかった」という回答の傾向がみられた。本授業が，認知的負荷は高いが，学習に対する意欲ややりがい等を喚起する契機になったと推測される。

　また5件法で問う「普通の教室に比べ，「先端学習ラボ」では，グループ学習（議論・作業等）がしやすいですか？」という質問項目に対しては，23名中，「とてもそう思う（10名）」「ある程度そう思う（10名）」「ふつう（3名）」「あまりそう思わない（0名）」「全くそう思わない（0名）」という結果であった。

　本授業では，最後に2,000字のレポートを課した。授業者にもよるが，毎回ワークシート等，何らかの提出物がある。授業で行われるプレゼンテーションも評価の対象としている。

　PBL（Project Based Learning）型のグループワークも講義もどちらにもよさがあり，主体性を喚起する機会があると考える。「先端学習ラボ」という特殊な教室の環境のもと，実験的な本授業における学生の主体性そのものを評価すること，とくに客観的なデータで評価することに関しては，現段階では一定の解はない。今後，尺度指標の開発やインタビューデータを用いるなど多面的に行っていく必要があると考える。

4 その後の展開

　山形大学では，2009年8月7日に，「教養教育ワークショップ」を実施し，第2分科会で『学生主体型授業の創造』と題し，「学生の主体性」について他大学

の先進的な授業の知見と課題を共有し，議論を行った。また後期も前期に引き続き『未来学へのアプローチⅡ』を行った。リレー形式の授業の順序を格差問題，環境問題，都市問題に変更し，実施した。前回と比べると学生の数は減り10人前後になり，前期にひきつづいて受講している学生は数名であった。順番を変更した理由は，都市問題における模型づくりを前後で2回行う手間を考えたためである。授業後の検討会に多くの学生が参加してくれて，6人の学生が参加したときは，授業が続けて行われている雰囲気で，参加できなかった学生へのフォローを考えなければならないと思ったほどであった。

　また，後期の担当では環境問題を地球温暖化だけに絞ってみた。1回目は前期と同様にデータの表示の仕方やデータの加工について説明した後，各班に地球温暖化の事実をインターネットで探すように求めたが，今回も地球温暖化に基づく事実の提示しか出てこなかったため，本当に温暖化しているのか事実を提示してください，と再度提案をすることを求めて，講義を締めくくった。その後の検討会では「今回の講義で自分が小さい頃から信じて疑ったことがなかった地球温暖化についてもう一度調べてみたい」という意見がでてきた。

　前期に履修した学生は環境問題に興味をもっていて地球温暖化に関して懐疑的な立場だったのだが，前期にはみんなを説得できなかったことを反省して，授業の新たな進め方を提案してきた。このことは，学生とわれわれとの間に信頼関係が生まれ，双方向になってきたことの証明だと思う。また，さらにこの学生が自分だけでプレゼンテーションをさせてくるように言ったときに，もう一人の学生が否定する意見をどうどうと述べていた。筆者は自分の意見をみんなの前で素直に述べることができる能力をもっている学生や，そうした環境が醸成できたことに感心してしまった。これまでの授業で先生の授業の進め方に意見を述べる学生に会ったことがなかったし，またそれに意見する学生もいることはなかった。このことこそが今回の学生主体型の授業が成功している証だと思う。

【注】
1）山形大学高等教育研究企画センター　学生主体型授業開発共有化FDプロジェクト
　　未来学へのアプローチの講義記録に毎回の詳細が紹介されている。
　　http://www.yamagata-u.ac.jp/gakumu/kyouiku/

2) DBL に関する HP　開発者の一人であるネルソン教授のサイト
　　http://www.csupomona.edu/~dnelson/
3) 電子黒板：PC の画面をプロジェクターで投影しながら，特別なペンを用いることにより黒板上で資料の加工や保存ができる仕組みのホワイトボード
　　クリッカー：小型の端末で一人ひとりが所有し，質問に対する答えを記号等で答える。正答率や分布を PC で処理できる。
　　電子模造紙：1 枚の模造紙にいろんな PC から書き込みやファイルの添付ができるソフト。遠隔地との授業等で資料を共有しながら進めていくことができる。
4) 付箋紙による授業：KJ 法，マッピング法などがあり，付箋紙に書いた内容を関連付けて総合的に思考していく。
5) ジグソー法の紹介については，ジョンソン他（2001）を参照。
6) ハワイでの二酸化炭素の観測結果
　　http://www.mlo.noaa.gov/programs/esrl/co2/co2.html
7) ここで挙げたデータについては渡辺（2005）のものを用いた。
8) SCITA センター：山形大学のプロジェクト「やまがた未来科学プロジェクト」を行うセンターであり，山形県の理科教育を山形大学が中心となって進めていくため施設
　　HP アドレス：http://mirai.scita.jp/
9) 詳細については酒井他（2009）を参照のこと。

【引用・参考文献】
ジョンソン, D. W., ジョンソン, R.T., スミス, K. A.　岡田一彦（監訳）　2001　学生参加型の大学授業―協同学習への実践ガイド，高等教育シリーズ 110，玉川大学出版部
酒井俊典・杉原真晃・栗山恭直・佐藤慎也・小田隆治　2009　学生主体型授業の創造―授業改善から授業開発の FD へ，第 59 回東北・北海道地区一般教育研究会「研究集録」
渡辺　正　2005　これからの環境論―つくられた危機を超えて，シリーズ地球と人間の環境を考える　(12), 日本評論社

PART 3
◉自然科学教育における実践

10 意欲を引き出す授業デザイン
学生を主役にする「蛙学(あがく)への招待」

鈴木　誠

1 「蛙学への招待」とはどのような授業か

　授業に積極的に取り組むことができない学生の増加，すぐに「解」を求めたがる学生の拡大，自己犠牲を嫌う学生の出現など，教育現場を取り巻く状況は大きく変化してきた。その原因については，さまざまな要素が指摘されているが，私たちは彼らと日々対峙しながら，将来芽が出るであろう「種」を播いていかなければならない。これは，今日の高等教育に置かれた大きな課題の1つといえるだろう。

　「蛙学への招待」は，北海道大学のコア・カリキュラムの中に位置づけられている少人数学習「一般教育演習」の中で開講されている。これは，文系から理系まで全12学部の学生が自由に選択履修できるもので，高等学校と大学の学びの橋渡しをしながら，初等・中等教育で育成しにくいといわれるコミュニケーション能力の向上，学問や社会の多様性の理解，研究の一端に触れながら独創的かつ批判的な考え方の習得，社会的な責任と倫理の理解を目指そうというものである。現在，141コマ開講（平成21年度）されている。

　「蛙学への招待」は，文字通り両棲類無尾目（カエル）の総合学習である。その中で将来，研究者として必要な問題解決のプロセスを学習するのが，表向きのねらいである。しかしその裏では，学生全員を授業の文脈に引きずり出し，学ぶ意欲を徹底的に引き出していくことが，本授業の真のねらいである。そのため本学の全学教育ではもっとも課題が多く，内容の難易度も高く授業がデザインされている。そのため，学生の間では時間管理などを含めてもっとも厳し

い授業として知られている。しかし，それに反して本学で履修制限が始まる前までは，希望者が10倍近くに達するほど学生が集まり学生の評価が高い授業となっている。筆者がかつて中学校・高等学校の教育困難校で実践してきた学習指導が授業のデザインの基礎になっているからかもしれない。

本章では，学生の学ぶ意欲はどのようにすれば引き出すことができるか，その具体的な方法とそれを支える理論の一部について紹介することにする。

2 「蛙学への招待」の流れ

表10-1（次頁）は，2009年度のシラバスからその授業計画を示したものである。ご覧のように本授業は，両棲類無尾目の総合学習を表看板にしている。授業は90分を原則3分割し，次々に場面を変えながらテンポよく進めていくのが基本スタイルである。しかし，11回目以降から始まる学生による60分間授業，それに続く20分の質疑応答が，本授業の目的がすべて収斂するクライマックスとなる。この60分間を作るために，学生は通常の授業時間以外に，約2ヶ月間学問と格闘することになる。原著の翻訳や，実地調査，研究者へのインタビューなど，ホンモノとの数多くの直接体験を通して，学生の自己効力を刺激し，意欲を引き出していくのである。以下簡単に解説する。

● 2-1 授業の序盤：第5回まで

序盤では，まず私が授業を引っ張っていく。このフェイズでは，学習に対する基本姿勢や学習方略の確認，基本的なスキルの獲得の後，外部形態や生態，進化に関するごく簡単な概略などが学習の中心となる。ここで，学生との間に心のチャンネルができるかどうかが，学生主体型授業を進めるうえでの大きな鍵となる。そのため，交換ノートに近い個人カードをつくり，それを毎時間やりとりしながら学生とコンタクトを繰り返す。また，メールアドレスの交換や個人面接，グループ面接を頻繁に行いながら，一人ひとりのモニタリングを進めていく。学生が主役となる学生授業のグループ分けは，これらのモニタリングで集めた情報を元に5人1組で編成する。文系と理系を混ぜ，学部や男女をバラバラにするなどの工夫をするのである。

表10-1 「蛙学（あがく）への招待」授業日程　2009・5・13版

授業日		
❶ 4.15	カエル検定（カエルの基本形態と生態）	
	本講座の目的　学習内容　評価方法　参考書	
❷ 4.22	自己紹介，カード作り，カエル検定その後	
❸ 5. 6	特別研修1に基づいた「マイガエル」90秒スピーチ	
❹ 5.13	特別研修2　北大キャンパス内・両棲類有尾目の調査	
	化石から探る3億6000万年前の旅1	
❺ 5.20	化石から探る3億6000万年前の旅2	
	魚類はいかにして地上に進出したのか，講義＋DVD視聴	
❻ 5.27	日本の蛙（5科37種）（カエルのコミュニケーション1）	
	両棲類の形態学（外部形態と内部形態）ウシガエル・ドライラボの製作1	
❼ 6.10	ヒトの体　　ウシガエル・ドライラボの製作2	
❽ 6.17	ウシガエル・ドライラボの製作3	
	Rana catesbeiana の模擬解剖・解剖スキルの獲得	
❾ 6.24	*Rana catesbeiana* の系統解剖（生物実験室）	
		16:30 麻酔　18:00 開始　23:00 終了
❿ 7. 1	つまらない授業って何？	
	特別研修2　北大キャンパス内・両棲類無尾目の調査	
⓫ 7. 8	学生授業1	
⓬ 7.15	学生授業2	
⓭ 7.22	学生授業3	
⓮ 7.29	学生授業4	
⓯ 8. 5	野外採集試験（北大農場）（農場・SCS教室）	

特別研修1

①鮭の科学館（両棲類無尾目外部形態観察会）	4月29日　13:00～
	地下鉄真駒内駅集合
②カエルの食文化研究会（カエルコンパ）	4月29日　16:00～
学生ベスト授業のデモンストレーションおよびDVDの視聴	北大情報教育館

特別研修2　両棲類無尾目（7/1）・有尾目（5/13）分布調査

特別研修3

　　7月の蒸し暑い夜　野外実習：メイティングコールのリスニングテスト（北大農場）

授業テーマの決定と計画の立案が，彼らの最初の壁となる。いかに情報を集め，適切に処理できるかがいきなり問われるのである。これらの指導は，昼休みと放課後に行っていく。

またこのフェイズでは両生類無尾目の90秒スピーチを行い，学生全員を主役に引きずり出しながら，集めた情報を精査するトレーニングを行う。

● 2-2　授業の中盤：第6回目から第11回目まで

中盤では，進化から蛙のコミュニケーションを経て，両棲類無尾目の外部形態及び内部形態に学習は進む。このフェイズでは，授業の主役は私から徐々に学生に移行していく。作業学習やグループ学習を多用しながら，学生が主役となる学びに変わっていくのである。とくに，9回目の系統解剖と埋葬などの事後指導では，学生が主体的にほぼ自動運転で展開できるよう，入念な事前指導を6回目から9回目にかけて行っていく。

この間，学生は授業の設計に奔走する。例えば，「おたまじゃくしの生き残り戦略（2006年度）」を授業のテーマにしたグループは，日本生態学会で発表されたエゾサンショウウオの頭部の膨張に関する最新の知見に着目し，関連する基本論文の読解，研究者とのメールによるコンタクトを重ねていった。研究のねらいやプロセスを十分理解したうえで，350km離れた大学の研究室を訪問し，研究者へのインタビューや実地調査を行った。また，「カエルの飼育とその教育的効果（2007年度）」をテーマにしたグループは，カエルが愛情飼育の範疇(はんちゅう)に入っていないことに着目し，飼育動物の研究者に直接コンタクトしながら知見を得ている。その後，実際に長期間小学校の教育現場の協力を得ながら，子どもたちにトノサマガエルの飼育を行い教育的効果を測定した。その結果を基に，動物飼育に関する新たな提言を模索するといった具合である。

これらの準備過程でのキーワードは，ホンモノとの直接体験である。必ずその研究領域の原著，著者，研究者にコンタクトし，疑問を解決していく手法を強く奨励していく。これによって，「これはおもしろい」「ひょっとして自分にもできるかもしれない」という知的好奇心や自己効力を強化することができる。それは，やがて学生の意欲を引き出すことにつながっていく。ホンモノには，それを可能にする潤沢な情報量があるのである。

ここでの私のスタンスは，彼らのアシスタントである。よほど軌道がずれない限り，内容に踏み入ることはない。学生自らが問題とぶつかり，乗り越えていかなければならないのである。ただし，研究が進み学生が授業をデザインする頃には，頻繁にグループ面接や個人面接を繰り返して情報の収集を行う。それを個人やグループにフィードバックすることによって，学習課題や学習状況の把握，目標の設定や課題解決のプランニングなどを促し，メタ認知を強く求めていくことになる。このメタ認知能力の育成が，意欲の覚醒と密接な関係にあるからである。

一方，例年，前年度履修した複数の学生がボランティアで TA（Teaching Assistant）を担当し，学生の指導に当たっている。これによって，「蛙学への招待」で生じる財産が継承され，より高度な授業内容を目指すことができるようになっている。このようなスタイルで進めていると，ときにはたいへんハイレベルな学生授業が誕生することがあり，全員で東京まで出かけ学会発表をするなどさらに活躍できる場を広げていく。この後，各グループは入念なリハーサルを重ね，授業の当日を迎えるのである。

● 2-3 授業の後半：11 回目以降

学生が行う授業は，60 分で展開される（図 10-1）。学生は全員がその授業に関わり，手持ち原稿なしで進めなければならない。したがって，普段の準備から

図 10-1　学生授業（「本当に怖い，ツボカビの恐怖（2009 年度）」から）
右端の学生（教師役）が，学生（生徒）を授業の文脈に引き込むために，各班ごとに自作のカエルのモデルを5台置き，電気回路を使ってどのカエルがツボカビ感染しているか，データの取り方を指導している。授業の間にこのようなドライラボを用意し，テンポ良く進めていく。この後，ツボカビの作用機序を詳述した後，最後のまとめの寸劇に進む。これらの授業の様子は北海道大学 HP のトップページ OCW に公開されている。

全員の協力が必要となる。また，彼等の授業にも「他の学生の意欲を引き出すものでなくてはならぬ」という不文律がある。そのため単なるプレゼンテーションだけでなく，寸劇や紙芝居，実験やCG等を巧みに使い分け，授業を受ける学生が興味をもつようなインタラクティブな授業形態で進められる。

　授業終了後は，学生同士の活発な意見がいつまでも続く。そこで繰り広げられる「解」が事実でない場合のみ私がコメントし，修正を指示する。あくまでも主役は彼らであり，私は終始アシスタントに徹していくのである。この頃になると，レジュメの準備や会場の設定，実験道具の手配も，彼らが自ら考えて手早くできるようになっている。

　この授業は，終了後10観点による評価と自由記述によって評価される。評価は，授業を受けた学生と私，およびTAが行う。また授業を行った学生は，別紙の自己評価カードに記入し，2ヶ月に及ぶ授業準備をメタ認知して，学生の授業が終了するのである。

　この他，授業計画以外にも，カエルの宣伝鳴き（maiting call）が始まれば，特別研修と称してフィールド調査を行ったり，キャンパス内の両棲類有尾目・無尾目の生態調査を行う。また，毎年カエルを飼育している市の施設に協力をお願いし，7〜8種のカエルの外部形態体験学習も行っている。授業の最終回は，今までの学びをいかしながら，北大農場から指定された無尾目を捕獲する実習で終了となるのである。

　このように，終始学生を授業の文脈に位置づけ，一人ひとりに活躍の場を与えながらその様子をモニタリングしていく。そしてその情報をフィードバックしながら学生の意欲を引き出していくのが「蛙学への招待」なのである。

3 「蛙学への招待」を構成する理論的基盤

　この授業は，バンデューラ（Bandura, 1977）が提唱した自己効力感（Self-Efficacy）を理論的基盤としている。自己効力とは，「自分が，学習や課題を解決できるかどうかに対する自信や信念」を意味し，これを強化することによって意欲を引き出すことができることが先行研究で明らかにされている。自信が生じれば，やる気になるのは当然であり，自己効力を引き出すことが本授業の目指すところなのである。

表10-2　自己効力を構成するもの（鈴木, 2002）

- 統制感
- 手段保有感
  ①努力　②能力　③教師
- メタ認知
  ①自己評価：学習課題の把握・学習状況の把握・自己目標の決定
  ②自己制御：課題解決のプランニング・課題解決の情報処理
- 社会的関係性
  ①周囲の期待　②教える役割　③身近な友人
- 学習方略
  ①リハーサル方略：暗唱・模写・ノート化／下線引き
  ②精緻化方略：イメージ化・言語的符号化・要約・ノート化
  ③体制化方略：群化・概略化

　自己効力は，表10-2に示すようにさまざまな要素でできている。例えば，「私は授業に集中できる」「自分の学習行動全般をコントロールできる」といった自分を統制する力がある学生は，十分意欲があると考えられる。また，「微積はやる気になるとすごく頑張ることができる」あるいは「線形代数学について聞きたい時，いつでも先生は答えてくれる」といった自己の手段の有無は，意欲に大きな影響を与えている。このような努力や教師の存在を学生が認識できれば，意欲が引き出される大きなきっかけとなる。「蛙学への招待」で，私が学生をモニタリングしながらつかず離れずの位置にいるのは，そのためである。
　また，意欲的な学生ほど，自分をふり返るといったメタ認知能力が高いことがわかっている。例えば「解剖学の授業がわからない時，私はそのわけがわかる」といったように現在の学習課題や自分が置かれている学習状況，また自分の目標の設定がしっかり把握できている学生は，意欲が高いことはいうまでもない。また，自分の目標が明確でなければ，やる気など起きるわけがない。学生が進める授業準備のねらいがここにある。
　一方，「私は，友だちに分子生物の勉強でわからないところを，教えてあげることができる」といった「教える役割」のように，学生が授業で活躍できる文脈を設け，主役となれるように授業の前面に引きずり出すことも重要である。それによって，「ひょっとして，オレにもできるかもしれない」という学習への自信が芽生え，意欲を引き出すことにつながっていく。また，教師が学生に対して期待感をもって接することも同様に大切である。学生主体型授業は，まさ

にこれらを強化するのである。

　その他，論文の検索方法がわからなければ探そうという気にはなれないのと同じように，学習方略の有無も意欲と直接関係する。北大図書館で文献検索実習を行うのもそのためである。このように，「蛙学への招待」は自己効力を構成するさまざまな要素を授業の中に組み込み，学生の意欲を引き出していくのである。

4 「蛙学への招待」の授業デザインにみる自己効力の強化

　では，具体的な授業ではどのようになっているのだろうか。授業はご存じの通り，目標（☞◉4-1），授業計画（☞◉4-2），授業形態（☞◉4-3），教材（☞◉4-4），評価（☞◉4-5），学習指導（☞◉4-6）の6つのパートからできている。これをしっかりデザインすることは，自己効力を強化することにつながっていく。

◉4-1　目　標

　まず，「蛙学への招待」が何を目指しているのか，その授業を履修するとどのような力がつくのかがわからなければ，学生がついてくるはずがない。どのような理念に基づき授業が展開されるのかを示す「一般目標」，その授業を通してどのような知識やスキル，態度が身につくのかを具体的に示す「到達目標」，その授業時間の中で何がわかれば良いのかを示す「本時の目標」，この3つの目標を学生に明確に示すことが重要である。それが，具体的であればあるほどキレ味は鋭くなり，学生の意欲はかき立てられていく。

◉4-2　授業計画

　目標を達成するための設計図が，授業計画である。どの段階から学生参加型を導入し，やがて学生主体型に移行していくのか，メタ認知能力を求めるにはどの段階から課題を与えるべきかなどを具体的に設計する必要がある。また，その配列には学生のレディネスやモティベーションを把握することが大切である。それを元に，インパクトやキレのある教材提示や，大胆かつリズミカルな展開をすることによって，意欲を引き出すことができる。

● 4-3 授業形態

　教室での一斉授業が，授業形態のすべてではない。「蛙学への招待」では，その時間の目標達成のためには，あらゆる形をとる。学生を授業の文脈にいかし切る主体型授業，その基本であるグループ学習や体験学習，さらにディベートやモックインタビューなど，それは本授業の目標と大きく関係し，授業計画にそって使い分けなければならない。

● 4-4 教　材

　「素材」は教材ではない。毎年入学し，履修してくる学生のレディネスやモチベーションは必ず把握する（診断的評価）ことが大切である。時には，個人カルテを作ることもある。その情報を元に意図を持った加工を「素材」に施すことによって，初めて「教材」となるのである。教員やTAも十分教材となり，e-learningのような電子媒体やドライ・ラボも有効である。これらを，目標や授業計画・内容によって使い分けていく。それがフィットすればするほど，学生は学習に対して前向きな姿勢になっていく。

● 4-5 学習評価

　優・良・可，あるいは5・4・3・2・1は，「評定」であり，「評価」ではない。学生から欲しい情報を収集し（Assesment），それを学習指導や教師自身の授業内容の修正にフィードバックして（Evaluation）初めて評価は機能する。例えば，提出された両棲類のレポートに対してすぐに適切なコメントをつけて返すと，学生は意欲的になっていく。そのためには，日々の学生一人ひとりのモニタリングが重要であり，本授業ではそれを徹底して進めているのである。また，「評価の6原則」を教師がしっかり把握しておくことも大切である。

● 4-6 学習指導

　バンデューラのいう言語的支援も，自己効力を強化する上で大変重要である。「いいぞ，その調子！」という教師の一言によって，学習に対して自信を持つ学生はたくさんいる。また，代理経験ができる学習形態を準備することも，自己効力を高めることができる。「あれなら私にもできる」といった適切なレベル

の情報を，学生のプレゼンや教師から提供することは，学生の意欲を大いに引き出す。「蛙学への招待」では，これらを多用する。

5 おわりに：授業評価に見る「蛙学への招待」の有効性

では，「蛙学への招待」は本当に学生の意欲を引き出しているのだろうか。最後に北大の授業評価から，その有効性を確認してみることにする。まず，「作業量（図10-2）」と「難易度（図10-3）」のグラフをご覧いただきたい。大変低いのがおわかりいただけるであろう。大学の教育は，学問の醍醐味を知り，知のフロンティアを目指す人材育成にある。したがって，その質や量はきちんと保証されなくてはならない。復唱になるが，私の授業コンセプトは学ぶ意欲を引き出すことと，問題解決能力のプロセスを体験させることにある。それには，多種多様な情報収集とその精査，推論とメタ認知の過程が必要となり，それを学生に迫らなくてはならない。したがって，すでに述べたように原著論文の翻訳やジャンルを超えた様々な体験，また研究者への直接インタビューなどホンモノとの接触が連続する。その結果作業量は桁外れに多くなり，難易度も高くなる。学生の大変さを物語るこの得点平均値は十分納得できるものであり，授業内容の改善が必要であることを示すのかもしれない。

しかし，「知的に刺激（図10-4）」や「勉強意欲の促進（図10-5）」，「学生の授業参加（図10-6）」では，平均を大きく上回る得点平均値を示している。学生が膨大な量の課題を抱え，しかもその難易度が高ければ，意欲は失われ得点平均

図10-2 学生による授業評価 作業量

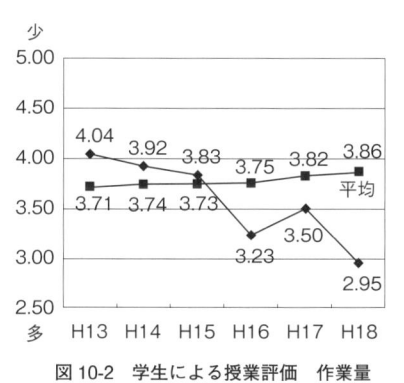

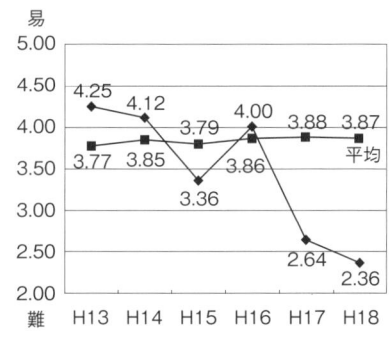

図10-3 学生による授業評価 難易度

図10-4 学生による授業評価　知的に刺激

図10-5 学生による授業評価　勉強意欲の促進

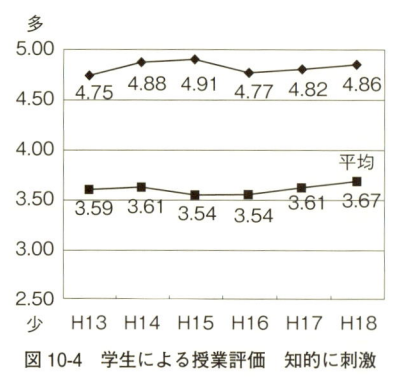

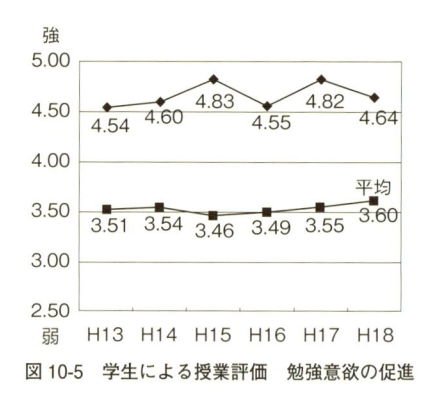

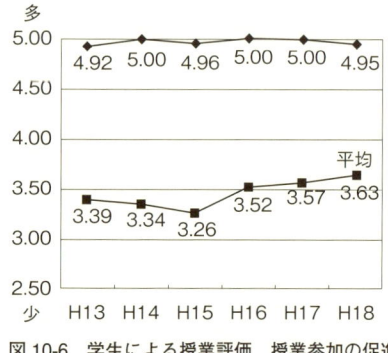

図10-6 学生による授業評価　授業参加の促進

値が下がるのが普通である。しかし，結果は逆になっている。これは，たとえ学習内容が膨大で難しくても，学習の目的や学びの方法が学生に理解され，何を学ばせるのかといった授業デザインが教師側にしっかりできていれば，学生の意欲は引き出すことが十分可能なことを示しているのである。

【引用・参考文献】

Bandura, A. 1977 Self-efficacy: toward a unifying theory of behavioral change. *Psychological Review*, **84**, 191-215.
鈴木　誠　2002　学ぶ意欲の処方箋─やる気を引き出す18の視点．東洋館出版社
鈴木　誠　2008　意欲を引き出す授業デザイン─人をやる気にするには何が必要か．東洋館出版社

11 未来志向性を活かした学生主体型授業

佐藤慎也

1 設計・デザイン系科目に含まれる未来志向性とは

　近年，学習過程における脳の作用について注目が集まっているが，従来の知識重視型の教育では記憶を司る左脳が大きな鍵を握ってきた。それに対し，新たに未知なものを創造していく教育では，右脳が大きな役割を果たしていることが分かってきている。実際に視線の動きでも，その違いを確認できる。右利きの8割の人が左上を見ると過去の映像を思い出しやすく，右上を見ると新たな映像を創造しやすいといわれている（オコナー, 1994）。学生主体型授業を構成する際には，この点に着目する必要がある。「知識がどういかされるのか」身をもって体験できる機会が用意されることで，学生が主体的に学ぶきっかけをつくりだすことができる。

● 1-1　問題解決型授業方法

　問題解決型授業方法とは，先述の「知識がどういかされるべきなのか」を問題解決のためのプロセスを通して知ることができる仕掛けを持った授業方法である。「中心市街地活性化」「里地里山の保全」などの地域に関する課題を想定した場合，現状の問題を多角的に検討し，解明しながら問題解決への糸口を探索していくプロセスを描くことができよう。学生たちが提示する問題解決策は，シミュレーションであり，ときには行動計画のアイデアとなる。こうしたシミュレーションや行動計画のアイデアは，未来の姿を単純に表現するだけではなく，それを実現するためのリソースや，周辺への影響なども検討され，と

きには実行可能な段階に移行できる。問題解決型授業方法では「中心市街地活性化」「里地里山の再生」などの課題に対して達成度を評価し得るような指標を提示することで，授業における評価も同時に可能となる。

◉ 1-2　デザインベースの学習方法

問題解決型授業方法に対してさらに未来志向性を推し進めたものが，デザインベースの学習方法[1]を採り入れた授業方法と考えられる。問題解決型授業方法では，課題を解決することで授業の目標が達成されるが，デザインベースの学習方法では，主体的な満足度が加味されていく。すなわち，問題解決型授業方法では，授業の進行が直線的なゴールに向かって歩んでいくのに対して，デザインベースの学習方法では，何度も繰り返し見直され，主体的な満足度が高まる方向に洗練されていく。ここで注意しなくてはならないのは，主体的な満足度を高めていく心を十分に育むことができるかという点である。往々にしてデザインベースの学習方法の中で筆者も含めた教師が学生の主体性を失わせるケースはよくみられる問題である。主体的な満足度を高めるためには，より多くの人たちが評価に参加することで，多角的な視点を学生が得られる機会をつくりだす工夫も必要となろう。

2　設計・デザイン系科目における未来志向性の部分的な活用

2年次における学習では，基本的な設計製図法，住居計画学の基礎知識を習得することに重点が置かれており，未来志向性については部分的な活用に留めている。ここでは「基礎設計製図」ならびに「住居計画学」の構成をみてみる。

◉ 2-1　基礎設計製図
(1) 授業の概要

基礎設計製図は2年前期に空間的・立体的観念を身につけ，綿密で正確な作業の習慣をつけることを目的に実施されている必修科目である。

(2) 授業の構成

第1段階：線の練習　第1段階での「線の練習」では建築設計で必要となる基本的な製図方法として直線の種類，定規の操作法，円弧の描き方，記号の意味などを含めて練習課題を提示している。

第2段階：作家研究　第2段階ではフリーハンドによる作家研究を実施し，それぞれの作家による住宅の特長についてグループで発表する。この発表は自分自身が取り組んだ作家の作品を理解するだけではなく，他の住宅作品との比較を通した幅広い理解につながっていく。

第3, 4段階：設計図書の作成　第3, 4段階では「白い家」，「ヴィラ・クゥ・クゥ」の設計図書の作成を教科書（藤木，2008）の原図に基づき行った。設計図書については，平面図，立面図，断面図，矩計図，平面詳細図などから構成されており，設計現場で用いられる基本的な図面は網羅している。

第5段階：模型作成　第5段階では「軽井沢の山荘」の模型作成を行った。この模型は1／100のスケールであり，屋根の形状，開口部の収まり，木造ならびにコンクリート造との混構造であることなど，複雑な立体構成となっており，難解な部分も多いため，内装については省略している。

第6段階：オプション課題　さらに第6段階は「軽井沢の山荘」，鉄骨構造の「SH-1」，木造の「前川邸」の3種類の設計図書から選択するオプション課題とした。

(3) 授業に対する学生の取り組み状況

学生の取り組み状況については，第1段階から第2段階にかけてほぼ全員が授業課題を遂行できたが，第3段階からは個人差が顕著に現れ，製図の精度と仕上がり時間に大きな開きが生じた。原図があったとしても，2次元の図面上にどのような道具を使い，どのような手順で収めるかについては，個人的な工夫が必要となる。基礎的な建築設計図書を描くことができることを「基礎設計

製図」のゴールとしたが，2年前期の段階として今後のカリキュラム改定にあわせて，「基礎設計製図」の授業のあり方について検討し，前後期への分割なども含めて調整が必要となるだろう。

● 2-2　住居計画学
(1) 授業の概要
　2年後期の「住居計画学」では，一般的な講義内容に加えて模型作成ならびに車椅子体験・インテリア体験を通して，学びの体験ができるように工夫を施している。

(2) 授業の構成
　第1段階：住宅デザインのビデオを鑑賞　　「基礎設計製図」で作家研究や設計図書の作成，住宅模型作成を行ったことを踏まえて，ガイダンスでは建築家による住宅デザインのビデオを鑑賞することを通して，住居計画に向けての考え方の一端を学べるように促している。

　第2段階：5m CUBE 模型作成　　続いて第2段階として小さな住空間を創造する5m CUBE 模型作成を行う。この課題は，建築設計の入門的な課題として他大学でも採り入れられている。模型作成後，教室内で相互に模型を評価する。この相互評価では，数名が10分程度の持ち時間で随時，評価者の質問に応える形で自らの作品の説明を行い，最終的には全員が説明者と評価者の立場になる。このプレゼンテーションを通して，自ら作成した模型が，どのような視点から評価されるのか体験するとともに，自ら考えた小住宅の模型と比較して他の学生の考えがどのような点で優れているのか，また自ら考えて小住宅にどのような点を採り入れることができるのか，改めて考えることができる。

　第3段階：講義　　こうした一連の創作活動の後に，住居に関わる風土・歴史・機能・計画・ユニバーサルデザインについての講義を行い，模型作成のプロセスと結びつけながら，それぞれのテーマでの思考を深めている。現状の講義型の授業の一部に図やスケッチで新しいデザインを考えるワークシートを所々用意している。

図 11-1　5mCUBE 模型を用いた集合住宅ワークショップ

第 4 段階：体験からの学び　第 4 段階では，体験からの学びを用意している。ユニバーサルデザインやインテリアデザインを計画する際には，人間工学的な視点から人間の行為に伴うさまざまな動きを理解する必要がある。ただ単に教科書やデザイン集に納められている機能的なバリアフリーデザインや優れたインテリアデザインがあったとしても，体験的な実感がなければ，高齢者や障害をもった人たちへの空間的な視点からの理解や顧客に自信をもってすすめることができるような知識，さらには新たな組み合わせをコーディネートする知恵に結びつけるのはなかなか難しい。学生たちは，車椅子体験では実際の車椅子の操作，部屋ごとの空間的な制約に戸惑うが，新たな感覚でもって車椅子から見た住空間を捉え直すことができるようになっていく。インテリアデザインの体験では，有名デザイナーや家具メーカーによる椅子を体験する。Y チェアやニーチェアなどは，安藤忠雄氏をはじめとした建築家がデザインした住空間でも使われており，実際の座り心地を比較しながら，機能的な美のあり方を感得できる時間となっている。

第 5 段階：集合住宅ワークショップ　第 5 段階では，集合住宅の計画を考えるうえで，第 2 段階で作成した 5m CUBE を用いた集合住宅ワークショップを実施している。このワークショップでは，4 ～ 7 名程度のグループを形成し，限られた大きさの敷地に立体的に 5mCUBE をレイアウトしながら集合住宅を完成させるものである。このワークショップでは，個々の玄関や窓の位置，屋根や壁面の形状，構造的なバランス，日照・採光などを検討しながら，共用部

分として敷地のレイアウト，階段・廊下といった住戸へのアプローチなどの作成が必要となる。

こうしたワークショップのフレームは，コーポラティブハウスという居住者が企画段階から参加する集合住宅の建設プロセスと重なる。

第6段階：講義　第6段階の講義では，集合住宅ワークショップを踏まえて住民参加型の集合住宅の設計手法，維持管理の諸問題，修繕・建替え・再生に向けた課題などを明らかにしている。

(3) 住居計画学の課題

「住居計画学」は，一部に未来志向性を含んだ模型作成，体験学習と講義とのコンビネーションで行っているが，ワークショップと講義の関連性について模型づくり等に苦手意識をもつ学生の中に肯定的に認識できていない学生が含まれている。そうした主体的に参加できない学生にとって個人的な能力を越えて，社会的なレベルでテーマを考え，グループワークでの役割を認識できる方法を採り入れていくことが，今後，真の意味での学生主体型授業を推進する際には必要になるものと考えられる。

3　未来志向型設計・デザイン系科目

3年次の設計・デザイン系科目は前期，後期とも4科目ずつ用意されている。その中で「施設計画」「住環境論」「都市・地域計画」は一部に未来志向性を持った模型作成を採り入れているのに対して「住空間デザイン」「住居デザイン」「景観設計」の授業は，未来志向型の設計・デザインを基軸にしたデザインベースの科目である。ここでは具体的な事例として3年前期の「住空間デザイン」および3年後期の「景観設計」について授業内容を紹介する。

● 3-1　住空間デザイン

「住空間デザイン」は，「子どもの空間」「サニタリー空間」「ユニバーサルデザイン空間」の大きく3つの空間デザインの単元から構成されている。本来は

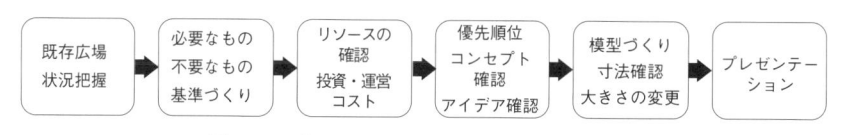

11 未来志向性を活かした学生主体型授業

```
既存広場    必要なもの    リソースの       優先順位      模型づくり
状況把握 → 不要なもの → 確認        → コンセプト → 寸法確認   → プレゼン
          基準づくり   投資・運営      確認         大きさの変更   テーション
                      コスト         アイデア確認
```

図 11-2　プレゼンテーションに至るまでのプロセス

設定条件を自由にして新しい空間イメージを創りだす授業としてセットされていたが，2009 年度は 2 つの単元について既存空間の改修提案をする授業として用意した。

(1) 子どもの空間（親子広場改修計画案）

「子どもの空間」については，山形市七日町ナナビーンズ内の「NPO 子育て育児サークルランドあーべ」に依頼し，あーべ内にある親子広場の改修計画を学生に提案してもらうことになった。研究室所属学生と一緒に親子広場の実測調査ならびに利用状況をビデオに記録し，翌週の授業では，実測後に作成した平面図を提示するとともに，記録したビデオを上映した。学生に与えられた条件は，1／50 の改修計画模型の作成ならびにナレーション入りのプレゼンテーション（5 枚程度）の作成である。またプレゼンテーションに至るまでのプロセスについては図 11-2 のように提示した。

親子広場改修計画案は大学院の「地域デザイン特論」履修者も取り組むことになり，最終プレゼンテーションでは，あーべの実務担当者数名を対象に 7 つのグループからの提案が行われた。この提案では各グループの学生たちによるアイデアのおもしろさが十分に実務担当者に伝わるプレゼンテーションとなった。実務担当者からは「ふだん，毎日の活動に追われがちな中で，皆さんのプレゼンテーションによって改めて子育ての視点から考え直さなくてはいけないことがたくさんあり，色々なアイデアをいかしていきたい」といった趣旨のコメントもいただくことができた。

(2) サニタリー空間

続いて「サニタリー空間」のデザインについては，2 週間のグループによる短期設計として実施した。この単元は，「住環境論」におけるトイレ，浴室，洗面室を扱う講義と連動する形で，未来のサニタリー空間のイメージを 1／20

の空間模型で表現したものである。1／20のスケール模型であるために必要となる家具・棚・設備などを含めた空間表現が採られている。コース内で発表を行ったほか「ユニバーサルデザインカフェ」と合わせて食環境デザインコースの学生を対象としてもプレゼンテーションを行った。

(3) ユニバーサルデザインカフェ

題材となる仮想クライエントの設定と協力依頼　6月末にはユニバーサルデザインの題材として「カフェ」を課題とした。題材については，山形市七日町にある大沼デパートに依頼し，協力を得ることになった。大沼デパートは山形市ならびに米沢市に店舗を構える老舗デパートである。今回の課題説明では，対象となる大沼デパートの1階平面図を示しながら，1階のユニバーサルデザインカフェの設置場所を設定したうえで最終プレゼンテーションとして1／20の模型ならびにプレゼンテーションの作成についてグループワークで実施することを示した。

現地調査・プレゼンテーション・評価　学生からデパートとの関わりについて「入ったことがない」「あまりなじみがない」との声もあり，学生たちは，まずはデパートの現地調査からスタートした。次に「ユニバーサルデザインカフェ」としてもたせるべき機能ならびに空間のあり方について検討した。7月中旬から本格的に模型作成を行い，7月下旬に食環境デザインコースの学生66名を対象として「サニタリー空間」のデザインとともにプレゼンテーションを行った。食環境デザインコースの学生からの評価では，デザインされた空間に関する能動的な評価とともに，空間の使い方や家具の配置の仕方，用途や利用を複合化した場合の衛生面の課題，匂いや音の問題，調理空間について配慮すべき点などが指摘されており，模型表現したことによるわかりやすさから，具体的な内容に関して改善的な意見も明確に描かれている。食環境デザインコースの学生による評価の中には，同じ事項に関する評価でも対立するものや提案者が思いもつかないような視点からの改善点なども含まれており，多角的な視野からの評価が可能となっている。

図 11-3 大沼デパートでのプレゼンテーションの様子

仮想クライエントへのプレゼンテーション・講評　さらに 8 月上旬には，大沼デパートにおいて役員，社員の方々に模型を評価してもらった。このときには各グループからのプレゼンテーションの後，自由に質疑ができるようにテーブルごとに模型を展示し，大沼デパート側から講評ならびにアドバイスを受けることができた。とくに花とカフェのコラボレーションのあり方，子どもや障害者への対応方法，BGM のあり方，荷物の置き場を考えた椅子のデザイン，一人暮らしの方，ペットを飼われている方へのオープンカフェでの対応など斬新な考え方も含めて様々な発想があり，良いところをぜひ，採り入れていきたいとする話も出されて，今後の展望を開く可能性を感じていただけた点も学生，デパート側双方にとって有意義な提案となった。

体験した学生の反応　外部へのプレゼンテーションが組み合わされている点で予定を合わせる必要があり，学生には負担感が大きくあったが，模型作成に取り組みながら，思い通りの模型ができて「楽しくなって踊りだした」といった声もあり，プレゼンテーションでの学生たちの主体的な姿が印象的であった。

● 3-2　景観設計
(1) 授業概要

　景観設計は 3 年後期科目となっている。この授業は「都市と農村の調和と景観設計」をテーマに，街での生活用水であり農村の水路としての役割をもっていた山形五堰を題材として，地域資源の掘り起こしと景観としての修景的保全について学ぶ授業としている。授業構成としては，「フィールドワーク」「講義」

「模型作成」「プレゼンテーション」の4つのフレームから成り立っている。

(2) 授業の構成
第1段階：ガイダンス　　ガイダンスでは「景観とは何か」についての講義とともに，山形五堰をいかした住宅や生活空間を設計する「住居デザイン」，ならびに山形五堰のマップづくりを行う「都市・地域計画」などの他の科目と一部連携して進行することを伝えている。

第2段階：フィールドワーク　　第2段階ではフィールドワークとして山形五堰の1つ，笹堰が流れ込むもみじ公園のスケッチ課題とその分析を行っている。ここでは観察的な視点を養うことを目的としている。もみじ公園は，江戸時代に幕府の庭師が設計を行った日本庭園として知られており，水と樹木とがおりなす四季の色彩の変化が楽しめる公園として景観的に優れた公園である。

第3段階：講義　　続く第3段階の講義では景観設計に関連する基本事項として「景観を守るための法律」や伝建的建造物群保存地区等の事例について紹介し，詳しく文献やインターネット等で調べてきたものを各自が授業の中で発表する。

第4段階：模型作成　　第4段階では「都市・地域計画」で行った山形五堰のマップづくりでの現地踏査を踏まえてグループごとに山形五堰において修景が必要と考えられる地区を設定し，修景計画案について模型作成を行う。

第5段階：小学生へのプレゼンテーション　　最終段階では，山形五堰を総合的な学習において学んでいる山形大学附属小学校の小学生に評価を依頼し，完成した模型を持ち込み，子どもの立場から，印象に残った事項について付箋紙に書き記してもらっている。このプレゼンテーションは，学生にとっては小学生に語りかけるように丁寧にわかりやすい言葉で説明することが求められる。その一方で，小学生たちの熱心な質問が多くなされ，関心をもってもらえていることへの嬉しさも大学生にとっては励みになっている。さらに小学生にとっ

図 11-4　小学校でのプレゼンテーションの様子

ても，身近な存在でありながら，意識することの少なかった山形五堰が学生らの提案によって親しみのある模型表現がどの作品でもなされており，関心の扉を開くことにつながっているものと考えられる。

4 まとめ

　建築学・都市計画分野での教育の特徴として2次元や3次元で未来像を表現する設計行為を伴う演習・実習等が採り入れられてきた経緯があり，こうしたデザインプロセスを子どもたちの総合的な学習にいかそうとする試みも近年行われるようになってきた（日本建築学会，2004）。とくに模型で表現する方法は，模型作成の楽しさとも相まって，五感をフルにいかせる機会が用意されている。またつくられた模型を前にしたプレゼンテーションでは，年齢を越えて相互の了解がしやすい。未来像を表現する行為には，過去の記憶，経験，習慣などを持続・継承していこうとする流れとともに，もう一方では，若者らしく過去と決別し，新たな文化・潮流を構築していこうとする動きも加味され，戸惑いながらも現在に近づいてくる。今後の未来をつくりだす学生たちにとって，学生が主体となって進める思考方法の幅を広げていくことが，将来の生きる知恵になるのではないかと考えている。

【注】
1）Design Based Learning は造形芸術分野だけでなく，建築・都市計画分野でも広く展

開されており，日本では 1969 年に Doreen Nelson が始めた City Building Education,
1980 年代の Anne Taylor らによる Architecture and Children などが知られている。

【引用・参考文献】
藤木康介（編著）　2008　名作住宅で学ぶ建築製図，学芸出版社
日本建築学会（編）　2004　まちづくり学習，まちづくり教科書，第 6 巻，丸善
オコナー，J., セイモア，J　橋本敦生訳　1994　NLP のすすめ—優れた生き方へ道を
　　開く新しい心理学，チーム医療

12 医学部で学生主体型授業を実践する
学生が主役の授業：学生はすばらしい①

阿部和厚

　ある朝，大学へ向かう札幌駅で列車から降りてきた人物は，私が以前，北海道大学で担当していた学生主体型授業を履修した学生だった。彼は法学部の大学院を修了して，北海道庁に就職した。教育関係の仕事らしいのだが，最近，よく出会う。紀伊國屋の本屋のロビーで「メディカル・カフェ」を行っている学生たちと一緒のときにも，ロビーの入口で出会った。彼は私が担当する授業も手伝ってくれ，1年生の時から大学院が終わるまでのつきあいとなった。学生主体型授業を通じて，これまでいろいろな専攻の学生と接してきた。それは私の学問的専門分野の授業と違って，いつも学生のすばらしさを知る授業だった。

　私が学生主体型授業，学生参加型授業，学生中心授業などとよばれる授業を始めたのは1993年（平成5年）である。以来，今までの17年間，さまざまな形態の学生主体型授業を行ってきた。本章では，学生主体型授業を，その開始にもふれて，実際に医学部で行ってきたさまざまな授業を中心に紹介することにする。

1 学生主体型授業のはじまりはFD

　私の専門は，医学部で「組織学」「解剖学」を教えることであったのだが，いつの間にか，カリキュラム改革に関係した委員にもなっていた。
　文部科学省（当時は文部省）は，1991年（平成3年）に教養教育と専門教育の境界をなくして両者を有機的に連携させる大学教育の大綱化を打ち出した。そ

れを受けて，北海道大学は，教養部を廃止して，入学から卒業までの各学部の教育を教養教育と専門教育が融合する一貫教育とする方針を打ち出し，翌 1992 年（平成 4 年）にはその全学的な検討にはいった。私は 1991 年には，医学部で学部の教養教育を検討する委員会の代表となり，学部長の命により同年 11 月に行われた第 18 回医学教育ワークショップに参加することになった。富士山の山麓にある研修施設を会場とし，大学から 20 名，病院から 20 名が参加する，5 泊 6 日の研修であった。カリキュラム設計を主な内容とするこのワークショップへの参加は，私の教育観に一本の柱を通すことになった。一方であまりにも米国直輸入の用語や研修方法に対して，強い反発も感じた。ここはアメリカではない。日本の大学である。GIO[1)]，SBO[2)]とは何だ。こういう言葉を使っていては，日本では受け入れられないのではないか。

　こうして一念発起した私は，関連の文献を手当たりしだいに読んで，自分なりに整理していった。学生中心という考え，大学教育の teaching から learning への転換，小グループ学習法，研修の方法など，教育の柱にそって自分流に整理した結果，医学部の 6 年一貫教育は再整理が必要である，と医学部長を説得することになった。こうして，平成 4 年の 8 月には北海道大学の医学部でも 2 泊 3 日の研修ができる環境が整った。このとき学部長の名で，各講座から教育に責任のある教員 1 名の参加を依頼したことにより，トップの責任で研修を実施するという形をとることができた。また，実施には，世話人が必要であるため，医学部全体を見渡して世話人に適した助教授と講師を 6 名選び，3 ヶ月間にわたり毎週一度夕方に集まり，基本から討論をくり返した。そして，実施 1 ヶ月前に私が討論内容を整理して研修マニュアルを作成し，マニュアルの各部分の説明者を世話人に割り振った。余談ではあるが，このときの世話人は，後に全員が教授となった。

　この 1992 年 8 月の研修は成功した。最初の学生主体型授業はこの研修での学びから生まれた。これは 1993 年（平成 5 年），全学への授業提供であるので次章で述べる。全学参加人数 40 名を 5 グループに分け，ワークショップを主体とする研修は，学生主体型授業に適した進め方であったため，研修の成果は，1995 年（平成 7 年）からの北海道大学の教養部廃止後の医学部 6 年一貫教育にすべていかすことになった。こうして，同年からの医学部の授業科目のすべて

を，学生中心に学習目的や達成目標を表現するように設計し，そして学習成果を判定する成績評価を統一した形で表すモデル的シラバスができあがった。

このシラバスに従い，1995年4月から北海道大学医学部は新しいカリキュラムへと刷新された。カリキュラム改革を具体的に進めていた私は，1992年のFDで発想された授業のアイディアを組み入れていくつかの新しい学生主体型授業を設計し，カリキュラムに取り入れた。

次に北海道大学の医学部で実施した学生主体型授業を解説していく。

2 『医学概論』医学部1年生前期，100人クラス，1995-2001年

● 2-1 授業の概要

医学概論は，それまでは医学部の専門が始まる前の2年生の後期に行われていた。13の講座から各々1名の教員がでて，そこでの学問や臨床を「○○学」として紹介する，いわゆるリレー型の授業であった。当然のことながら，まだ専門を勉強していない学生に合わせる意識をもたない教員中心の授業であったため教員顔見世興行としては意味があっても，学生にはわかりにくく，実際，評判が悪かった。

そこでこの授業を1年生前期履修へと移行して学生主体型授業としてリニューアルすることにした。そして医学部の1年前期の専門科目はこの授業のみとした。このようにして，医学部に入学したのに医学とは関係のない授業ばかり，という学生の意識を学部として受け止める重要な科目が誕生した。

● 2-2 授業の設計

受講生は入学したばかりの1クラス100名である。まず，わかりやすく学生番号順（五十音順）に10グループに分けた。教員は市内その他の病院の事情に明るい臨床教員から3名ほどが加わり，基礎医学と臨床医学から5名を登録してもらった。また，リレー講義式に順に授業をオムニバスで担当するというものではなく，可能であれば全員，少なくとも2名以上は同時に出席するというチーム担当授業とした。また授業シナリオの分刻みの進行スケジュールを事前につくり，教員で共有した。私は大学の学問を一般市民向けに紹介する大学放

送講座つくりを10年ほど担当したが，分刻みのシナリオはこの放送番組づくりで学んだ手法である。

医学部の学生のほとんどは，医師になりたいと考えて入学する。しかし，医師・医療については具体的な内容をほとんど知らない。だからといって，入学したばかりの学生に知識を詰め込んでも効果的ではない。それよりは医学・医療を総体としてとらえ，医学部で学ぶ目標をはっきりさせることが肝要である。

そのため具体的にはクラスという共同体のなかで意見交換をしたり発表をしたり行動をしたりしながら，成果を形として残していくという体験を通して，大学における学びの方法を実践の中で習熟していく。このように各学生がリーダーシップ，協調性など，さまざまな基本力を身につけながら医学部で学ぶ動機・目標をはっきりさせていくことを重視した。

15回ほどの授業全体の設計は，導入，調査・準備，発表と大きく3部に分けた。また1グループ20分の発表は，最後3回分の授業で行うことにした。

● 2-3　授業内容

この授業は，学生主体型授業の基本的な進め方で行われたので他の授業にも広く応用がきくはずである。先走っていえば，この授業が学生に与えた最大のインパクトは，学生自身が現場に出て調査をするというリアリティ追求の仕掛けにあるのだが，まずは，順を追って授業内容を紹介していこう。

(1) 導　　入

オリエーテーション　　最初の授業は，オリエンテーションである。医学部の授業としても最初の授業となるため，学生の期待に応えるようにした。まず教員の自己紹介の後，授業予定日も入ったシラバスとグループ分けの表を配布して，この授業で何を学ぶのか，また何をしなければならないのかを把握してもらった。また授業外の学習も必要であることを単位制度の観点から説明した。それから前述のように100人を10人ずつの10グループに分けた[3]。授業を行う教室は大きな階段教室だったため非常に不便であったが，グループごとに座ってもらった。いずれの授業を行う際にも大切なことだが，教員は与えられた環境で適切に対応するしかない。臨機応変な対応が必要である。

そしてグループごとに班員の出身高校とニックネームを調べ，記録して，各グループでおもしろいニックネームの人を1名，他のメンバーがクラス全体に紹介した。このグループ作業に10分，発表に20分かかった。最後に「グループ作業では，誰かが仕切ったはずだが，その仕切りがリーダーシップであり，みなさんはグループとしてコミュニケーションをとりつつ意思決定を行ったはずである」と作業プロセスの種明かしを行った。そして次回からの授業に使うために，ニックネームのリストは回収し，90分の授業を終了した。

大切なことは，何事も急がないことであり，自由な発言ができる雰囲気を保つことである。そのためには，何よりも笑いが大切である。

2，3回のビデオ授業　学生主体型授業を導入する際に注意しなければならない点は何だろうか？　まず学生が慣れている受け身の授業で始めることである。繰り返すが，くれぐれも急がないことが肝要である。学生が熟すのを待つことが大切なのだ。

さて，2〜4回目の授業では，40分程度ビデオを流した後で討論を行った。ビデオは「赤ちゃんの発達心理学」「体内探検—ミクロの宇宙」「妻へ飛鳥へまだ見ぬ子へ[4]」（NHK，1981：ガン患者の記録にもとづくドキュメンタリー）」など，一般向け医学ビデオを使った。身近な親しみやすいものから始めて，次第に深刻なものを上映していくようセッティングした。ビデオを始める前に「後で意見をもらうから」と3人ほどの学生をニックネームで指名しておいた。指名発言は3名でトータル10分ほどだが，これを呼び水に40分の意見交換の間に何人もの手があがった。そして最後は，教員のコメントで授業を締めくくった。

授業の終了時には，5分ほどで感想のミニレポートを書いてもらったが学生たちは静まり返ってレポートを書いていく。そのとき彼らが何を感じたか，どんな様子を見せているかをモニターしながら出席のチェックにも用いた。授業の最後には，毎回，次回の予告を行った。

医療の現場から　次の授業では，臨床講座の教授による講義（40分）を行った。立派な風貌の貫禄と人間味を兼ね備えた教授の実体験や臨床現場のいろいろな課題が話の中で展開されていったのだが，そこにはこの立派な教授でも

解決することのできない課題や悩みがあふれていた。

　この講義は前回までのビデオの中の世界を現実の世界へと接続するものとして位置づけられる。そして彼が講義の最後に「将来，君たちはこの現場で仕事をするのだ」と言って締めくくった後，意見交換・討論（40分）を行った。今回は事前指名がなくても，どんどん手が挙がった。最後にミニレポートを書いてもらった。

　授業の終わり際に次回以降はグループ作業になることを再確認し，次回の授業の予習をかねたレポートを宿題として課した。レポート課題は，これからグループで調べ発表してみたい「医学・医療をめぐる問題点」である。

医学・医療をめぐる問題点と社会的ニーズ　この回の授業では各々10人ずつのグループ（各自テーマを考えてきている）に，15分ほど時間を与えて前回課題に出しておいた「医学・医療をめぐる問題点」を出しあって，これを5テーマまでしぼってもらい，でき上がった順に競争で黒板に記載してもらった。10グループから合計50のテーマが出てくる。黒板に書かれたすべてのテーマは学生に記録してもらった。それを教員が次の授業までにプリントアウトして，全員に配布するためである。また，前回までの授業の討論参加の状況をみて司会役に指名しておいた2名（男女）の学生の進行によって，テーマを10まで絞り込む。

　50もあると当然，全体がみえなくなる。そのため，まずどんなテーマかを各グループ3分以内で説明を行っていった。それから，クラスでの意見交換によって，重複しているものを外し，分類して10テーマに絞り，1テーマずつをグループに配当した。この回の授業はどんどん発言が出て，きわめて活発な意見交換が行われて盛り上がった。また私も感心したほど司会の学生も見事な仕切りをみせ，この『医学概論』の1つの山となった時間だった。

　最後に，次回のための宿題を出した。各自はそのテーマを掘り下げ，独力で調べ（必然的に図書館を利用することになる），内容を整理して，グループ発表へとそなえる。グ

図12-1　調査発表のテーマを決める
階段教室でもグループワークが弾む

ループで調べるのはまだ先である。学生個々に勉強させる仕掛けである。

(2) 調査・準備

各グループの調査内容　前回の授業で出てきたテーマと決まったテーマの一覧表を，教員がプリントアウトして学生に渡すと，各グループはテーマの内容に関して紹介するために，OHPシート1枚にキーワードを書き，発表者をきめた。この時間を15分とった。それから順に，1グループ3分発表・3分質疑応答を10グループで合計60分行った。質疑応答によってさまざまな視点を追加し，すべてのテーマをクラスで共有した。そして次回の授業の説明をし，その授業内容に関して，何を，どこで，どのように調べるかというレポートが宿題となった。

各グループの調査場所・方法（現場に調査にいくこと）　この回の授業には，担当教員ができるだけ多く参加したが，中でも臨床の内科・外科の教授または助教授など，学外の施設・病院の事情に明るい教員には，必ず参加してもらった。各グループには，テーマに関して現場に出て調査をするという条件を課した。その調査場所・方法に関してグループの意見を15分でまとめてもらい，OHPシート1枚にキーワードをならべて各グループ3分で発表してもらった。教員は，学生がすでに調査の場所を決めていた場合は，その場所が適正かどうかを判定した。学生が決められず，こういう場所を教えてほしいという場合は，臨床教員は適当な施設・病院などを紹介した。だが学生の求めてくる以上の対応はしなかった[5]。教員は教えこみをしない。

今回の宿題は調査計画の詳細を詰めること——次回の発表には事前にグループ作業が必要となる。OHPシートも必要に応じてとりにくるように指示をした。これは，必要に応じて教員の研究室に来ることができるようになるための訓練でもある。また，そのときに調査法の具体的な質問も受け付けた。ここで，グループ学習法についてのミニレクチャーを行った。このようなミニレクチャーは必要性がみえてから実施するのがよい。

調査計画　どういう視点で何を調査し役割分担はどうなっているのかを確認することが，この回の重要な項目であった。各グループが4分間発表し，2

表 12-1　マナーに関するミニレクチャーの一部

- 電話のかけ方を身につける。
- 質問項目を事前に整理して，行かなくても発表できるほどに事前学習をする。
- 行ったら臨機応変に振舞う。
- わかったふりをしない。
- 行くときは，1に礼儀（事前学習），2に礼儀（相手との対応，インタビュー），3に礼儀（事後のお礼）が重要である。
- 訪問の目的やいろいろなご了承事項を相手方に確認することである。例えば，写真をとってもよいか，録音してもいいかと聞く。何に使うか目的を述べ，これをそのまま使わないなどの確認をする。そして授業が終わったら報告とお礼をする。

分間討論を行った。質疑応答の中で鋭い指摘が飛び交った。「○○病院へ調査といっても，病院の何科？　誰に？　電話？　どうやって？」「末期患者と家族にアンケート？　そんなことできるの？　死にそうな患者の家族が，答えられる？」「学生になんかかまっていられない。では，誰にきくの？」「アンケートってどこで，どのぐらい集めて，何を言うの？　そもそも何を知りたいの？」。学生は，現実の厳しさを知って，ショックを受けるのだが，社会での厳しさを知るためにもグループ独力で対応させることにした。そのためには，マナーも含めた慎重な指導が必要である。そこで，現場へ独力ででかけてインタビューするための礼儀や要領のミニレクチャーをここで行った（表12-1）。本来，紹介してくれる教員を学生グループが見当をつけ依頼した方がよいのだが，できるだけ教員の方からは前にでないようにした。

　2週間で調査し，発表へもっていくための行動を開始した。グループリーダーは事前にタイムスケジュールを立てリードしていった。その後，進捗状況について各グループ2分で中間報告を行った。そして残りの時間はグループ作業を行った。

(3) 発　　表

　発表準備　　この授業から発表の準備を開始した。発表の視聴覚メディアはOHP[6]のみである。聴衆にその場で理解してもらうための発表の仕方のミニレクチャーを行った。ミニレクチャーの内容は，発表内容のデザイン法，発表資料の作成法，プレゼンテーションのことばづかい，パフォーマンス，全原稿を

つくって，それから自分の言葉にして発表することなどである。また，司会進行の方法を学び，学生と教員が評価，評価基準，優秀なグループには豪華賞品を出すことなどを予告した。

続けて学会形式のプログラムを作成するために，発表題目と1行紹介を提出してもらった。各学生への宿題のレポートは，グループテーマに関連して「医学を学ぶ目標について」という課題を課した。

最後の3回は総合発表討論　授業の最後の3回は総合発表討論である。まずタイムスケジュールを決めなければならない。そこで各グループ13分発表5分討論，合計18分とし，90分授業で4グループが発表できように設計した。また関係した教員へも案内を出し，公開授業とした。

この発表は学会と同様の形式で行うこととし，発表の終わったグループから司会と進行係を出してもらった。司会には，質問がない時は自ら質問するように指示した。また進行役にはタイムキーパーを務めてもらった。発表開始前にはプログラムと発表内容にそったレジュメを学生に配布した。

全10グループで1回目，2回目と4グループずつ発表したので，3回目は2グループとなる。彼らが発表を終えた後，残りの時間に，学生の総評，教員のまとめ，高得点グループの表彰を行った。賞品は，ホッチキス，マーカー，消しゴムなどの文房具であった。グループ賞は3位までとし，活発な発言者には特別賞を与えた。これも事前に伝えて，モチベーションをあげるようにした。

発表のテーマは，看護と介護，終末医療，告知，尊厳死，遺伝子治療，リスク・マネジメントなどがあがった。調査は，病院，保健所，発達療育施設，健康事業に力をいれている町役場などで行っており，地域住民へのアンケートや看護師へのアンケートなどが含まれた。看護師長にインタビューをしたあるグループは顔写真をOHPに載せ，録音しておいた医学生へのメッセージを流した。また調査内容をまとめたデータを用いた発表や，薬についての医師と患者との対話を寸劇で表したりした。発表が終わった後，学生たちは満足感と充実感のあふれる表情を浮かべていた。

このように，発表にもさまざまな工夫がなされ，なかなか見ごたえがあった。私たちが学生の頃よりはるかに発表はうまかったし，質疑応答も活発であった。

私たちは学生を信用しよう——教員が想像した以上にすばらしい。

最後の宿題は「将来どんな職業人を目指すか，そして医学部でどのように学ぶか」を課題とした。

入学したばかりの学生に知識を注入してもあまり有効でない。学ぶモチベーションを具体化し，そして学ぶ方法を知り，社会を知り，共同・協調・共生，そして責任・リーダーシップを身につけていくことこそが大切である。

◉ 2-4 まとめ

この授業は，3年ほどで学内の学生に知られ，他の学部の学生3，4名が参加したいと受講を申請したため，彼らを医学生のグループに混ぜた。また，新聞や放送局の取材もあったが，授業の活発さに驚かれた。この授業が終わった後も，その内容は夏休みに行われる「早期臨床体験」として学生がどこかの病院へ3泊ほどする現場体験へ引き継がれる。「医学概論」はその事前学習にもなっている。

3 『医学史』医学部1年生後期，100人クラス，1995-2001年

◉ 3-1 なぜ『医学史』を学生主体型授業としたのか？

これは私自身大変楽しませてもらった授業である。「医学史」は，それまで教科書も出版していた細菌学の教授が担当だったが，彼が定年退職した後の授業は生理学の教授と私の2人で担当することになった。私は，ギリシャから近代初期まで，その後は先輩の生理学の教授の分担となったのだが，その先輩が学長となった結果，私一人で全体を担当することになった。私ももともと多少の興味があったこともあり事前の学びをしていたので，にわか仕込みでもそれなりの講義はできていたが，それでも専門家ではない。そこで，カリキュラム改革を契機に，学生主体型授業にきりかえることにした。

医学の歴史の学びの大きな意義は，歴史上の事実を覚えることではない。学生がいま学び，生涯学び続けることの意味，歴史観を身につけることだ——これがそれまで数年間，医学史を教えてきた私が至った結論だった。そのため，授業の方法を変えようと決断した。

3-2 授業の流れ

(1) 授業の流れの概要

この授業はまずオリエンテーションに始まり,続けて医学史上の人物10人を扱う。そして最後にシンポジウムを2回開催する。授業担当者として3名の教員を登録した。学生は,前期に「医学概論」を履修した学生でもあり,この授業では1グループで1授業を担当してもらうことにした。ある年の授業の順番を表12-2に例示した。

表12-2 ある年の『医学史』の授業の流れ

❶オリエンテーション
❷東洋医学（教員の模擬授業）
❸ウイリアム・オスラー（教員の模擬授業）（以下学生が授業）
❹ヒポクラテス,アリストテレスと現代・自分（思想・倫理・ギリシア）
❺ガレノス,ヴェサリウスと現代・自分（人体構造・ギリシア―中世からルネッサンス）
❻ウイリアム・ハーベーと現代・自分（人体機能）
❼ルネ・ラエネックと現代・自分（様々な診断技術）
❽コッホ,パスツールと現代・自分（感染症）
❾モートンと現代・自分（麻酔）
❿リスターと現代・自分（消毒）
⓫フロイトと現代・自分（精神分析）
⓬レントゲンと現代・自分（画像診断）
⓭スタンレー・プルシュナーと未来・自分（1997年ノーベル賞）
⓮シンポジウム：医学の未来：科学的医学と創造
⓯シンポジウム：医学の未来：実践の医学として臨床医学

(2) 授業の具体的な流れ

オリエンテーション　初回のオリエンテーションでは「今年入学した皆さんは,6年間医学部で学びます。それから国家試験がありますが,医師の資格をもってもまだ駆け出しです。何とか一人前となるには今から少なくとも10年,それでもベテランといわれるまでには通算20年かかります。40才でしょうね。20年後は時代が変わっているはずです。今習ったことが通用するかどうかはまったく保障ができない。この授業は,今現在学ぶことのできる歴史観を身につけることです」と説明した。そしてグループ分けは,『医学概論』とは

別のものとし，気の合うもの同士ともしなかった。医師は患者を選べないのだから。

そして，時代順に取りあげた歴史上の人物をグループに割り振ることになった。学生は，歴史上の人物は知らないから，くじ引きやあみだで担当を決める。そして，発表までの手順を説明して，準備に3週間をあてた。

学生の担当する授業の準備を提示　　4週目から学生が授業を担当することになる。各グループは，まず担当の歴史上の人物とその仕事を調べる。次に，学生自身がその時代の人物になったつもりで，その担当する人物の業績の意味と意義を考える。そして，その意味と意義が現代までにどのように変化し，現代はどうなっているか，現代にどう影響を与えているかについて実地調査して発表する。

歴史上のことは，文献で調べられるのだが，あとは文献がない。そのため自分たちで考え，現場へ出かけ，発表準備をすることになる。3週間前には行動を開始し，役割分担を全員で行い，各自が責任をもった作業をすることを条件とする。発表と討論の時間はそれぞれ40〜45分とした。そして，5分間でミニレポート——内容に関した質問への答えと授業をききながらの感想，そして質問・疑問のメモ——を書き，提出してもらった。

3週間の発表準備学習スケジュールもあらかじめ提示しておいた。すでに『医学概論』で予備学習をすすめている学生たちはすぐに何をなすべきかを理解してくれた。授業の担当にあたっては，発表の順番にそった内容の配布用レジュメも用意してもらった。

2回目・3回目の授業　　2回目の授業では，長い発表の構成法についてミニレクチャーを行った。私の放送番組づくりの経験から，企画，題名のつけかた，粗筋，全体の流れ，シナリオ作成の方法を講義した。

発表手段，メディアは，OHP，スライド，パワーポイント，ビデオ，音楽，演劇など何でもありとした。取材のビデオ撮影には，求められると，カメラを貸し出し，撮影法や編集法も教えた。質問にはいつでも応じると伝えた。

2回目と3回目は，担当教員が興味のある医学史のトピックをとりあげて，

モデル授業をした。

どのような授業が生まれたか　このような授業は学生が授業を担当するようになってからがおもしろい。誰も眠る学生はいない。45分間の授業は学生一人ではもたせることがむずかしいため数人で発表してもよいことにした。また事前に発表の流れにそった資料を提出してもらい，全員に配布した。

ある時は，教室の後ろからバイオリンを弾きながら学生が登場した。生の背景音楽つきの進行である。またある時は，現場取材のビデオ紹介のあとに，見事な演劇があった。私は感動し，嬉しくて感涙した。それからの発表は寸劇ばかり続いたかと思えば，今度はスタンダードなレクチャーに戻る。とにかくどれも素晴らしい。教員が講義を担当するよりはるかにライブ感があり，魅力的な授業となったうえ，活発に質疑応答が展開された。そしてだいたいは的を射た返答がなされた。ときには少し間違った答えもあるが，あまり問題にならない。最後に，教員による総評と少し補足がなされた。

きわめつけの傑作は，リスター（外科の消毒法を確立した人物）を扱ったグループだった。詳しい内容は表12-3のとおりだが，劇中劇の劇中劇という仕掛けは，見事というほかはない。本当に感激した。前の日はほとんど徹夜だったとか──演劇の経験がある学生がディレクターをつとめたとのことだった。

表12-3　リスターを扱ったグループの発表

❶今の大学の外科医の消毒，器具の消毒の取材ビデオをみせながら説明。
❷教室の後ろからジングルベルを歌いながら女の子が駆け下りてきて，教室の前のフロアで転ぶ。怪我をした。通りがかりの老人が「消毒をしなければ」という。「え，消毒って何」「消毒というのはね……」。
❸その老人が語る内容で，劇中演劇が始まる。リスターが大学でまだ若いころのなやみ──手術をすると，成功しても，かなりの人が死ぬ。どうしてだろう──悩んだリスターは，その先生のところへ相談にいく。ではこれを読んでごらんとパスツールについての本を貸してくれる。
❹リスターが読む本の内容の劇中演劇。主人公パスツールがブドウ酒を腐らなくする実験の話。
❺ああそうなのかとリスターは外科手術における消毒の必要性を発見し，実用化。➡ここまでの劇中劇が終わると，老人が「ではお嬢さん消毒したほうがよいですよ」と話し終わる。「ありがとう。それでは消毒にいきます。ところでこんなにくわしいおじいさんは誰ですか」「わたしはリスターです。では気をつけて」と老人は歩き去る。

シンポジウム　最後の2回のシンポジウムは，担当のテーマ（歴史上の人物の内容）と関係して，20年後を予測する。実は，歴史上の人物はサイエンスと医療の面でみることができる人物を選んでいた。

各グループは，模造紙1枚にポイントをまとめ，黒板に全グループのものをはり付ける。各グループが10分発表して，質疑応答，最後に全体討論を行うという順で進んでいった。司会者2名は事前にこちらで指名しておいた学生である。なかなか見事なシンポジウムとなった。

こうして現在学んでいる学生に，2000年前から未来までの歴史の中に身をおき今学ぶ医学という実学のリアリティをもってもらう授業が終わった。最後のレポートのテーマは「医療の未来をつくる医学研究と自分」とした。

この授業も，他学部の学生に知られ，数名が参加した。文学部の歴史専攻を含む2年生や3年生のグループがモデル授業を買って出たこともある。また，あちこちの大学で紹介した際に，さまざまな大学での歴史の授業に応用がきくという評価を受けた。

4 医学研究方法論『医学研究方法を科学する』医学部2年生後期，100人クラス，1996-2001年

● 4-1　授業の概要

この授業は，専門教育が中心となった医学部2年生後期の学生を対象としたものである。100人クラスを12グループに分けたが，グループ構成を，また変えた。担当教員は5名とし，そのうち私は全体の進行ディレクターをつとめ，他の4名の教員はそれぞれ3グループを担当することにした。

科学系の科目は，科学的事実という知識ベースの授業が多いのだが，授業で何の説明もなく出てくるさまざまな科学的事実は，綿密な科学的研究の結果として発見されたものである。ここではその方法を学生主体型で学ぶことを目標とした。

2コマ連続の15回で展開し，ネットに連結した多くのコンピュータをそなえる実習室でグループ学習を行った。科学的方法を順に学び，最後には仮想の論文を書くことがユニークな点である。加えて，学生がつくるホームページを有

表12-4 『医学研究方法を科学する』の流れ

❶オリエンテーション	❾考　　察
❷イントロダクション：研究計画	❿中間発表2：「結果とその解析，解釈」についての発表紹介
❸理　　論	⓫最終発表への準備1
❹材料と方法	⓬最終発表への準備2
❺方法1	⓭最終発表への準備3
❻方法2	⓮最終発表
❼中間発表1：「イントロ，材料・方法」の発表紹介	⓯筆記試験
❽結　　果	

効に活用するeラーニングという点にもこの授業の特色がある。

　この授業は「研究計画」「材料と方法」「結果」「考察」と，研究の順を追って学べるようデザインした。各グループは，ホームページをつくり，グループ作業での協調性とポートフォリオ等で評価した。また，論文形式のレポート（仮想論文）を書くことで，論文の書き方を知る。授業順は，表12-4にまとめたとおりである。

◉ 4-2　準備段階

　まずは❶オリエンテーションである。光学顕微鏡標本作製法，電子顕微鏡標本作製法，遺伝子解析法，遺伝子組み込み法，呼吸生理検査法，疫学的研究法，MRIなど12のグループ用のテーマを1つ選択し，これを各グループで扱う「研究」とした。各グループがホームページを作成し，作成した研究計画のスケジュールと記録をホームページにアップし，各学生は自分の興味のあることについてレポートしファイルしながら個別ポートフォリオを作成する。

　ホームページは，各グループに属する1名の学生のアドレスをグループホームページとした。ここでは公開用授業資料ホームページと毎回の学習の記録を区分けしてのせた。教員がつくる授業ホームページでは，シラバス，毎回の授業の作業内容，宿題などの指示に加えて，各自の意見交換ができるようにした。グループホームページ作成は，ほとんどの学生が最初の時間でほぼできるよう

図12-2 『医学研究方法を科学する』
グループ作業内容をグループのホームページへ

になり，次の回には，授業ホームページに組み入れられた。授業ホームページには，学部のトップページから入れるようにした。次の授業は，それぞれの研究方法の概要として，各グループが学習方針「研究計画の概要」をまとめ，ホームページに組み込み，記載していった。

　各学生は，研究方法の疑問についてレポートを書き，ファイル（ポートフォリオ）していく（❷イントロダクション：研究計画）。それ以降，同様に，記録をとる習慣を獲得することを目的に，毎回，各自で実験ノートとしてのファイル（ポートフォリオ）を作成した。これについては，ワープロコピーを認めないこととして，手書きとした。教員はファイルを点検してアドバイスを行い評価した。

● 4-3　中間発表までの流れ

中間発表までの流れを紹介しよう。

　最初に，テーマの研究方法の具体的手技と理論を学ぶ。教員がある研究方法を具体的に紹介するためにミニレクチャーを行い，その研究における「まとめ方」のモデルを提供した。また発展の歴史の概要と理論を文献とネットワークを検索して調べてもらい，当該の研究方法に必要な機器のすべてをリストアップした。学生には授業の記録をインターネットで提出してもらった（❸理論）。

　次に，材料と研究方法に関連する器具・機器の特徴と構造原理，文献，情報ネットワークのミニレクチャーを行った（❹材料と方法）。そして，具体的手技の手順を示した（❺方法1）。また，その方法を使っている研究室を取材し，写真，ビデオなどをとり，発表メディアの作成（レジュメ，OHP・スライド・ビデオなど）を行った。多くのグループは実際に，研究室で研究方法の体験実習をした（❻方法2）。

● 4-4　2つの中間発表

中間発表は2回行った。まず最初の発表では，OHP・スライド・ビデオなど

で中間発表を行った。発表のレジュメは，当日に配布資料とできるように1,2日前に提出してもらった。各々の学生は各発表の研究技術について知りたいことを手書きで記録していった（次回にファイルチェックを行う）。発表はホームページを用いて行う。この結果ホームページの内容が充実し，クラスの学生のグループの資料ともなるし，ホームページの内容から試験を出すこともできる（❼中間発表1:「イントロ，材料・方法」の発表紹介）。次に結果の記録方法と，データの読み方に習熟してこの方法を用いての結果の出し方，データの取り方を学ぶ。このプロセスで研究室取材も入れる（❽結果）。考察に際しては，データから何がわかるか，結果の解析の具体的方法についてまとめる（❾考察）。そして❿中間発表2において「結果とその解析，解釈」についての発表紹介を行う。

● 4-5 最終発表への準備と最終発表・筆記試験

授業も後半に向かうと最終発表の準備が加速していく。まず「⓫最終発表への準備1」では，これまでの学習成果のまとめと具体化の作業として，テーマの研究方法を利用する研究テーマを創出し，その研究デザイン（仮説とその実証のデザイン）と，何がわかるのか具体的に述べるように求めた。発表方法の計画として発表のストーリー性も考える。そして素人にもわかるように専門的内容をできるだけ容易に表現するというのがポイントである。

次に「⓬最終発表への準備2」では前回と同様に取材を行った。多くのグループは，当該の研究室取材はインタビュー，見学だけでなく，体験実習も行った。そして「⓭最終発表への準備3」では，レジュメ，OHP・スライド・ビデオ・コンピューターなど発表時間内で終わるための設計，発表の様式の推敲をし，実際にリハーサルを行った。

そしていよいよ最終発表「ある医学研究方法と具体的研究例」では，午後いっぱいの学会形式の発表を2回，あるいは年度によっては午前から午後までの丸1日かけて行った。プログラムやポスターも用意して学内に公開した。各グループは発表内容のレジュメを作成した（⓮最終発表）。

最後に「⓯筆記試験」を行う。これは調べた研究方法を共有化することを目的としており，最初から予告しておいた。試験問題の原案は学生が作り，教員が手直しして用いた。

● 4-6　まとめ

　本授業の最終提出物は，すべての学習成果（配布のレジュメ，手書きのノート，印刷物に書き込んだものなど）を順にファイルしたポートフォリオと，この授業で学んだ研究方法を用いて各自が独自の研究を企画し，研究したとして（仮想研究）書かれた論文形式のレポートである。レポートには独創性と具体化できるような内容が求められ，自分の言葉で書くことが必須であり，その独自性と，論文の形式，論理の展開・整理，推敲された文章などが厳密に審査される（論文審査）。本授業は，学生がつくるeラーニングとして成功したうえ，その後も利用できるコンテンツも残された。また，学生たちは研究と論文執筆の基本力をしっかりと身につけてくれたはずである。

● Appendix 『組織学実習』：研究に関する学生主体型授業

　研究に関する学生主体型授業を，15年間ほど組織学実習の最後に行っていたため，これも本章のAppendixとして取り上げよう。

　組織学は人体の微細構造を顕微鏡をつかって追及していく学問で，医学生は午後いっぱいの実習を22回ほど行う。伝統的に人体組織の顕微鏡標本を観察してスケッチすることで観察力が身につく。この組織学実習の最後の3回は研究を組み込んでいる。各グループに，実際に研究に用いられて論文となった標本のセットを与えた。見方の違いがあるのもおもしろいため2グループが同じ研究をする。実験の内容，標本がどんな条件で採取されたものかも示す。こうして論文の「材料と方法」の部分を明らかにしておき，あとは学生が標本を顕微鏡で観察して所見を見つけ，結果をまとめる。もちろん論文はみせない。そして，「組織学研究」として研究発表する。

1日目：各個人で観察し，レポートを提出する。グループ活動に責任をもって意見をいえる準備となる。
2日目：グループで意見交換し，所見をまとめ，発表の準備をする。題名，ひとこと紹介。教員団は，これらをもとにプログラムを作成する。
3日目：発表会，学会形式で発表する。発表メディアはOHPである。顕微鏡写真では，学生が理解していないものまで写るため組織像はスケッチや模式図で示し，理解したもので説明する。

　ポイントをついたなかなかよい発表が生まれる。学生とはいえ，私たち専門家がオッと思う斬新な見方をしてくれることもあった。

【注】

1) GIO：General Instructional Objectives　　一般目標と訳される。
2) SBO：Specific Behavioral Objectives　　行動目標と訳される。
3) グループの構成は6から7人が適正であり，10人は少し多いことはわかっていたのだが，この授業はこれ以上のグループ数では授業の進行が難しかった。
4) ビデオ「妻へ飛鳥へまだ見ぬ子へ」は，肺ガンになった医師のたいへん深刻な話であり，涙なしには観られない。だがこれから医療に関わる学生たちが身をおく現実であるから，自分の身になって考えるように，という意図が含まれている。
5) 実は，病院の名前があがっただけでは調査にいけない。適当な人物の名前があがらないとアプローチできないということは学生たちには伏せていた。
6) OHPを書けない学生はいない。うしろの席からも見えるようとにかく大きな字を書く。文字は小さく書かない。見えない文字は見せる必要はないと指導した。

【引用・参考文献】

阿部和厚　1996　大学における教授法の研究―医学教育を例にして，高等教育ジャーナル，1, 170-189

13 ディベートから北海道の豊かな自然の中へ

学生が主役の授業：学生はすばらしい②

阿部和厚

　12章では北海道大学医学部における実践について紹介したが，北海道大学は教養部廃止の流れとは別に，一般教育の中に「一般教育演習」という少人数教育を進めることが決められた。この「一般教育演習」は，全教員を対象に担当者を募集した後，1993年（平成5年）から実施されることになった。

　私も医学部の研修に参加した教員の一人から「一般教育演習」を担当したいが一緒にどうか，との誘いを受けたため，声をかけてきた若手の教授（法医学），私の講座（顕微鏡をつかう解剖学）の助教授と3人で1つの授業を担当することになった。責任者は私になったが可能な限り3人が同時に出席するという形で最初の学生主体型授業「一般教育演習」が誕生することになった。また，1995年（平成7年）度からは，研修（☞前章，152頁）の成果を活かした授業を3つ立ち上げた。どの授業も，担当教員は複数というチーム担当が特色である。以下，私が担当した「一般教育演習」における学生主体型授業を順に紹介する。

1 『医学とことば』北海道大学，一般教育演習，全学部1年生前期，20-30人クラス，1993-2001年

● 1-1 授業の概要

　前述のように北海道大学の「一般教育演習」は，教養教育の中で少人数教育を進める必要があるという発想ではじまった。当初の目標は，新入生2,500人に，学部混成の15人クラスを想定していたが，160の授業数を用意するのは難しく1996年（平成8年）からは，20人クラスを目標として140クラスほどがで

き，全学生の履修が可能となった。

　この「医学とことば」では，書く・話す能力を中心とするコミュニケーション能力の修得を目標としたが，ことばやコミュニケーションが専門ではない医学部教員が担当しなければならないため，医学を教材とすることにした。後に，分担して担当していた助教授が他大学へ教授として転出したので，そのかわりに，友人の英語教員（教授）が加わった。学生数は，多いときは35人ほどであったが，通常は20人ほどが集まった。

　担当教員と話し合いをしながら，私が授業設計を担当し，学生の学習のスピードにあわせて，授業内容と順序を決めた。

● 1-2　授業の流れ
(1) 準備段階
　オリエンテーション　　最初の授業はオリエンテーションである——まず学生は，お試し参加をして，履修するかどうかを決める。そのため90分授業の中で2回同じ内容の授業をした。

　このとき全体の授業の流れの紹介の後に1つのゲームを行ってもらった。学生を列で2つに分け，例えば，それぞれに少し特別な形のスプーン，またはカップの絵を渡す。そして，学生一人ひとりにその形を原稿用紙1枚以内で文章で表現してもらった。時間になると，一方の列から，4名の学生を黒板の前に立たせて，他方の列の学生1名に自分の文章を読み上げてもらった。4名の学生はこの文を聞いて黒板に想像した絵を書かなければならない。読み手を変えていき，絵を修正していったが，それほどリアルな絵は描けない。

　このゲームは学生たちがコミュニケーションの意味や正確な記載，記載の順序の論理などの重要性に気がつくよいきっかけになったはずである。

　討論と自己紹介の準備　　2回目の授業では，すでに履修者が決定されている。ここで集まった学生たちはこれからの授業の仲間である。授業の内容は，例えば「健康とは」と健康の定義についてできるだけ短く文章表現をして，これを数名がクラスに紹介し，全員で討論する。

　それから名詞サイズほどの紙（IDカード）を配布し，上に自分の氏名，出身

校を書き，中央に大きく似顔絵を描く。その下に，趣味や自己アピールを2，3行書く。このカードは，次の授業までにコピーし，一覧表にして渡す。さらに，原稿用紙1枚程度の自己紹介文を次の授業までの宿題とした。加えて，コンパの開催の予告もした。

自己紹介とコンパ　3回目は，自己紹介を行った。IDカード集を見ながら，一人3分間で自分を紹介していき，それに対する質疑応答を行った。これで90分授業が終わった。一度，出てきた名文に思わず聞き入ったこともあった。その学生の自己紹介は，彼が将来小説家になるのではないか，とさえ私を唸らせたのだが，その学生に所属を確認したところ文学部とのことだった。なるほど，と感心させられた。つづいてコンパを開いた。これは授業の一環であると説明した。ただし，20才未満の学生もいるので，教員はもちろん酒をすすめなかった。当然のことながら一気飲みは厳禁である。リラックスして話し合い，お互いを知るのが目的である。このコンパはその後の授業を円滑にすることにきわめて有効であった。

(2) 課題とレポート

授業では，2回に一度は短いレポートを提出してもらった。これには担当の教員3名がペンを入れた（3名が違う色で）。文章の書き方の基本は，まもなく改善されていった。

授業のはじめに当日の進め方を説明した。必要に応じてミニレクチャーをした。そして小グループでリーダーその他の役割分担を決めて，学習を進めていった。学習例を1つ挙げよう。

学習例：「骨をさわる」　各グループに，ある部分の人骨を配布した。これは人骨，というと学生はビックリしていた。グループで観察し，からだのどこの骨かを判定させた。OHPシートに簡単なスケッチを描いて，クラスに紹介してもらった。感想文を宿題とした。

(3) ディベートとシンポジウム

お試し版ディベート　授業にはディベートを導入したが、これは 3, 4 回分の授業に相当した。はじめにディベートの進め方、ルールを知るためのお試し版を行った。お試し版のテーマは「大学の授業では出席をとるべきである。是か否か」で行い、その後の進め方を理解した。それから次回のテーマを定め、3 グループの役割（肯定グループ、否定グループ、審判グループ、司会 2 名）を決め、宿題は次の授業までの準備（調査、ディベート作戦……）とした。

ディベート　こうしてディベートの当日を迎えることとなる。「死刑は是か否か」「愛は言葉で伝えられるか、否か」「癌の告知は是か、否か」「尊厳死は是か、否か」……最短のディベートであれば、90 分授業で 2 回が可能であった。

学生たちはディベートの準備のために、テーマの内容に関して、問題点を整理し、手分けして文献、データ等を収集し、「是」および「否」の論理を組み立て、討論の予想、2 段、3 段の深さまでの論理構成を事前に行うことになる。そのためには 1 週間後の本番までに、2, 3 回は集まって、勉強会や作戦会議が必要となる。またディベートの担当が是でも否でもどちらの立場でも論理の展開ができるように、メンバーの役割も決めておかなければならない。一方、審判団も審判基準を明確にし、数値化して、勝敗を説明できるようにしておく。

ディベートは、表 13-1 の順に進めることになる。うまく進行するコツは、まずはじめに、時間進行を厳密に決めておくことである。また判定基準もはじめに学生に公表しておくのがよい。

短い時間で進展する真剣な討論、司会の見事な仕切りに熱の入った弁論――観客の私は胸が熱くなり、ジーンとくる。授業で、ディベートの醍醐味を知った学生ももう一度やりたいという。

表 13-1　ディベートの流れ

❶司会者選定
❷肯定チーム立論
❸否定チーム立論
❹作戦タイム
❺否定チーム反対尋問
❻作戦タイム
❼肯定チーム反対尋問
❽作戦タイム
❾否定チーム最終弁論
❿作戦タイム
⓫肯定チーム最終弁論
⓬審判チーム判定会議
⓭判定と総評

シンポジウム　終盤の授業ではシンポジウムを行った。これも課題決定、学習中間打ち合わせ、本番という構成にすると、少なくとも 3 回の授業が必要となる。

● 1-3 『医学とことば』の反響

以上のような授業は，当時の北海道大学ではほとんど行われていなかったようだ。うわさを聞いて，何人かの教員がのぞきにきた。その後，「一般教育演習」では，FD（Faculty Development）や私が担当した授業への参加体験から，数多くの学生主体型授業が行われるようになっていった。

2 自然のフィールドに出る学生主体型授業

● 2-1 高等教育開発研究部への参加

私は，1991年（平成3年）の大学設置基準の大綱化に始まる北海道大学の教養部廃止，教養教育改革に医学部代表で参加した。この流れで，教養教育を担当する高等教育機能開発総合センターの1995年（平成7年）の創設にも関わった。ここには，全学教育の実施を担当する全学教育部に併せて，高等教育開発研究部と生涯学習計画研究部ができたが，このうち生涯学習計画研究部は，教育学部の地域生涯教育研究から生まれたものである。私は，大学の学問を地域に紹介する放送教育講座（ラジオ講座・テレビ講座）づくりに長年かかわっており，この生涯学習計画研究部の創設にも直接関与した。一方でセンターには大学教育の発展を担う研究部が必要なことも主張していた。設置された高等教育開発研究部には理系の専任教員が配置された。

このとき私は高等教育開発研究部の研究員に組み入れられ，翌1996年（平成8年）に研究部長に指名された。私は，教育学的研究よりは現在求められている実学的研究を中心に据える方針をたてた。その時の仲間は，小笠原正明教授，西森敏之教授，細川敏幸助教授だった。そこで医学部ですでに始めていた「学生主体型授業」を紹介し，その研究も始めた。

高等教育開発研究部には，毎年，外国から3ヶ月以上客員教員を招聘していたが，その中には大学教育の変遷がマスからユニバーサルへ移行すると予言したマーチン・トローもいた。また，私が部長になったとき，アメリカのポートランド州立大学からステファン・リーダー助教授が客員となり，その上司のエミー・ドリスコル教授も短期滞在した。彼女らは，地域と大学の連携授業，そしてティーチングからラーニングへの転換が教育改革の中心テーマとなってい

ると語った。私も当時同じことを主張しており，すでにいくつかの学生主体型授業を実践していたので，彼女らと意気投合することとなった。

● 2-2　フレッシュマンセミナー
(1) 開始の経緯
　こんなときに，農学部の演習林の教員スタッフからある相談が持ち込まれた。それは，農学部の付属研究施設である演習林や牧場が，少ない研究者や大学院教育のためだけにあるのでは，経済的に存続が危ぶまれるので，一般教育に利用できないだろうかというものであった。小笠原正明教授をはじめとする高等教育開発研究部の専任教員と農学部の教員に私も加わって何度も集まり検討した結果，一年次セミナー（フレッシュマンセミナー）として4泊5日の合宿研修をすることが決まった。また，その費用として1997年（平成9年）から研究的授業として教育推進費からの支援を受けることができた。

(2) 研修の流れ
　この研修のおよその流れは表13-2の通りである。

表13-2　フレッシュマンセミナーの流れ

1 日 目	午前大学出発 ➡ バスの中で，他己紹介やことばによるあそび ➡ 午後現地の研修施設到着 ➡ 現場のオリエンテーション ➡ グループ編成確認 ➡ 夕食 ➡ ミーティング
2・3日目	フィールドへ出発 ➡ フィールドで昼食 ➡ 午後もフィールド ➡ 夕方研修所到着 ➡ ミニレクチャーとグループ作業 ➡ 夕食 ➡ レクチャーとミーティング ➡ グループ発表準備（2日目：テーマ開発，3日目：発表内容作成）
4 日 目	フィールドへ出発 ➡ フィールドで昼食 ➡ 午後もフィールド ➡ 夕方研修所到着 ➡ ミニレクチャーとグループ作業 ➡ 夕食 ➡ グループ発表会
5 日 目	総合討論 ➡ 清掃 ➡ 昼食 ➡ バス出発 ➡ 大学着

　学生の募集　　研修日程の2ヶ月前から募集を開始した。対象は全学部の1年生だが2年生も参加できるものとし，事前の参加者説明のときには，自己紹介用のIDカードなどを作成し，本番で配布することにした。

参加人数・参加者　演習林または牧場の現場関係の教員，サポーターの大学院生は20人ほどで，学生は30～40名の参加となった。研修中は，現場の教員が数回の現場についてのレクチャーを行った。

企画の段階で，担当の教員たちは自分たちのプロの技をみせることができるとはりきっていたが「申し訳ありませんが，レクチャーは30分以内で，相手は高校生や中学生のつもりでお話を」とお願いした。続けて「あとは学生が30分でも1時間でもディスカッションできるのでお任せください」と伝えた（余談ではあるが，彼らにはこの指示が信じられなかったようだ）。

現地にて　現地に着いて，レクチャーの前に，学生に後で質疑応答があるので疑問点をメモしながら話を聞くように，と説明した。レクチャーの後，グループで5分間質問を整理し，グループの質問項目をいくつか決めるようにと指示を出した。さあ，質問タイムである。

Aグループから始まり，グループ数だけの質問が出てきた。時間があればさらに2巡目。質問タイムは1時間でも2時間でも続けられるほどの質問が出てきた（通常の質問タイムは30分から1時間がよいだろう）。担当した教員は，大学院生にレクチャーした場合でもこんなに質問は出てこない，と驚いていた。

フィールドから帰ってから，担当教員は30分間でその日のフィールド体験と関連する話をする。30分間という短さでも，結局はその後に展開される学生との質疑応答で相当な広がりと深さをもった内容になっていく。夜のレクチャーもさらに大きな視点のものがはいる。また，当然ながら夜のレクチャーが終わっても，グループ作業や懇談がおそくまで続く。

グループ課題の発表　このセミナーの締めは，4日目のグループ課題の発表会である。OHPや模造紙を用いて，グループのメンバーで手分けして発表が進められた。寸劇を入れた発表もあった。ディベートを使うグループもあった。準備にあたって，学生は文献にあたりたいが，研修施設には文献や関連書籍はほとんどない。10名ほどの担当教員に教えてもらえるが，教員には質問された内容の情報提供にとどめ，講義はしないように釘をさしておいた。

その道のプロは，質問されると，とうとうと語る。そうなると，発表内容は

教員の意見中心となる。それでは学生主体のおもしろさが半減してしまう。学生には自分たちで問題解決するように仕向ける必要があるのである。

発表はいずれもすばらしい。教えなくてもきちんと本質をついている。ポイントをおさえており，発表会に出ていた教員は全員感激することになった。

(3) フィールドについて

演 習 林　フィールドとなった演習林は北海道の中心にある名寄近くの雨竜郡幌加内町字母子里の雨龍研究林である。約2.4万 ha の広大な山と森林がフィールドで，定員50人の宿泊できる研究施設がある。北海道でももっとも寒い地方である。そこに3月に出かけた。ここでの演習内容を表13-3に示した。

表13-3　演習林での演習内容

●裏にシールがついた山スキーをつけての山のトレッキング。
●様々な樹木。ササ。芽吹の徴候。樹木研究のやぐら。
●木材とする樹。太いトドマツの伐採体験。電気ノコ。年輪。
●雪に記された様々な動物の足跡。どんな動物がいるか。シカ，キツネ，ネズミ，エゾリス。
●山での雪上たき火。弁当。ころびながらのスキー（山歩き用の特製）滑降。研究施設そばでの雪原に 2m × 4m ほどの垂直の雪穴ほり。地面まで 3m 近い。深さによる雪温の差。緑々とした地面の草。雪の断層面の積雪の縞模様。
●早朝の雪の結晶観察。雪の結晶レプリカ作成。
●地域に出かけてのそば打ち体験。
●ササの繊維をつかったササ紙つくり・はがき作成体験。
●牛の牧場見学。

表13-4　牧場での演習内容

●牛の牛舎や馬の厩舎の早朝の掃除・寝わら換え，給餌。
●馬の調教見学，乗馬体験。仔馬出産。
●牛の清拭，体長・体高計測，全員が牛の内診体験―肛門から二の腕までいれて，子宮を触診。
●森林へでかけて，樹木や草の観察，植生調査体験。
●鹿の足跡―糞，鹿の群れ。
●野ネズミの捕獲。箱形のネズミ捕り。
●牧場での 1.5m × 1.5m 四方の穴掘り。土壌観察。

図13-1　牧場での雌牛の直腸診
直腸へ二の腕までいれて子宮をさぐる

　　牧　　場　　演習に用いた牧場は，日高の静内町にある。森林330ha，草地130haを含む470haの土地であり，牧場庁舎には40人ほどが宿泊できる。8月にでかけた。牛150頭，ウマ（競馬用とドサンコ）150頭がいる。ここでの演習内容を表13-4に示した。

● 2-3　その後の展開

(1) 練 習 船

　水産学部に声をかける　　私は，演習林，牧場のセミナーを大学の教育シンポジウムで報告した。そして，練習船をもつ水産学部に加わってほしいとももちかけた。函館にある水産学部の教授が検討することを請け合ってくれた。実は，前々から練習船に乗せてもらえないかと思っていたのだ。想像するだけで，学生のためになる気がしていた。そして実現したのは9月だった。

　おしょろ丸　　札幌の北海道大学から苫小牧へバスで向かう。練習船「おしょろ丸（1396 t，全長73m）」で苫小牧から出航，2泊して函館へ。函館水産学部

表13-5　練習船等での演習内容

●レーダーによる航路確認。
●双眼鏡による海鳥観察・鯨探索。
●ソナーによる魚群探知。
●海中ロボットによる海中探索，海底やマリンスノー。種々の深度の水温と海水成分調査。
●プランクトンネットによるプランクトン採取，そして顕微鏡観察，光るプランクトン—夜光虫。
●夜はイカ釣り体験，生きイカ刺，刺身つくり板前となった私，「うわー，動いている」と食べる女子学生。
●水産学部での海の生き物の標本いっぱいの博物館。
●船の流体実験。
●臼尻でのイカ養殖槽。磯の生き物・海藻採集。漁船に乗り込んでの定置網漁業体験，船いっぱいの鮭とイカ。鮭を凍らせてルイベ。雑魚を頂いての魚分類実習。それに別の漁船にあがったマンボウ，それにウミガメを拝見。ウミガメに酒をのませて海にかえす。
●七飯では，種々の鮭・鱒科の魚の養殖槽，イトウ，チョウザメの養殖。虹鱒の人工授精体験。イトウの刺身の試食。

13 ディベートから北海道の豊かな自然の中へ　*179*

図 13-2　水産学部練習船「おしょろ丸」2泊3日の船上学習へ乗り込む

図 13-3　水産学部「おしょろ丸，水産実験所」での4泊5日フレッシュマンセミナーの仲間
前列右端が筆者。あの素晴らしい研修の時がよみがえる

で勉強して，臼尻水産実験所で2泊。七飯淡水実験所を経て札幌へ戻るというコースである。

(2) その他のコース

その他に，支笏湖を経由して，洞爺湖で有珠火山観察，臨湖実験所での調査と宿泊，室蘭海藻研究所での海藻調査・海藻標本作成と宿泊という2泊3日のセミナーを行った。また，紋別の流氷研究所も訪れた。

● 2-4　振り返って

私の役は，授業設計（タイムスケジュールを詳細に書き込んだシナリオ作成），進行ディレクターである。ミニレクチャーでは，北海道を知るということでアイヌ民族のムックリの音の音響解析と演奏実習も私が担当した。それぞれのコー

スに2，3回で，計11回参加した（そして，馬に乗ったり，船に乗った）。

　これは，上に紹介したメニューからもご想像いただけただろうか——すばらしい授業だった。そして，その道で一級の指導者が担当したとにかくエキサイティングな授業だった。フィールド好きで好奇心旺盛な私は，学生に混じって，毎日，心躍らされた。学生もそうだっただろう。自然を知ることは，広く地球環境へと思いを馳せることでもあった。雄大な自然環境は遠く宇宙へも思いを馳せさせてくれるものである。

　同じ屋根の下に寝泊りして，同じ釜の飯を食うから，みんな仲良くなった。この仲間としてのつきあいは，卒業までつづいた。大学院になってもコンパに呼ばれた。また，参加した学生の中からいくつかの自主ゼミも生まれた。学生が企画して，適当な教員をみつけてフィールド体験学習をする。また，私の医学部の授業「医学史」を手伝うグループまで現れた。

　かなりの数の教員が参加したこの学生主体型授業の体験は教員にも大きな影響を与え，多くの人々が，自分の担当の授業や一般教育演習などに同様の授業法をとりいれてくれた。また，これらのフィールドでは，中学や高校生対象にも同様の公開セミナーを開催するようになった。そして，さらにフィールドも増え，今は正規の授業として北海道大学の人気授業となっている。

　ふり返ってみれば，私の教員生活でもっとも幸せな授業であったのではないだろうか。医学部での専門の授業からはずれた授業に参加することがかえっておもしろかったし，長年，フィールドで研究してきた教員の精悍さ，そして自然との調和にもひかれた。本当に思い出深い授業であった。

● Appendix：芸術系科目

　高等教育機能開発総合センターの開発した授業には，その他に芸術系の科目がある。平成9年に高等教育改革に関する3日間の国際シンポジウムを行った。ここではハーバード大学のヘンリー・ロソフスキー教授も参加した。ここからは北海道大学の教養教育コアカリキュラム化が生まれた。

　教養教育には芸術がほしい。シンポジウムの3日目には「総合大学に芸術を」というテーマにして，市民に公開した。そこで，マサチューセッツ大学の芸術センターの副センター長，ジェンキンス教授の話があった。まさに，私が求める内容だった。2年後には，かれを客員教授として招き，その中で，3回の音楽の模擬講義をしてもらうことになった。

参加の学生を巻き込み，デモ演奏は大学のオーケストラ関連の教授のフルートと，バロックバイオリンとチェロ奏者で短い室内楽をいれた。
　そういえば，私はそこでクラシックギターでルネサンスの曲を弾いた。別の授業には，バイオリン・バンジョー・ギターからなる学生のアメリカン・ウエスタンミュージックのグループを呼んだ。ジェンキンス教授は，リーダーシップには物事を相対的にとらえる芸術のセンスが必須であると説いていた。
　この流れで，北海道大学の教養教育コアカリキュラムに芸術を取りいれた。現在も北海道立近代美術館，若手音楽家を育てる夏の国際音楽祭を巻き込んだ授業などが行われている。

【引用・参考文献】
寺沢浩一・阿部和厚・牛木辰男　1997　作文添削の試み——一般教育演習「ことばと医学」から，高等教育ジャーナル，**2**，243-256
阿部和厚・寺沢浩一　1997　大学教育における知識伝達中心授業から学習中心授業への転換—多人数クラスにおける学生中心小グループ学習モデル，高等教育ジャーナル，特別号，128-137
阿部和厚・小笠原正明・西森敏之・細川敏幸・高橋伸行・高橋宣勝・大崎雄二・小林由子・山鋪直子・大滝純司・和田大輔・佐藤公治・佐々木市夫・寺沢浩一　1998　大学における学生参加型授業の開発，高等教育ジャーナル，**4**，45-65
阿部和厚・西森敏之・小笠原正明・細川敏幸・高橋伸幸・高橋宣勝・小林由子・山鋪直子・大滝純司・和田大輔・佐藤公治・佐々木市夫　1999　大学における学生参加型授業の開発（2），高等教育ジャーナル，**6**，156-168
阿部和厚　2000　教えない授業—教室は教育革命の最前線，Littera Populi，**4**，3-4
阿部和厚　2000　北大から始まった21世紀を拓く大学教育—型破り授業が意図するもの，しゃりばり，**226**，19-26
猪上徳雄・小城春雄・安井　肇・細川敏幸・阿部和厚　2001　付属練習船と実験所・実習施設を利用したフレッシュマンフィールド体験学習，高等教育ジャーナル，**9**，50-59
清水　弘・秦　寛・笹賀典郎・阿部和厚・松田　彊　1999　附属施設を活用した「自然・農業と人間」に関する教養教育の試み，高等教育ジャーナル，**6**，126-138
上田　宏・木村泰三・市村輝宣・四ツ倉典滋・岡田　弘・露崎史朗・船越三郎・神沼公三郎・阿部和厚　2001　フレッシュマン教育の新しい試み「洞爺湖・有珠山・室蘭コース：湖と火山と海の自然」，高等教育ジャーナル，**9**，60-68

14 医療大学の学生主体型授業から メディカルカフェへ

学生が主役の授業：学生はすばらしい③

阿部和厚

1 北海道医療大学での学生主体型授業の設計

　私は，北海道大学を定年退職後，2002年（平成14年）から北海道医療大学心理科学部言語聴覚療法学科に勤めることになった。就任した4月1日がその学部の設立初日であったが，肝心のカリキュラムは，旧態然とした教員による一方的な知識伝授型授業しか発想されていないようだった。

　そこで私は，まず自分が担当する授業を工夫することにした。専門科目である1年生の解剖学に生の臓器の解剖実習を入れ，また，2年生前期にある『医学総論』を学生主体型とした。就任時には，この科目は心理科学部の臨床心理学科と言語聴覚療法学科との合同授業として，知識伝授でよいことになっていたが，両学科は教育目標が異なる。そのため私は，学科別に分けて，60人と50人のクラスで別々に授業を進めることにした。

2 『医学総論』からカリキュラム改訂へ

● 2-1 『医学概論』との共通点と違い

　授業設計は，北海道大学の医学部1年前期に行っていた『医学概論』とほぼ同様である。臨床心理学科では臨床心理士をめぐるさまざまな課題，言語聴覚療法学科では言語聴覚士をめぐるさまざまな課題を学生が見つける。そして，社会の現場に出て，具体例を確認して，最後の発表を行う。ただし，授業の導入は『医学概論』とは異なる。

はじめに，かなり深刻な具体例を示すビデオを使って導入を図る。それから臨床心理士とクライアントとの関係，言語聴覚士と患者関係など，例えば「患者中心とはどういうことか」「医療現場のマナー」などを学生がグループでさまざまな角度から検討し，その後に課題をみつける本番がはじまる。

● 2-2 問題点の検討とカリキュラム改訂

このような授業は本来，1年生のうちに導入するのが効果的である。しかし私が着任したときには，すでにカリキュラムが完成しており，しかも新設学部ということであと4年間は変えられないということであった。だが，問題点は数多くあったため，学科教員泊まり込み研修（FD）で検討して，言語聴覚士養成コアカリキュラム作成，客観的臨床実技試験導入（OSCE），PBL導入など，言語聴覚士養成では，初めての教育を具体化していった。

4年が過ぎた2006年に，カリキュラムを大幅に変更し，いくつかの学生主体型授業を組み込んだ。編入生も含めれば60名ほどの学生が選択し，グループ学習中心に授業が進むため，それぞれの担当教員は複数制とした。導入した学生主体型授業の概略は表14-1の通りである。

表14-1 カリキュラム改訂に伴い導入した学生主体型授業

1年前期 医療コミュニケーション	コミュニケーションの基本をミニレクチャーで説明し，医療現場でのマナー（接遇）について順に体験的に学ぶ。患者等へのマナー，来客対応，電話応対，ことばづかい，一般的な仕事上の書類の書き方など，自分たちでの解析の後，実技を学ぶ。
1年前期 リハビリテーション概論	言語聴覚士が扱うさまざまな障害や課題を明らかにする。現場訪問をして学び，発表する。最後に病院見学を行う。
1年後期 言語聴覚障害学概論	種々の言語聴覚障害の内容を整理する。関連の障害の事例を現場で学び，発表する。
2年前期 言語聴覚障害学総論	種々の言語聴覚障害を診断する多様な診断法，評価法の原理と方法，結果の解析をグループごとに手分けして学ぶ。
2年前期 医学総論	医学・医療に共通のさまざまな課題，インフォームドコンセント，クリニカルパス，院内感染，QOL，チーム医療，介護，リスクマネージメント，消毒法，守秘義務，医療倫理などがグループのテーマとなり，現場調査も入れてまとめ，発表する。
2年後期 言語聴覚診断学総論	言語聴覚士が扱ういくつかの代表的疾患の具体例から，どのような順番で鑑別診断，確定診断していくかを知る。

図 14-1 『医学総論』自分たちが将来関わる課題をグループで出し合う

　カリキュラム改訂の流れの中心にいたこともあり，各授業の基本設計は私が行った。また私の担当は『医療コミュニケーション』と『医学総論』だった。
　これらの「学生主体型授業」は，入学最初の基本的なことから，だんだんと内容が進化する形になっている。そのプロセスの中で学生たちは臨床の基本を身につけながら，具体的問題を主体的に解決していく能力をみがいていく。こうして，これらの授業が3年次における専門の講義，技能実習，臨床実習の準備となることを意図した。その結果，入学から卒業までの言語聴覚士養成カリキュラムに構造化された一本の柱をいれることになった。

3 導入教育

　私の専門教育の担当はもともと解剖学であるが，2009年度には，生理学もいれて，2コマつづきで週に2回行う『解剖生理学』（60コマ）の通年の授業となっていた。また1年次前期の『人間科学入門』（16コマ），と後期の『基礎人間科学』（44コマ）も導入教育として担当した。

● 3-1　なぜ導入教育か？

　ご存知のように，今，学生の低学力化が問題となっている。実際に，高校時代にあまり勉強したことのない学生も大学へ入ってくる。ノートもとったことがない。自習もしたことがない――それでも入学してくる。そのような学生は，

入学当初から知識中心の大学らしい授業にはなかなかついてくることがむずかしい。事実の詳細を調べる力や論理的な説明をする力，自分で考える力などの学びのスキルが未熟である。そこで最初の2ヶ月は，『人間科学入門』として導入教育を行った。また『基礎人間科学』も導入教育的にすすめた。この結果，後期になって，ようやく学生はついてくることができるようになる。

● 3-2『人間科学入門』
(1) 授業の概要

『人間科学入門』は，60人の1クラスを6人でグループをつくる。教員は2名である。この授業については，授業設計の細部を紹介する。基本的には，学生たちが勉強の仕方を知らないことを前提として，目の前で勉強してもらうことから始める。それぞれ，2コマ続きの授業である。急ぎすぎないことが肝要である。はじめは宿題を出さない。北海道大学で用いた方法も用いた。

(2) オリエンテーション

最初にこの授業全体で何を学ぶかを理解してもらう。ここで学生たちに人の人生を左右する職業としての医療職としての責任の自覚と，言語聴覚士の仕事と人体構造・機能との関係，そして人体の体系の理解を促した。

また高校までの「生徒」と大学に入ってからの「学生」との呼び方の違いがなぜあるのかということ，そして大学での学びについて，とくに自己学習・問題解決・生涯学習・コミュニケーション・協同を中心に説明した。また授業1に，予習1，復習1という単位制の説明も行った。そしてグループ編成を行いIDカード（自己紹介似顔絵つきカード）作成をした後，大学生としてのノートの取り方，記録の仕方を学ばせた。

(3) グループ学習で論理的記述と論理的思考を学ぶ

まずある課題について個人が正確な文章を書くことを試みてもらった。これは伝える道具としての言葉 – 絵と文章 – 文章と絵の関係の理解につながる。例えば，あるコーヒーカップの写真をみて，これを文章で表現してもらう。さて，この文章から元の絵がきちんと描けるだろうか？

そして，グループ作業の方法を知ることを目的として，自力，すなわち教科書をみないで意見交換をすることによって次の課題を考えてもらった。テーマは「ことばとは何か」「耳が聞こえないとなぜ話せないか」「脳では，ことばをどのようにとらえるか」。いずれも難問である。

同じ課題を複数グループに提供し，論理的に正確な文章で記録をしてもらい，その文章を発表してもらう。学生たちは人にわかる論理がどのようなものであるか否応なしに思い知らされると同時に，同じテーマでも異なる見方の発表もあるということに驚いたはずである。

(4) 論理的記載・論理的思考

ここでは講義の聞き方とノートの取り方を学んでもらうため，後期に行うような専門科目としての講義を，2名の教員が各40分程度で行った後，2コマ目にその内容で試験をした。試験については講義の前に予告している。

講義の内容は「①呼吸運動・心臓の機能」「②発声と反回神経・しゃがれ声」でありノートをとりながら受けてもらう。その後，予告どおりその内容について40分程度のミニ試験を受けてもらう。その後，教員が採点基準，ポイントを説明しながら自己採点をしてもらった。あまりにできないと多くの学生たちはショックを受ける。

(5) ノートに整理するための論理的記述と論理的思考の訓練

そこでノートに整理する訓練をしてもらう。まず「心臓の構造，心音，血圧との関係について」を調べてノートをつくる。解剖学，生理学の教科書を参考に，調べたことを後で見てわかるようにノートにまとめる。このプロセスで教科書を読み，図やグラフを見て，自分で考える。教員の目の前で各自が1コマかけてノートをつける授業である。

(6) 観察と記録・論理の展開 1

ヒトの骨1個を各グループに配り，骨の形をよく観察し，スケッチを行い，形の意味を考えてもらう。それからグループ学習をして，どこの骨かを理由も一緒に考えながら当ててもらう。そして，これをグループで発表してもらった。

表 14-2 課題「器官系と言語聴覚士：理由をさぐる」

●中耳炎のあとで耳が聞こえなくなった。
●薬物を飲んだ後で耳が聞こえなくなった。
●腰椎麻酔で胸式呼吸がとまっても，呼吸ができる仕組みと筋肉。
●横隔膜の神経はどこからくるのか，その理由。
●脳梗塞で話せなくなり，半身不随となった。
●甲状腺癌でしゃがれ声になった。
●ごはんを食べるとその栄養はどうなるのか。
●どうしてごはんを食べるのか。

それぞれ，とりあげた課題について考察するレポートを課した

　講義中にレポートの書き方の基本をミニレクチャーしたうえで，この授業の宿題は「骨に触れてみて」という感想のレポートとした。

(7) 観察と記録・論理の展開 2
　次に関節などで連続するヒトの骨2個の形をくわしくスケッチしてもらい，2個の骨の関係を比較観察し，ノートをとってもらう。そして，その2つがどのような関係かについてグループで発表してもらう。
　それから，次の授業の予習となる課題「器官系と言語聴覚士：理由をさぐる」を課した（それぞれの課題については表14-2を参照）。また次回のグループ学習――情報収集・整理・まとめ・発表資料作成・発表――にそなえて，各個人で学んでくるように指示をした。まだ，解剖生理学その他は教えていないが，彼らはどうするだろうか。

(8) 課題の整理
　以前から予告していたとおり「人体の構造と機能，そして言語聴覚士」という発表にむけて，グループ学習を行ってもらう。10分間の発表への課題を整理するための調査法と発表法の役割分担を学生たち自身で決める。宿題は発表準備とレポートである。各グループは，授業外で調べ，発表資料を作成し，発表の際に配布しなければならない。

(9) 発表　発表資料

「人体の構造と機能　そして言語聴覚士」発表会を行った。発表に伴い，発表資料を配布し，質問を受け討論を行い自己評価をしてもらう。

最後に宿題として「本学でどのように学ぶか，学習目標に照らして，決意を述べよ」という課題を課して，ついで，基礎人間科学として，解剖生理学の基礎授業を展開した。

● 3-3　『人間科学入門』を振り返って

この授業は，まさに大学での学習スキルの基本を網羅したものである。まだ学生が本当に身につけるためには不十分だが，つづく「基礎人間科学」，さらに後期の「解剖生理学」で大学で学ぶ方法を身につけていくためのベースとなる学びを身につける目的は果たせたのではないだろうか。

この授業によって，学生と教員の距離は縮まり，その後の授業中も質問の手があがるようになる。おしゃべりはないし，ノートをきちんとるようになったことも収穫である。

● 3-4　『基礎人間科学』と『解剖生理学』

「基礎人間科学」と「解剖生理学」についても少しだけ紹介しておこう。この2つの授業は，知識伝授型授業であるが，基本は解剖学名を順に整理したプリントを配布し，黒板で授業を進める。なるべく丁寧に絵を描いて説明し，進行スピードが駆け足にならないことを心がけた。そうしなければ，学生たちはノートをとることができない。もちろん，プロジェクターでさまざまな図や写真は見せるのだが，これは理解を助けるための参考であるにすぎない。

さらに，動物の臓器を用いた解剖学実習，模型づくりもあちこちに挿入し，立体的，機能的な人体の構造についてリアリティをもってもらえるよう工夫をした。また，中間試験を繰り返した。試験は必ず，その授業時間内で自己採点をするようにした。

導入教育を意識して行うようになって，成績評価に結びつく期末試験の点は以前と比較して10から15点は上がっている。授業の際は，学生たちに導入教育は，卒業時の国家試験の成績にも反映すると説明した。

4 メディカルカフェをつくる（札幌医科大学と北海道医療大学の合同授業，全学部1，2年生，10-40人，2008 − 2009年）

● 4-1 なぜメディカルカフェを企画したか

平成19年度の文部科学省の現代GPに，札幌医科大学と北海道医療大学の合同授業「双方向医療コミュニケーション教育の展開」が採択された。3年間の助成である。サイエンスカフェ[1]の医療版のメディカルカフェを開くという発想は札幌医科大学の竹田寛助教によるものであり，彼はサイエンスカフェの企画実施の経験者であった。

そこで，どのように授業を進めるべきか検討するために，両大学の若手教員計10人ほどがワーキンググループをつくって授業設計をすることになったが，授業設計がなかなか固まらない。そのため北海道医療大学の大学教育開発センター長をしていた私が医療大学の代表として参加することになった。

テーマに応じて専門の話ができる誰か適切なゲストを招き，数名の学生をお手伝いにしてカフェを企画・実行すること自体はむずかしくない。だが，これをコミュニケーションがテーマの授業で行おうというのである。さて，どう設計するべきだろうか。

● 4-2 授業設計
(1) 手探りの中で

授業は，両大学の都合で，土曜日の午前10：00から11：30の時間帯となった。授業の場所は，札幌駅に近いオフィスビルの中にあるサテライトキャンパスに決まった。

この授業は，最後に発表会がある。またそのための準備を社会と連携して進めなければならない。このような場合，まずコンセプトから決めることが大切である。そのため発表会を「メディカルカフェ」と名づけ，授業名は『メディカルカフェをつくる』とした。また，合宿も取り入れることにした。合宿研修の設計も，私にはフレッシュマン・セミナーや教員研修FDでの経験がある。

表14-3 『メディカルカフェ企画実施会社：メディカフェ社』

社長	両大学の学長
総務部（執行部）	教員と学生代表2名（両大学から）。全体の責任部所となる。
経理部（両大学）	これは文科省から予算支援であるから、予算は心配がない。
企画・渉外部	カフェにどんなテーマで、ゲストを誰にするかを決定し、ゲストとの折衝、打ち合わせの共通マニュアルをつくる。実際は、グループで担当となるが、企画・渉外部はその共通マニュアルにしたがってすすめる。まず、どんなテーマがよいか？ ゲストは誰がよいか？ 市民のニーズは？
広報部	ポスター・チラシのデザイン・作成・印刷発注、当日のパンフレットの作成、周知のための発送、配布。最初のカフェの1ヶ月前には、ポスターが掲示―デザイン工房（カズ工房）（阿部が指導）。印刷物をつくる手順や、スケジュールを学ぶことになる。お客がこないイベントは、イベントではない。では、どうやってお客を集めるか。
実施部	会場の事前交渉・準備・物品チェック、当日の会場設営、カフェ本番の進行、撤収、受付係、音響係もここにいれる。

＊カフェ本番には、進行ディレクター、ゲスト対応、司会・メインファシリテーター・サブファシリテーターを用意する。
＊各学生はいずれかの部に属するが、さらに、各イベント（カフェ）担当グループもおく。

(2) メディカルカフェ企画実施会社：メディカフェ社

　提案者の竹田助教の意見を聞きながら、これまでの経験を注ぎ込み、全体の設計を進めていった。彼のサイエンスカフェの経験を尊重しながら、学生たちの反応もフィードバックし、数回の授業を進めていく中で、この授業をイベント会社の『メディカルカフェ企画実施会社：メディカフェ社』とみたててみることにした（表14-3を参照）。

　このイベント会社は、社員はすべて新入社員であるといってもよい。彼ら教員や学生への連絡にはeメールを使った。毎回の授業は、教員の名前、役割もいれた分刻みの詳細進行予定と資料を用意し、教員には事前にメールで流した。基本的には、阿部と竹田は毎回参加したし、当日は、参加教員は9：30に集まり、直前ミーティングをして、授業の流れと教員の役割を確認した。授業は表14-4のように進行した。

14 医療大学の学生主体型授業からメディカルカフェへ

表14-4 授業『メディカルカフェをつくる』の流れ

❶オリエンテーション　授業の内容を説明する。➡ 自己紹介，ニックネーム紹介。➡ つぎの合宿研修のためのグループ分け。➡ テーマを決める（臓器のはたらき──「臓器」を各グループへ割り振る。例えば心臓，脳，胃腸，肝臓，腎臓，肺など）。	
❷新入社員合宿研修　【1日目】バスで定山渓のホテル研修所へ。➡ 教員の専門を紹介する*　➡ ミニレクチャー「コミュニケーションとは」。➡ 定山渓小学校の高学年へのミニ・メディカルカフェを各グループで行うという設定で準備を進める。➡ 発表メディアとして，パワーポイントのスライドショーを使用しない**。OHP，模造紙，その他は，用いてもよい。➡ ミニレクチャー「企画，あらすじ，シナリオの作り方，プレゼンテーションのポイント」。➡ 散歩。➡ 温泉。➡ 夕方に2分間コマーシャル。➡ 夕食後も準備・リハーサルと懇談　【2日目】朝準備 ➡ 10：00 からミニメディカルカフェ ➡「定山渓小学校のみなさん，おはようございます。これから，みなさんのからだの中にある内臓のはたらきについて，一緒にお勉強をしましょう」とはじまる。聴衆の学生，教員は小学生となる。発表のあとは，小学生からどんどん質問が出る***。発表は，大いに工夫され出来。たいしたものだ。➡ 午後，帰る。	
❸企画・実施体制の把握（役割分担決定，部門仕事内容の把握，テーマ提示）　イベント会社の仕組みの理解と担当決定。テーマ候補を挙げる。	
❹企画立案（テーマ決定・企画書作成，部門仕事内容マニュアル作成開始）　部門仕事内容マニュアルは，本番まで何度もバージョンアップする。	
❺発表1（企画プレゼンテーション）（広報活動の把握）　カフェ準備はグループで進めるが，その内容は会社として全員で共有した。	
❻調査準備（ゲストとのインタビュー，カフェの準備，部門仕事内容マニュアル完成，ポスター・チラシのデザイン把握・作成）。デザインは，手書きのイラスト，フォトショップによる加工，イラストレーターによる印刷原稿作成，印刷に2週間ほどかかることも考慮に入れて作業をすすめた。	
❼広報準備（ポスター，チラシ完成）	
❽カフェ設計①（シナリオ・実施マニュアル作成）　全体の共通マニュアルをいれて，個別のシナリオを作成する。司会・メインファシリテーターのセリフもすべて文字におこして，ことばをチェックする。	
❾カフェ設計②（シナリオ作成・リハーサル準備）	
❿カフェ演習①（カフェ準備・リハーサル）　はじめは，シナリオ・チェックとなることが多い。	
⓫カフェ演習②（カフェ本リハーサル→相互評価）　当日の会場集合から順に立ちリハーサルをする****。➡ 動作確認。その間，特別授業として，元アナウンサーから話し方教室，および演劇指導者の話と行動指導をしてもらうコミュニケーションについての特別授業をいれた。	
⓬グループ・リハーサル。再度，決定版立ちリハーサル	
⓭カフェ本番　（市民公開のイベント）	

* 指導教員の素性を明らかにすることが目的である。
** 発表にパワーポイントを用いても良いとしたこともあったが，一人だけで仕事になる形になりやすいため禁止した。OHPや模造紙を使った方が全員参加となる。
*** これで，相手にわかってもらえる発表のポイントを知る。
**** この時点でかなりぎこちないことが判明。とくに，司会やメインファシリテーターの言葉づかいが問題。

図14-2 「メディカルカフェをつくる」の合宿授業　札幌医科大学と北海道医療大学の合同授業（立っている右側の人物が筆者）

● 4-3 メディカルカフェ本番

(1) メディカルカフェの流れ

　本番のメディカルカフェでは，札幌駅近くの紀伊國屋書店のロビーを，毎回，借りることができた。約100人ほどが参加するが，コーヒーショップがあるので，コーヒーを片手に楽しむことができる。本番は，30分間のゲストの話，15分間の休憩——この間に，参加者から質問カード回収し，分類する——その後，質問カードをもとに，45分から60分の質疑応答を行う。できるだけ質問者が質問して，フロアで質疑応答が飛びかうようにする。

(2) メディカルカフェのポイント

　ここで質問者とゲストとの間をとりもつのが学生である。この質問タイムがいわゆるカフェの本体であり，その前の30分トークはいわば，情報提供として位置づけられる。ゲストと参加者，そして学生は同じ，フロアで気楽に話し合いながら，専門的情報を共有していく。だからそれを妨げないようにゲストを〇〇先生とはいわず，〇〇さんと呼びながら話し合うことも大切なポイントである。

　このようなイベントを円滑に進行していくためには，市民の前で演劇をするようなトレーニングが必要である。また，裏方が本当は主役なのだ。そして，このイベントを企画からすべて学生が行えるように指導していくのが教員の役割である。

(3) 準備が授業に

　当日は，開始2時間前に集まり，ミーティング，会場設営（椅子をならべ，ゲ

ストスピーカーの場所，司会・ファシリテーターの立ち位置，マイク・スピーカー・音響機器の設定，受付の設定）を行う。そして，本番が終わると，これらをすべて撤収しなければならないが，これらをすべて学生が行う。

その準備が授業となる。設営は最初は1時間近くかかったが，慣れると動きが早くなり，20分ほどでほとんど完成できるようになった。グループ，クラスの係の間で，頻繁にメールが飛び交い，何度も集まって準備を進めた。また，ゲストとの打ち合わせも何度もなされた。市民にわかりやすくということで，テーマの題名，短い内容紹介文，30分のストーリー，パワーポイント画面のわかりやすさなどが打ち合わされた。大学の中だけのものでなく，市民公開ということで，社会的責任が伴うことを強調することが，学生たちの真面目に学ぶモチベーションを高める。そして，この授業の目標とするコミュニケーションが身についていく。また，修了生の多くが，後輩のメディカルカフェ本番のサポーターとして参加するようになった。

● 4-4　学生たちが身につけたもの

詳細の説明は省略するが，学生たちが，この授業で学んだことや身につけたことはきわめて多い。卒業後，社会にでて身をおく現場には，さまざまな企画があるだろう。何をどう進めるかがわかっていて，これを実施できる人は意外と少ない。この授業を受けた学生は，あるイベントに向けて，何を，いつ，どのように進めるかが身につく。大きな社会力が身についていく。イベントを任せられるようになる。

● 4-5　その後のメディカルカフェ

この授業の履修生は，10名から40名ほどだった。カフェは，平成20年度前期は6回，後期は2回，平成21年度は授業が前期－後期として7回が開催された。学生はなかなか見事であった。しかし，ゲストが非常に多忙で，打ち合わせがあまりできなかった場合は，双方向性やわかりやすさに支障をきたすこともあった。この授業は2009年12月で終了し，2010年度からは，両大学で別々に継続しているが，何らかの形で連携をつづけることになる。

5 おわりに

● 5-1 仲間とともに

　私が設計して，担当してきた「学生主体型授業」はすべて複数教員によるチーム授業だった。一人でも進められるが，仲間がいることは嬉しい。知恵を共有し，役割を分担し，そして「学生主体型授業」を広めることになる。

　また，ふり返ってみれば，学生主体型授業では，多くの学生たちとともに歩んできた。参加してくれた学生たちは，みんな仲間だったといってもよい。中には飛び抜けてすばらしい学生たちもたくさんいたし，私たち教員が彼らから学ぶことも多かった。学生とともにあることの幸せ――私は，上から目線で学生と接することはできない。そういう育ちをしていないともいえる。大学の教員，先輩としては上にいるのだろうが，学生と接するときには学生と同じフロアにいる。学生の身になって，授業設計をすることがとても楽しかった。

● 5-2　設計を２重，３重に考え，改善する

　学生主体型授業の設計は，２重，３重に考えた授業設計が命である。授業の内容と順序，その内容の裏にある意図，学生の成長，心理などへの気配りが欠かせない。これらを考えながら，目標に向かって，細かい授業設計をしたとしても，実際に，考えたとおりに学生が反応するとは限らない。そのため授業に際しては注意深い観察，そして臨機応変の対応も必ず必要となる。これらが，授業の力となる。そして，反省点を踏まえフィードバックを効かせながら翌年以降の授業設計を改善していくことになる。

● 5-3　まずカリキュラム全体における必要性を考える

　私の章では，これまで科目の目的・目標，成績評価にはあえてふれないできた。授業の全体を設計することは，当然，これらも含めた設計となるはずである。当たり前のことであるが，ある授業科目は大学などの教育機関のカリキュラム全体における必要性から生まれるものである。つまり，科目の授業設計は，まず何よりも，その教育機関の教育目標と関係した科目の目的・目標を達成するための手段として位置づけなければならない。また，このときの成績評価は，

目標の達成度を測るためにあり，またその科目の目標にしたがって，さまざまな方法がとられるべきである。

　ご存知のように大学の授業は，その科目の目的・目標によって，設計が異なってくる。教員が思いついたからといって何をしてもよいといったものではない。上に紹介した授業もすべてがその枠のなかで設計されたものである。

● 5-4　学生主体型授業を振りかえって
(1) 授業設計のポイント

　急がず焦らず，指導のタイミングに注意　幾度となく繰り返して述べてきたことだが，到達目標にむかう授業設計は，急がず焦らず始めていく方がよい。授業を通じて，学生が熟してくる早さに合わせる。そしてタイミングを測りミニレクチャーなどを通して指導を行う。

　例えば，現場の人物にインタビューに行くタイミングで，インタビューで気をつけることを指導する。発表する前に，学生たちが発表はどうすればよいのかと考えはじめたときに，発表の仕方を指導する。そのときが一番学生が注意して聞くためである。

　発表を有効に活用し学生を乗せる　授業の中心はグループ学習になるが，その学習の内容をクラスで共有するために，ときどき発表をいれることも大切である。そして，最後も発表で締める。講義は短く，学生を動かすことも大切である。学生主体とするためには学生をその気にさせる，乗せることが重要であることはいうまでもない。では具体的にどうすればよいのか？　授業を進めるときの学生へのインパクトが重要である。

　現場へのリアリティを重視する　学生に現場へのリアリティをもってもらうために，できるだけ現場や社会に出すことも大切である。社会に出て，社会人として行動することは，学生にとって大きなインパクトとなる。学生たちのふだんの大学生活にはない現実の厳しさが社会にはある。それを肌で感じてもらうために，現場にインタビューに行くときには，基本的には学生独力で行ってもらった。もちろんそうした場合，大学としての正式な手続きが必要なとき

もあり，そのときには，学生の求めに応じた[2]。

また，相手とコンタクトをとったとき，必ず「ではどうしたらよいか」について尋ねるように学生に指導しておく。例えば，病院長などへの依頼状が必要かということなどである。

それから現場で仕事をしている人は，ふつう学生にかまっている余裕もないほど，たいへんに忙しい。そこをきちんとお相手しましょうという気にさせ，インタビューまできちんとつきあおう，という気にさせることは本当に大切なことである。彼らに「なかなかたいしたものだ」「よく勉強している」「しっかりしている」と好印象をもたせるためには，礼儀作法や態度，そして言葉づかいが，しっかりしていなければならない。こういったマナーについても教員は，きちんと指導をしなければならない。

(2) 学びを社会的責任に結びつける

もちろん最後の発表は学生にもっとも大きなインパクトを与えることができる。社会に出なくても，最後の発表会は，クラスみんなのためにというインパクトになることも大きい。これもまた社会的責任の取り方だといえる。「学生主体型授業」は，学生個々の学びを社会的責任へ結びつけるものでもある。

「メディカルカフェ」でもそうだった。合宿では，プレゼンテーションはすばらしかったが，小学生からとはいえ，少し，つっこんだ質問には答えられないでとまどう姿が目についた。専門家は必要であるが，専門家がいても一般市民との接点は，だれかがつくらなければならない。学生は，専門家の話を社会人に伝える責任をもつ。社会はそれぞれの役割の連携でなりたつ。専門の知識をいまもっていないといって恥じることはない。

彼らの幾人かは，そのうち何かの専門家になって社会に出て活躍する。求められる仕事を責任をもってやりとげるだろう。だが，社会では自分がやりたい通りにはいかない。やらなければいけない仕事があり，そこに自分をあわせて実力を発揮することを求められる。自営業でも，芸術家でも，社会的制約と調和をとれることで成り立つ。「メディカルカフェをつくる」では大学の外で，社会の一員として責任のある立派な仕事をする——これが，この授業の最大のインパクトではなかっただろうか。

◉ 5-5　学生主体型授業で得られるもの

　学生主体型授業から得られたものは多い。平成 21 年 12 月に出された中教審の答申にある「学士力」を意識しても，コミュニケーションスキル，問題解決能力，自己管理力，チームワーク，倫理観，社会的責任，創造的思考力などを網羅しているし，さらにテーマによっては，文化・社会・自然の理解も助け，教員が教えなくてもさまざまな知識が身につく。

　そして，さまざまな学習スキルや社会で生きていく総合的社会力を身につけることになる。学生が行動することで，多様な能力を身につけていく行動型の授業は，これからの大学教育ではますます重要となってくるはずである。

　社会の変化に応じて，大学の教育は変化していく。授業も変化を求められる。はらはらしながら学生主体型授業を進めていて，いつも感じたことは「学生はすばらしい」ということである。彼らはわれわれが想像していたよりも行動できる。学生たちはすでに教員より時代の先を行っているのだ。未来を歩いているといってもよい。そして，その点からわれわれが逆に学ぶべきことも多い。その彼らに対して先輩として適切なガイドをする。学生の力をうまく引き出し，伸ばしていくお手伝いをすることが大切なのである。

　ふり返ってみよう。10 年，20 年前の知識が通用しない世界があることも私たちは既に知っている。Teaching から Learning への変換——教員もまた時代とともに歩む変化を求められているのである。

【注】

1) 北海道科学技術コミュニケーター養成ユニット（2007）によれば，サイエンスカフェは 1998 年頃からイギリスで広まった「街角のカフェやバーで科学技術について気軽に話し合うイベントで講義や講演会とは違い，リラックスした中で科学技術のおもしろさや疑問，喜びや不安を素直に語り合える場」である。

2) 例えば，医学部での『医学概論』で，現場の医師にインタビューに行くときは，直接に相手に接触して話をすすめられる。しかし，看護師，言語聴覚士，カウンセラー，介護士等へのインタビューでは，病院長への許可の依頼状が必要になる場合がある。医師は自分の仕事を自分で裁量できるが，医療技術職の勤務時間内の仕事は指令系の中で行われているため，筋を通さなければならない。

【引用・参考文献】

阿部和厚・北海道医療大学FD委員　2003　FDハンドブック大学教育の設計，北海道医療大学

阿部和厚　2006　日本の医療系学生における科学的センスの育成，高等教育ジャーナル，**14**，59-69

阿部和厚・国永史朗・花渕馨也・倉橋昌司・二瓶裕之・山口明彦・遠藤紀美恵・長田真美・日景 盛・小松雅彦・森本敦司・大友芳恵・冨家直明　2009　導入教育は国家試験の合格率をあげる，北海道医療大学大学教育開発センター報告，**1**，54-71

北海道大学科学技術コミュニケーター養成ユニット（CoSTEP）編著　2008　はじめよう！　科学技術コミュニケーション，ナカニシヤ出版，pp.115-128

PART 4
◉キャリア教育における実践

15 初年次教育としての「キャリアデザイン」の授業実践

佐藤龍子

1 授業開設の背景

　静岡大学では，2005年（平成17年）4月から1年生に「キャリアデザイン」の授業を開講しており，現在筆者が担当している。この授業は，初年次教育を意識しており，勤労観・職業観を前面に打ち出したいわゆるキャリア教育ではないが，小中高を経て学びの最終コーナーにいる大学生が，働くことを意識して自らの射程に入れられるような内容である[1]。

　現在，初等・中等教育はもちろん，急速に大学でキャリア教育が広まっている。その背景には，高等学校から大学への接続問題とともに，大学から社会への接続問題があると考えられる。この接続の問題について次の2つの点を指摘することができるだろう。

　1つは大学の「入口」に関わった問題であるということ——つまり，高校生の意識の変化と大学への進学率の上昇に伴い，生徒から学生へのスムーズな「移行」が困難になっており，この状況は，高校と大学の接続教育の必要を喚起している。また同時にこの問題は大学に対しても，受け入れた学生に新たな初年次教育プログラムを提供することが喫緊の課題であることを明らかにしつつある。もう1つは大学の「出口」に関わった問題でもあるということ——つまり，大学と社会の接続における「教育から仕事への移行」が困難なものとなりつつあるのである。

　このような状況の中，立教大学は2000年前期から正課授業として「仕事と人生」を開講，武蔵野大学（当時武蔵野女子大学）も「キャリア・インフォメーショ

ン」を開講した。各私立大学では2003年頃から「キャリアデザイン」等の科目が増え始めた。当時，国立大学には就職課もない時代だったが，2000年代に入るとともに，私立大学は就職課をキャリアセンターに衣替えしていったのである。

静岡大学でも当時の副学長（理事）がキャリア系の科目を開講したいと考えており，筆者の経歴を知って2004年春に「そろそろ静大でもキャリア科目をおきたい。ついては佐藤さんに担当してほしい」と相談にやってきた。

筆者は，初職が立命館大学職員，その後ベネッセの子会社に転職し，友人の作ったベンチャー企業を経て，2004年に静岡大学に採用された。立命館大学では就職課に6年間勤務し，延べ10,000人の学生をサポートしてきたうえ，民間企業でも採用面接やインターンシップの受け入れも担当し，送り出す側と受け入れる側の両方を知っている。同時に働きながら大学院に通い，キャリアを形成してきた。そうした背景があって，副学長が依頼してきたのだった。

しかし，筆者は大学教育センターの教育評価・開発部門（FD）採用で，当時，キャリア教育に関する論文は1本もなかったし，該当する学会にも入っていなかった。副学長に相談すると「すぐ学会に入り，研究を開始してください。学会発表もして，論文も書いてください」とのこと。「そんな，急に……」と思ったが，とにかく走り出すしかなかった。

2 授業の設計（「幸せは歩いてこない，だから……」）

● 2-1 授業の背景

国立大学においても学力が低下しただけでなく，学ぶ意欲を喪失した学生が入学しはじめている。同時に，日本では少子化や「全入」と若年雇用の厳しさが同時期に重なり，問題は深刻かつ複雑である。将来に対する不安はどの時代の若者も持っているが，この15年余りは，経済や雇用環境，特に若年雇用の厳しさから，現実味を帯びた切実な厳しさになっている。安易に衣食住が満ち足りる時代であればこそ，なおさらである。

● 2-2 キャリアデザインのコンセプト

筆者は，このような時代に生きる学生に学生時代に学び続ける力＝「自己学

習力」を身につけてほしいと願っている。学びは学生時代に完結するものでなく，生涯を通じて学び続ける必要があるからである。

同時に山田ズーニーが『おとなの小論文教室。』で述べているように「自家発電」できる人になってほしいと願っている（山田，2006）。

> 他から，目標が設定されない，尻もたたかれない，自分の力だけで，前に，前に進んでいかなければいけない。そんなときに，あんな燃料はだめ，これはだめ，と燃料から不純物を排除して，小さく小さくし，やがて発電できなくなるよりは，どんな燃料でも，つかんで，燃やして，前に進んだほうがずっといい。

「自己学習力」と「自家発電」の2つを筆者が勝手にミックスすると，「幸せは歩いてこない，だから歩いて行くんだね！」になった。いいことも悪いことも，楽しいことも辛いことも自分で受け止めて，前に進める人になってほしい，そんな願いをこめた「キャリアデザイン」のコンセプトである。

このコンセプトを，教師が一方的に教えるのでなく，学生相互の「気づき」や双方向授業によって醸成したいと考えた。つまりできるだけ「触媒」の役割を果たしたいと思ったのである。

● 2-3　1年生限定での開講

さて，2005年に開講するにあたり，副学長に1つだけお願いをした。「この科目は，1年生限定にしてください。大学生としてのベーシックな学びの重要性を感じ，その上で自分の人生を考えるというイメージです。初年次教育の一部も担います。2年後半や3年に開講すると『就職概論』になる恐れがあります」と。この要望を快く受け入れてくださり，1年生限定の科目として開講することになった（その後，工学部のみ2年生後期に必修科目として開講）。

2005年当初は，教養基礎科目「文化と社会」の領域で開講，その後2006年のカリキュラム改定で共通基礎科目「キャリア形成系科目」として位置づけられた。現在，静岡，浜松両キャンパスで開講しており2単位である。

15 初年次教育としての「キャリアデザイン」の授業実践

● 2-4 授業のねらい・設計・概要

シラバスの「授業のねらい・目標」には以下のように書いた。

> 『生徒』から『学生』になったばかりですね。さて，その違いはなんでしょうか？　大学で学ぶことと将来をどのように考えていますか？　自分の人生，どのように生きていこうと考えていますか？　色んなことを一緒に考えましょう。これから4年間の学生生活が豊かなものとなるように，受身の姿勢でなく，自立的な学生生活を送れるようになることがこの授業の目的です。

授業の設計は，上述のように初年次教育の一部を強く意識して考えたため，職業観・勤労観の育成を前面に押し出した内容ではない。充実した学生生活を過ごすために，いま何をしなければいけないのかを問う授業である。学生が主体的に学ぶ動機づけができると共に，自分の将来を考え，生涯に渡って働き続ける意思と能力を開発することを目的にしている。そのため直接就職に結びつくというよりも，社会人として必要な基礎能力を鍛えることや基本的な習慣の確立を強調した。

授業の概要を表15-1にまとめた。

いわゆる大講義型の授業で，当初は120人規模でスタート。120人以上なら受講人数制限をしてもいいと副学長に言われたが，結局，希望者の多い年は300人を超えた。固定式椅子と机，狭い教室での大講義という大きな制約の中，学生参加型授業の模索が始まった。

表15-1　授業の概要

❶キャリアってなんだろう？	❽日本の産業と社会
❷「生徒」から「学生」へ	❾コミュニケーション力
❸大学ってそもそもなに？	❿人生を切り拓いていく能力とは
❹静岡大学を知ろう	⓫自分を知ろう
❺大学での学びと成長	⓬自分を伝えよう
❻人はなぜ働くのか	⓭キャリアデザインってなんだろう？
❼社会と職業	⓮プレゼン・チームワークの大切さ

3 授業の実践

　初回の授業後の感想文でわかったのだが，プレゼン（プレゼンテーション）に抵抗がある学生が少なからずいるようである。「シラバスにプレゼンと書いてあるから，この授業をとるのをやめようかなと思ったが，面白そうだから受講します」。コミュニケーションについても同様で「コミュニケーションとあるので，ためらいがある。人と話すのがヘタだし，嫌だ。でもこのままでは駄目だと思う。自分を変えたいから受講します」。

　そこで，プレゼンのうまさやコミュニケーション力は「性格」でなく，努力して身につけることのできる能力である，と2回目以降，くり返し話すようにした。「何でもかんでも『性格だからできない。不得意』と決めつけると，身につけられるスキルも獲得できなくなるよ」と話した。同時に，話す力と同じくらい「聴く力」が大切なのだと何度も強調した。

　静岡キャンパスは4学部（人文，教育，理，農）があるが，「キャリアデザイン」は共通科目であり4学部の学生が集う（初年度のみ理学部なし）ため，異質なものに出会い，多様性を感じ，触発を受けることができる。こうした学部の専門科目にはないメリットがあるのだから，総合大学の醍醐味を感じられる講義にしたいと思った。そのため大講義ではあるが，できるだけ双方向性を目指すと共に，異質なものと出会うきっかけを提供するようにした。そして授業実践も，このことを念頭にすすめた。

　具体的に授業実践で取り入れたのは，表15-2のような工夫である。以下，詳細を述べる。

● 3-1　発問について

　発問については，全員参加型と個人対応型の2つを組み合わせて用いた。個人に当てる場合は「正解を求めて聞いているのではない。教師の話を聞き流すだけでは頭が働かない。問いかけに答えようとすると頭が活性化するから聞くのだ。間違っても構わない。というより，間違った方が正しい答えを知ろうとしていい」「無反応がもっともよくない」と授業のたびに，学生に話した。「正しい答えを言わなくては」「間違うと恥ずかしい」というプレッシャーに押し黙

表 15-2　授業の工夫

❶発問を多く取り入れる
❷学生参加型（学生個人に考えさせる部分とチームで作業）
❸学生相互のピア・レビューなど「学生相互の学び」
❹先輩学生や卒業生の活用
❺アイデアの出し方等の訓練
❻コミュニケーション技法
❼プレゼン
❽毎回の感想文と「広場」の作成*
❾事前事後学習のすすめ

*授業の最後に感想文を書いてもらい，そのうちのいくつかを筆者がワードで書き起こし，翌週学生に「広場」として配布。

ってしまう学生は多い。しかし上記のことを何度も言ううちに，徐々に学生たちは間違いを恐れず，発問に答えるようになっていった。また，最初はイエスかノーかで答えるクローズド・クエスチョンや答えを数字で示す問い，3択・4択を用いたが，少し授業に慣れてきてから徐々に個人に当てる際は自由回答を引き出すオープン・クエスチョンを多用するようにした。

● 3-2　個人で作業をしてからグループで作業

　学生参加型では，最初は個人で作業をし，次にグループで作業をするという方式を多く取り入れた。4回目の「静岡大学を知ろう」はいわゆる自校教育だが，まず各自で静岡大学について知っていることを書き，その後グループで話し合うという方法をとった。また7回目の「社会と職業」でも，職業を書いてもらう際に，最初は各自で知っている限りの職業名を書いてもらい，その後グループで話し合いを持ち，職業名を増やしてもらう。こうすることで，「一人ブレーンストーミング」（と筆者は学生に言っているが）を通して自分一人で振り絞って考える力がつく。そしてその後グループで多様な考えや発想に触れるとアイデアが増え，お互い刺激を受けるという仕掛けである。なぜこんな仕掛けにしたかというと最初からグループでブレーンストーミングをすると，おとなしい学生や人見知りの学生は意見があっても言えない場合があり，また，声の大きい発言力のある学生の意見ばかりが通ることになりかねないからである。とく

に授業前半においては，最初に個人，その後グループという形式を多く取り入れた。グループを作る際も「できるだけ，学部・学科の違う人と作りましょう。同じ学科の人と固まらないでね。せっかく4学部の学生がいるのにもったいないよ」と話した。学生は筆者の想像を超えて，はるかに軽々と異なる学部・学科でグループを作っていった。

● 3-3 学生相互のピア・レビュー

学生相互のピア・レビューでは，例えば学生の書いた作文を学生が採点することも行った。作文の添削の前には，文章の書き方を講義して，どこを見なければいけないのかポイントをレクチャーした。当初，学生は「教員でなく，同じ1年生の学生に添削されて点数をつけられるなんて耐えられない。来週は憂うつだ。行きたくない」という感想があった。しかし，ピア・レビュー後には以下のような感想があった。

- 自分は人から評価されるのを常々恐れていた。ピア・レビューも本当に嫌で嫌で，今日は朝からずっと憂うつだった。しかし，今ピア・レビューを終えて最悪な気分かというと，そんなことはない。とてもすっきりした気持ちだ。他の人の考えを知るのはもちろん面白かったが，自分の考えに真剣に意見してくれるレビューは素直に嬉しかった。注意点も書かれていたが，べつに落ち込まない。むしろ，それを教えてくれてありがとうと思えた。これが「アウトプット」の面白さと実感できた。評価されるのが嬉しいと思えたのは初めてだ（人文学部・言語）。
- 正直なところ，2週間前からこのピア・レビューなるものを恐れていた。私は作文に非常に苦手意識を持っており，自分のいいたいことの半分も伝えることが出来ない作文を，ましてや他人に見てもらうために書くなんて……と絶望していた。だが，今日実際にやってみたら，どうだっただろう。今までにはありえないくらいに面白かったのである。この2週間悩んで，悩んで書いた真剣な作文に，真剣な意見が帰ってくることが，また相手も悩んで書きしたためただろう作文を読めることが面白くて仕方ないのだ。今この瞬間，私は伝えたいことの三分の一も伝えられない。

もっと言いたいことを的確な言葉で，面白い表現で言ってみたい。いつかこの想いをとげるためにも，作文を書き続けようと思う（農学部・環境森林）。

◉ 3-4　ゲスト講演会

5回目の「大学での学びと成長」では先輩（大学生もしくは大学院生）を呼んで40分程度話してもらった。3歳，4歳しか違わない同じ大学の4年生や大学院生が学生時代どのように過ごしたのか（過ごしているのか），身近な先輩の学生生活を知ることで今の自分の学生生活と今後について考えるきっかけになればと考えた。また，6回目の「人はなぜ働くのか」では，卒業生や社会人に来てもらった。これは将来の職業や人生を意識してもらう狙いがある。

◉ 3-5　アイデアの出し方について

アイデアの出し方については，最初にブレーンストーミングの原則や方法を教え，アイデアを多く出すことを推奨した。その後，KJ法，SWOT分析などアイデアを出した後にまとめる手法等も教え，グループワークがスムーズに進むようにした。

◉ 3-6　コミュニケーション技法

コミュニケーション技法では，他己紹介，偏愛マップなど，学生が楽しみながらコミュニケーション力を開発できる手法を取り入れた。コーチングの基礎なども教え，互いに傾聴しあう大切さも伝えた。

◉ 3-7　プレゼンテーション

授業中盤からプレゼンを取り入れた。グループ内で発表しあう，グループを代表して発表する，全員の前で自分のことを発表するなどいくつかのバリエーションを用意した。「ルーレット」と称して，筆者がアトランダムに「1人1分で答えてください」というゲームも行った。最初は「ちょっと怖い」と言っていた学生もいたが，後半からは「当たってもいいと思う自分がいて，自分が変わったなあと思う」「こんなに大勢の前で話す機会はないから，ぜひ当てて欲し

かった」という声がでるようになった。

● 3-8　広場：感想文の配布
　毎回授業終了後感想文を8分～10分で書いてもらい，その中のいくつかを選び，筆者がワードで入力し，翌週「広場」として学生に配布。他の学生の意見を知ると同時に，教員と学生の意見交換の場として活用している。前回の復習の役割も果たす。人数が少ないときに電子掲示板で同様のことをした時期があったが，誰かの意見を見てから書くより，授業終了後に自分の思いを書いてもらった方がいいと判断したため，現在は紙の感想文を書いてもらい，紙の「広場」を配布している。100人以上（特に300人近い場合）では，電子掲示板は難しい。

● 3-9　事前事後学習
　事前事後学習は，課題を多く出すよりも，読んでほしい図書等を推薦する方式にした。授業の参考になる本，大学1年生に読んで欲しい本，最近話題の本，担当者が読んでよかった本など，いずれも比較的わかりやすく安価な本（もしくは図書館にある）をほぼ毎回「広場」の中で紹介したり，レジュメを配布した。同時に，「週に1回から2回でいいので新聞を読もう」「コンビニでたまには新聞を買ってみよう」「なぜ，大学は空きコマがあるのか？」「空きコマがあったら図書館に行こう。新聞がタダで読めるよ」と折に触れ話した。「インターネットは深堀型。新聞は鳥瞰型。最初は興味がなかった記事も目に入って読んでしまう。視野が広くなるよ。両方を使いこなそう」とも話した。毎回の授業の感想文に「オススメの○○を読みました。感想は……」と書く学生も増えていった。

4　授業者の5つの役割と工夫

● 4-1　多様性を感じ，触発を受けあえる環境をつくること
　この科目は4学部の学生が集う科目である。そのため学生が異質なものに出会い，多様性を感じ，触発を受けあえる環境をつくることは担当者の重要な役割の1つである。「学部・学科の違う学生と知り合いになると得をする」「この

授業でしか出会えない人もいる」「専門分野が違うと発想が違うことがある」「大学生活は豊かな人間関係が基礎だ」など手をかえ品をかえ授業開始当初は話したが，次第に筆者の予想以上に学生は嬉々としてグループを作れるようになった。弁護士志望の学生が，古生物学を学びたいので理学部に来たという学生と同じグループになり「学ぶことって何なのか，今日はすごく考えた」という感想があった。「同じ学科の友人からは出てこない意見があり，先生が違う学部・学科の人と班を作れといった意味がわかった」などの声も多く寄せられた。

● 4-2 学生相互の学びを引き出す

担当者の2つ目の役割は，1つ目とも関連するが「学生相互の学び」を促進することである。ピア・レビューや「広場」を通して，学生は同じ授業を90分間聞くだけでも，異なる視点や発想をもつことに気がつく。「へえー，他の学生はこんなこと考えてたの」「私は全く気づかなかったことに気づいている人がいる」「こんな見方があるなんて衝撃的だ」「同じ18歳とは思えない視点で驚く」などの意見が出る。「答えはみんなあなたたちがもっているよ。私が教えなくても学生が答えてくれます」と筆者は何度も言った。教員は「媒介者（メディエイター）」なのである。

● 4-3 学生参加の重視

3つ目の役割は，大講義でもレクチャーの時間を90分の半分程度にし，学生参加を重視したことである。授業をしているとあれも教えたい，これも伝えたいといろんなことを詰め込みたくなるものだがそれをセーブし，内容を厳選し，教えることを少なくしたことである。初年度は内容を厳選できず，あれもこれもになり，詰め込み型になってしまったが，徐々に改善していった。

● 4-4 学生へのレスポンス

4つ目の役割は，学生へのレスポンスである。300人の場合でも，全員の作文を赤ペンで添削して返却した。メール等の質問で，他の受講生にも伝えたほうがいい場合は，「広場」に掲載した。

● 4-5　学生同士のつながりをはかる

　5つ目の役割は，学生同士のつながりをはかることである。例えば授業中に呼んだ上級生と一緒に「学長討論会」を主催する学生も登場した。筆者の3年生の科目から出来たサークル（Sprounion・スプラニオン）の後継者になった学生もいる[3]。1年生だけで「社長のかばん持ち」サークルを立ち上げようとしたがうまくいかず，結局生協の「就活サプリ」に合流したが，その途中でさまざま学生と関わりを持ち，起業を考え始めた学生もいる。授業中に紹介したETIC[4]の「東京ベンチャー留学」に参加，その後ETICのインターンシップ募集のスタッフになり，授業終了後1年生にチラシを配布してプレゼンテーションを行う学生も現れた。

5　授業者の失敗

　ここまで読まれた方はもしかしたらこの授業はすべて順調に成功したように思うかもしれない。しかし，失敗や反省も多々ある。例えば先輩学生を授業に呼んだ際，元気のある学生だったので，気後れした1年生もいたようだった。また卒業生や社会人を招いたときには，成功者だからお呼びしたのではなく，そのプロセスを知ってほしかったのに「成功した人はすごい」「先生は偉人が好きだ」などの意見があり，考えさせられた。

　それから120人から300人の講義では，全員のコメントを「広場」に載せるわけにはいかない。ある程度セレクトせざるをえない。「広場」に一度も載らなかった学生から「どうせ私はダメだ。『広場』に一度も載らなかった」「『広場』に載る規準がわからない」などもあった。

　もう1つ挙げておこう。大講義では，授業終了後質問に来た学生たちと仲良くなる。そして一度質問にくると翌週も来やすくなり，また次も来る……という循環になりやすい。そうすると「一部の学生とだけ仲がいい」とアンケートに書かれることもあった。本当は全員と仲良く話をしたいのだが……。大講義は人数や時間等の物理的な制約もあり仕方ない。ときには300人にもなる大講義で，双方向性を追求する困難さと限界を身をもって知った。60〜80人規模であれば，同じ方法の授業でももう少しクオリティの高い授業が構築できたのではないかと思う。

6 学生の授業評価と感想

　初年度の授業評価は，7.8（9点満点）である。10段階でいえば約 8.6 である。筆者が担当している他の科目は，8.2 ～ 8.6（9点満点）なので，バツグンに高いとはいえない。だだし，他の科目は 30 人～ 50 人の受講生である。120 人規模（その後 150 ～ 300 人）であることを考えると，まあまあかもしれない。以下は最終回の感想文とアンケート自由記入欄の一部である。

- 今日で，キャリアデザインの授業が終わってしまうが，この授業で得たものは沢山ある。私は社会への興味・感心が非常に薄かったが，新聞を読むようになって自分と深く関わる問題ばかりがニュースになっていることに気づいた。また，他学部の人と友達になれたことも，この授業で得たものの中で大きい。来週からこの授業がないのはかなりさみしいが，次回先生にお会いした時に少しでも成長した姿を見せられるようにがんばります。ありがとうございました。
- 今回このすべての授業を通して私が一番感じたことは，『人生って楽しいんだな』ということです。これから歩んでいく中で死にたいような苦しいことや悲しいこと，信じられないくらい幸せなことなど，私は沢山のことを経験していくと思います。その1つ1つが全て私の糧となり財産となり，そして土台となり，これからの『私』を作っていくのです。そう思うとなんだか自分がとても愛おしい存在に思えてきます。昨日の私の上に成り立つ今の私，そして未来の私，キャリアとはそうやってデザインされていくのではないでしょうか。素晴らしい授業ありがとうございました。
- 14 回の授業でどれだけ変われたのか，まだ分からない。授業を通して考えたこと，学んだこと，行動したことが結果に表れるのはもう少し先のことだと思う。ただ，自分の中に，また新しい種が埋め込まれたと思う。どう土を作り，水を与えて，日の光を浴びるか。どんな花が咲くのか，咲かすのか，今から楽しみである。
- 今，14 回のキャリアデザインの授業は，私の心と身体の一部になってい

る．何となく大学へ入学した私にとって，この授業は楽しい反面，自分の心を映し出すようで苦しくもあった．しかし，この授業で今，自分がどうしていったら良いのかが分かった気がする．『行動を起こさなければ，80％の偶然も生まれない』．すべての授業において，この言葉が盛り込まれていた．そんな雰囲気に押され，私はこの夏のボランティアに申し込んだ．そこに落ちているかもしれない偶然を自ら拾いに行こうと行動を起こした．そんな1つ1つの行動が，私を作っていくのだと思う．事実，何となくとったこの授業も，まさに偶然拾った宝物だと思う．

● 自分の将来，『やりたいことは何だろう，10年後何をしているんだろう』と改めて考えた．可能性がいっぱいな気もする．『宇宙飛行士を目指しつつ，働いているかもしれない』，そう思うと，今の自分をもっともっと鍛え上げたいと思った．親の働く姿を見ていると，決して働くことは楽でないことがわかる．だが，仕事がないと，人生が味気なくなるのではないかと思う．『人は人生の大半を仕事に費やすのだから，せっかくならいい職についた方がいい』という話が高校であったが，今では『いい仕事の仕方をした方がいい』という方が正しいのではないかと思った．どんな仕事でも，自分の向き合い方1つで変われるのだと思います．これまでのキャリアデザインで学んだことだと思います．

● 今日で14回の授業が終わってしまった．キャリアデザインの授業はとても好きな授業だったので残念…．でも，この授業で私はすごく変われたと思う．今日やったチームでの作業も，4月の私にはできなかったはずだ．3ヶ月間の成果として最後にチームワークを学ぶということは本当にすべてのまとめのようで，今までの授業がつながっていたんだと感じた．キャリアデザインの中で出会えた友達ももう10人以上いて，それは自分で行動した証のようにも思えるから，すごく嬉しいし，大切にしたいと思う．今日，先生が何度もおっしゃっていた『幸せは歩いてこない．だから歩いて行く』というのが本当に深く心に残った．もともと知っていた歌だけど，キャリアデザインの授業を受けた後だと，この言葉の重みが違うし，大きな意味を感じることができる．本当に良かった！　先生のようになりたいです．ありがとうございました！！

15 初年次教育としての「キャリアデザイン」の授業実践   213

まさに筆者の方が勇気と元気をもらうコメントの続出である。最後の「広場」に，筆者は次のように書いた。

　いよいよ最終回の広場になりました。半年間，本当にありがとうございました。『キャリアデザインをとってよかった』『キャリアデザインで自分は変わった』と言っていただけて，ホントにうれしい！！　教員冥利につきます。最後の感想文を読んで，ウルウルしてしまうのは，歳のせいかしら……。大学のセンセイも結構イケテルと思いはじめています。
　ワタシもこの半年間，みなさんから色々学びました。静大でははじめてのキャリアデザイン，しかも，まだまだ試行錯誤しながら授業をしている大学教員2年目の「若い？？」「未熟な？？」センセイでしたが，おつきあいいただき，ありがとうございました。『キャリアデザイン』の授業を担当することは，合せ鏡のように，ワタシ自身の生き方を鋭く問われます。ワタシは『賞味期限切れ』じゃないだろうか，充電しているか，『幸せは歩いてこない，だから歩いていくんだよ』を実践しているか，行動し気づき受容しているか，変化を恐れていないか，柔軟な心か，チャンスは前髪でつかんでいるかetc。ワタシも自分のキャリアを，これからも創っていきます。一生涯続くものですから。みなさんも，自分のキャリアを創っていってくださいね！

7　後日談（筆者の「キャリアデザイン」）

「キャリアデザイン」の授業に13回出席（授業参観）してくれた教員がいる。当時静岡大学情報学部教授（元情報学部長）の阿部圭一先生（現在，愛知工業大学情報科学部学部長）である。「佐藤先生はFD担当だから，授業見せてくれるでしょ」と言われ，「どうぞ，どうぞ」と気軽に答えたのだが，まさか13回もいらっしゃるとは思わなかった。すでに阿部先生は定年後，私立大学に行くことが決まっていた。「今までのような教え方では，私立大学ではダメだと思ったのです。佐藤先生の授業ならヒントがあると思って」とのこと。しかし，逆に理系の学生のキャリアを考えるうえで筆者が阿部先生に教えていただくこと

の方が多く，3回目以降はメンターとしてメールで色々相談した。このあたりのことは，2006年第28回大学教育学会で「教員メンターによる授業参観の取り組み」と題して学会発表している。自分の授業を見直すうえで，非常にいい経験であった。

　静大の「キャリアデザイン」の講義は，静岡新聞，読売新聞等でも何度か報じられた。2009年3月3日の読売新聞では，「拝啓　学生の皆さんへ　『おくりびと』は仕事の教科書」と題する筆者の文章が載った。現在も，バージョンアップしながら，キャリアデザインの授業を構築している。

【注】
1)「キャリア教育（Career Education）」という言葉は，1970年代に米国連邦政府が中等教育を再建するために使い始めた用語であり，これを使うのは不適切ではないかとする説もあり，日本キャリア教育学会でも議論されたが，本章では，文部科学省が「キャリア教育」を使っていることを踏まえて，この用語を使用する。
2) Sprout（若者・新芽）とunion（仲間・連合）を合わせた造語
3)「就活サプリ」http://supple.univcoop.or.jp/
4) Entrepreneurial Training for Innovative Communities エティック　http://www.etic.or.jp/

【引用・参考文献】
佐藤龍子　2005　国立大学法人の中期目標・中期計画にみるキャリア教育―キャリア教育の必要性とその具現化のために　静岡大学教育研究，NO1，31-41
山田ズーニー　2006　おとなの小論文教室。河出書房新社

16 教師を目指す学生必修（1年次配当）「教職入門」の授業実践

田実　潔

1　資格取得を目標とする科目の学生主体型授業について

　編著者である山形大学の小田先生（☞1章，7章）から，この本の原稿依頼を受けたとき，率直に感じた感想は「困ったなぁ」であった。というのも，筆者は私立大学における教員養成課程を担当しているが，私立大学での教員養成は戦後の開放制にもとづく教員養成課程であり，旧国公立大学教育学部における教員養成とは少々おもむきを異にしているからである。つまり，教員免許を取得するための教職や教科に関する科目の履修単位は，卒業要件に参入されない場合が多く，ほとんどの学生は学生生活における付加価値あるいはオプションとして，教職課程を卒業単位以外に余分に履修している。このことは，卒業要件単位がほぼ同時になんらかの教員免許取得と直結していることが多い教育学部とは根本的に異なる部分であり，開放制教員養成の特徴でもある。

　このような開放制教員養成を行っている多くの私立大学教職課程では，教員免許を取得するために教職課程で開講されている科目は，本質的に学生自らが望んで履修する科目であり，カリキュラム上卒業のために履修せざるを得ない科目とはさまざまな意味で異なっている。言いかえれば，学生はみずからの意志で希望して履修しているのであり，学生は教師になりたいという意欲と熱意をもって主体的に履修しているといえる。もっとも，せっかく大学に入ったのだから，という資格ゲッターなる学生が少なからず存在することを，みすごしていないわけではない。資格ゲッターである学生もいれば，教師になりたいわけではないが，教師や教育に興味がある学生，教員免許をもつことが就職に有

利ではないかと考える学生，親にすすめられて履修した学生などさまざまであることは否定できないだろう。それでも多くの私立大学の場合は，学生が教員免許を取得しようと教職課程を履修することになった場合，教職課程費（教職課程履修費）と呼ばれるものを当該学生に納めさせることになっている。およそ5万円〜の金額であるが，私立大学の学生や保護者には安くない負担であろう。その負担をおってまで教職課程を履修しようとする学生は，もう履修を決めた時点で温度差はあるものの，主体的に授業に取り組む学生なのだと筆者は考えている。

それゆえに，教職課程をはじめとする資格や免許取得のための講義群は，方法論的には議論の余地があるものの，意識的には学生主体型授業そのものなのである。少なくとも筆者の勤務する大学の教職課程を履修している学生を見る限りにおいては，まったくその通りであると思う。前置きが長くなったが，筆者は自分が担当している多くの授業がこのような考えに立脚した授業であることから，筆者の担当している授業実践例が，FD研究でよく取り上げられている，教員の働きかけを分析の主眼とする，いわゆる学生主体型授業とは質的に異なっているのではないか，という思いから冒頭の「困ったなぁ」という感想に至るのである。

したがって本章においては，他の実践例とは少しおもむきの異なった実践例の紹介になるかもしれないということをお断りしておいてから，筆を進めることにしたい。

2 学生主体型授業を考えるにあたって

学生主体型授業では，岡山大学の橋本（2005）（☞2章）や和歌山大学の吉田（2007）等の学生参加による授業設計がよく知られている。これらの先行研究の成果に加えて，筆者は履修学生の授業に対するニーズを正確に把握することが，学生主体型授業を考える第一歩であると考えている。

筆者は特別支援教育を専門にしているが，特別支援教育は元来，障害のある子どもたちだけの教育ではなく，特別なニーズをもつ子どもたちに対して適切な支援を行うことを旨としている。実際には特別支援教育の多くは障害（がい）

のある子どもたちが対象となっているが，その障害は重度化・多様化してきている。そのため，特別支援教育では，障害のある子どもたちの教育的ニーズを把握することや，把握した事実に対してもっとも適切な支援内容を考えること，考えた内容を効率的に伝えるための具体的支援方法を模索すること，その支援が子どもたちのニーズに合致していたかどうか検証することなどが，課題となっている。

　この特別支援教育の理念は，年齢や発達段階に関係なくすべての教育活動に共通させるべき考え方であると筆者は思っている。そのため，大学における学生主体型授業についても（筆者は学生主体型授業に限定するつもりはないが），特別支援教育理念同様，学生が当該の授業に望んでいるニーズは何か，そのニーズを満たすためにできる手法・内容は何か，その手法・内容が学生のニーズをどこまで満たしているかが問題にされなければならないであろう。これはいわゆる P-D-C-A サイクル理論（Plan-Do-Check-Action）と共通する概念であり，P の前に実態把握の A（Assessment）がはいる A-P-D-C-A 理論ということもできよう。

　2009 年の第 31 回大学教育学会大会において，寺崎昌男学会長が『大学はいかなる意味で教育者か─初・中等学校教員との対比において考える』という演題で基調講演をされた。その中で「大学教員は，小学校・中学校の教員の授業を見学して参考にするべきだ」という趣旨の発言をされていたように思う。これはとても示唆に富む発言であり，筆者は諸手を挙げて歓迎すると共に賛意を表したい。しかし，反対をおそれずいうならば，筆者はもう一歩進めて，大学教員の諸兄姉にはぜひ特別支援学校に出向かれて授業参観もしくは授業研究されることをおすすめしたい。上記のような特別支援教育の概念は，教科書やシラバスで教える内容がすでに決められている小学校から大学までの教育にはあてはまらないとの指摘も予想されるが，児童・生徒・学生たちすべての教育に共通している根本的概念は，実は彼らの求める教育内容（教育的ニーズ）を把握していくことから始まるのではないだろうか。とくに大学教育の場合は，学生の求める教育ニーズに対して，われわれ大学教員がそれぞれの立場や環境において独自の教育的観点からそれらのニーズと教育内容（講義内容）をブレンドさせていくことが求められており，そのことこそが学生参画型授業の一歩となると考えている。

3 学生ニーズの把握のためのアンケート調査

　筆者は，教職入門の授業を設計するにあたって，教職課程を履修している学生達が大学授業に対して何を望んでいるのかについてアンケートを行った（田実，2008）。この調査は，教職課程を履修している1年生から4年生の学生を対象に，学生が望む大学授業とはどのようなものか，レポートを提出させ，キーワードを抽出して調査項目としたものである。調査項目に関する信頼性分析はCronbachのα係数0.852であった。収集したデータを因子分析（バリマックス回転）にかけたところ，4因子を抽出することができた（表16-1）。

　抽出した4因子について，第1因子を『学習意欲の喚起度因子』，第2因子を『学習内容の充実度因子』，第3因子を『教員の意識度因子』，第4因子を『教授法の工夫因子』とそれぞれ名づけた。

　この因子分析の結果は，教職を志望する学生は，大学の教職関係の授業を通じて自分たちが教職につくための学習意欲や，やる気を喚起してくれることを第1に求めていることが示された。これは，昨今の教員採用事情を考えると容易に推測できる考えであり，学生達は教員採用試験を突破していく困難さを考えたときに，自分の教員志望というモチベーションを維持したり，あるいは維持するだけでなく，もっと積極的に意識を高揚させ，やる気を引き起こしてくれる大学授業を期待しているものと思われる。喚起のために「説明上手」や「力がつく」「わかりやすい」「内容が明確」「正しい専門知識」「教科書以外に学び方や考え方を教えてくれること」などを望んでおり，その具体的な方法論として「興味を惹く話術」や「モチベーション」「教員の人柄」等を考えているようである。

　第2因子は，第1因子と密接な関係がある学習内容の充実度が要因として考えられる。また授業の内容については，大学らしいロジカルな専門性を望んでいるということが示された。

　第3因子として，教員の授業への意識度因子が抽出された。教員がどのような想いで授業を行っているか，が問われているように思われる。この学問の楽しさ，奥深さ，興味深さ，おもしろさといったものを学生に知ってほしい，伝えたい，という教員自らの意識のありようを「テンション」や「表情」「親和

表 16-1　回転後の因子行列

	因子			
	1=学習意欲の喚起度	2=学習内容の充実度	3=教員の意識度	4=授業法の工夫
説明上手	.720	.205	.151	−.009
力がつく	.700	.252	.087	.109
わかりやすい内容	.683	.079	.130	.061
内容明確	.649	.249	.179	−.027
興味を惹く話術	.570	.228	.124	−.062
専門知識	.531	.290	−.054	.004
ユーモア	.530	.059	.382	.084
教員の人柄	.517	.097	.415	.037
教科書以外	.504	.240	.027	.263
モチベーション	.501	.426	.197	.160
専門分野で問題提起あり	.249	.691	.074	.198
目的・目標明確	.407	.535	.098	.095
論点整理	.470	.504	.196	.048
教員表情豊か	.143	.224	.659	.117
テンションを感じる	.219	.264	.609	.129
教笑顔を絶やさない	.220	.072	.576	.032
息抜きあり	.084	.114	.573	.010
教員の親和性	.343	.141	.552	.116
ディスカッション	−.027	.036	.135	.719
議論，討論，発表	−.136	.268	.039	.694
グループ学習	.049	.075	.127	.645
双方向授業	.220	.103	.078	.577
アクティビティ	.248	.041	.200	.558

性」が示していると思われる。

　第4因子は，教授法における工夫因子としたが，これは学生参画型授業をはじめ単なる一方通行の講義ではない授業形式を望んでいることを示している。学生たちが，教員免許を取得して将来小・中・高等学校の教壇に立つことを考えたとき，具体的な授業展開のノウハウとしてさまざまな教授法にもとづく実

践上の工夫を学びたい，と考えていることを示している。

4 授業の設計

　アンケート調査の結果から，教職を志望する学生たちが教職関係の授業に求めているものは第1にやる気にさせてくれる授業，第2に将来の教師として必要な知識や専門性を高める内容を提供してくれる授業，第3に教師になることを前提として，大学教員が意欲的に熱心にかつ学生との距離感を感じさせない授業，第4に学生参画型をはじめとする授業展開上の工夫がある授業ではないか，と考えるに至った。

　今回報告する実践例は，教職を希望する学生の1年生に配当されている『教職入門』2単位である。学生の履修利便性を考え，同じ授業内容を前期と後期の2回行っている。教職を希望する学生が最初に受ける教職関係の授業であり，まさしく第1因子に示されたような，教職への意欲や継続していく気力，教職のおもしろさや意義深さなどを伝えることが求められている授業である。

　そこで，全体の授業設計を考えるにあたり，以下の点を授業設計の基本的観点とすることとした。

---

❶ 1年生対象の授業なので，90分間の集中力を保てる授業形式であること。つまり本章に求められている学生参画型の工夫をしている授業形式であること。

❷ アンケートによる意識調査の結果から，教職への意欲をかき立て，やる気にさせるような授業内容であること。

❸ 入門授業であるので，今後4年間継続して教職課程を履修し続けるためのオリエンテーリング的性格をもった授業であること。

❹ 教職課程を履修している学生は，全学部にまたがって在籍しており，所属学部学科の授業のように顔見知りが少なく学生同士の横のつながりが乏しい。したがって，今後4年間をみすえて，たとえ学部学科が違っても教職志望者として相互に関係を築くことのできるような工夫のある授業であること。

5 授業の実践

● 5-1　授業スタイル

このような授業設計の基本的観点をもとに，2005年度から新たな『教職入門』の実践を行うこととなった。授業のスタイルは次の通りである。

①90分の授業で，筆者が中心となり，講義する時間を授業開始から60分以内におさめる。残りの後半30分は，その日の講義内容から筆者が学生にいくつかの問題提起を行い，それらの問題提起に対して近くの座席に座っている見知らぬ隣人同士で小グループをつくり，討論をし，その結果を各自でまとめ小レポートとして原則毎回提出する。

②シラバスで原則的な講義内容や講義の順番などを学生に示してあるが，実際には特別に系統性が求められる講義内容以外では，授業のはじめに講義内容の一覧（シラバスと同内容）を提示し，学生が聞きたいと希望を多く出す講義内容を優先的に行う。もちろん，すべて学生の希望通りになるわけではないが，学生と相談しながら，講義内容を決めることにする。例えば，学生からリクエストの多い教育現場の実情や内情に関わる講義を行った翌週には，学生と相談しながら，学生にとっては若干興味が薄れるかもしれない教育行政や教育法規，教育原論に関する入門的な内容を行うことにしている。「君たちは先週に続いて，教育現場のリアルな話を聞きたいかもしれないけれど，将来の教員採用試験や教員になるための知識として必要な話になるので，今日は教育○○の話をしたい，と思うけどどうだろうか？　来週はまた君たちの興味がある教育現場についての話をするから」と，いったぐあいである。

● 5-2　受講学生との契約

筆者は授業を学生との相互コミュニケーションと位置づけているので，その観点からいくつかの契約を一番最初の講義時にオリエンテーションの一環として，学生とかわすことにしている。契約というほど大げさなものではないが，授業中にお互いが守るべきルールを明確にしようという意図である。お互い，という以上は授業者である筆者も学生に対して守るべきルール，姿勢を明確にしなければならない，と考えている。以下にその内容を簡単に説明する。基本

的には学生にも，それから筆者自身にも真摯(しんし)な態度を要求し合おう，というものである（ずいぶんと格好をつけているが）。

(1) 受講学生に対して授業にのぞむ約束（契約）

❶学生に対して無断遅刻，無断途中退出は認めないこと。事前に連絡をしてくれた場合はかまわない。
❷授業中の居眠りは，半分は授業者の責任もあるとして仕方ない，とするができるだけ居眠りをしないこと。
❸授業中の私語は，周囲の学生の迷惑になるので，慎むこと。
❹授業中は，ノートをとるとき以外は，授業者である筆者の顔か，もしくはパワーポイントのスライド画面を見ているようにすること。
❺パワーポイントを使うが，講義資料として原則印刷配布しないので，各自ノートをとること。
❻出席はとること（グループ討論の小レポートにて）。
❼後半30分のグループ討論は，見ず知らずの学生ともグループになること。上手に討論することではなく，自分の意見を述べることと，他者の意見に耳を傾けること（批判的に聞かない），否定的な意見だけを言わないこと（お互いの考えの異なる意見を認めたうえで，異なる観点からの意見として発言する）。
❽単位認定に関する件。

(2) 筆者自身の学生に対する授業の約束（契約）

　授業を学生との相互コミュニケーションとしたとき，教員からの一方的な一方向の授業進行は上記の❶～❸の原因の1つとなっているのではないか，と考えている。つまり，学生に対して注意を払わない（私語，化粧，居眠り，途中退室，遅刻など，学生が何をしていてもおかまいなし）とか，学生がどのような受講態度であったとしても，それに対応することなく自分のペース，やり方で授業を進めることなどは，授業における学生との双方向コミュニケーションをいちじるしく欠く状況であり，学生にとって内容よりも授業のあり方や進め方に総

合的な満足感が感じられなくなると考えている。受講学生には，遅刻や途中退室，居眠りあるいは私語を遠慮願うことを要求しているが，授業者としても学生にこのような行為をとらせないがための工夫や，なによりも授業者として筆者自身の授業に対する意欲や熱意を示すことが大切だと考えている。この考えから具体的に授業者である筆者が考えている学生との契約は，以下の通りである。

①受講学生の授業態度❶〜❸に対応して，筆者自身も一生懸命授業（この場合は講義）することを明言する。

具体的には，少しかための行政用語や専門用語は，場合によっては学生にわかりやすい言葉で説明しなおしたり，事例を多く引用して学生の集中心・注意力がとぎれないように工夫すること。また，教職に対するモチベーションを維持できるような教員採用試験に関する情報や数値を適宜交えながら，興味・関心の喚起をはかること。特に，教職入門は1年生対象の授業であり，今後4年間の教職履修や教員志望動機の方向性を決定づける可能性も高いことから，教員自らが教職に対する熱い思いを的確に伝えていく必要性があると考えている。

②パワーポイントでの授業進行については，1枚のスライドに掲載する情報量を調整することはもちろんのこと，アニメーションを効果的に用いるようにしている。例えば，1枚のスライドの量のうち，まず教師が「○○は△△です」としゃべってから，スライド上に「○○＝△△」といった内容を提示する。学生には，この時点でノートテイクを指示する。学生がノートを書き終えたことを，全体を見渡したり，実際に「みなさん，書けましたか？」と言葉で確認した後，○○＝△△の説明を話すが，このときはノートをとる必要がないことをあらかじめ伝えておき，授業者に意識を向けてもらうため筆者の顔を見るように伝える。一通りの説明を終えた後「○○→□□→××→△△」のような説明内容をノートにとりやすい形でまとめ，その内容をスライドの続きに表示するようにしている。

③小グループでの討論は，授業内容を踏まえたうえで，学生に内容を深めてほしい事柄や，学生相互の考え方や理解を交流し合うことで理解の幅が広がることを意識して，討論内容を決めている。例えば，1回目のオリエンテーション授業では，教師になりたい理由の主だったものを列挙し，それらの理由が実

際の教師の生活に照らし合わせてどうなのか，を検証する内容であり，教師という仕事が実際には学生が思っていたよりも大変だったという内容が多くなっている。その授業内容を受け，学生には「教師になりたい，という希望が変わったか，変わらなかったか？　その理由は何か？　授業内容をもとに，それぞれの立場から意見を述べ，グループのメンバーの意見を聞いて，交流しなさい」というものである。

　④授業評価については，グループでの討論結果のレポートのみを採点の対象とし，レポート内容は，たとえ授業者の考えと異なる考えであってもかまわない，と伝えている。ただし，立派な高説や理論をレポートに書いていたとしても，それが筆者の授業内でふれていない内容であるならば，評価の対象にしないようにしている。このレポートは，知識や文献の引用を求めているのではなく，筆者の講義内容をどのように理解し，それを討論でどのように深め，自分のものとしているかをみるためであり，学生にもこの点はしつこく毎回のように伝えている。

● 5-3　学生レポートの一例

　第1回目のオリエンテーション授業を受講した学生の討論レポートの内容を一部引用する。表現や言葉遣いの稚拙さはあるが，ここでは原則学生の書いたままの文章を紹介する。討論のテーマは「あなたが教職を目指す理由は何か？　またこの講義を聴いて志望理由が変わったか？」である。

> A君：「自分の考えは甘かったな，と感じた。志望理由に変更はありませんが，もう一度自分が教師になりたい理由を再確認する必要があると思いました」
> Bさん：「子供も好きではないし，教師という仕事をしている人もあまり好きではないから，就職に有利だという理由でしか，教職をとる目的はないけど，今日先生の話を聞いて，教師のやりがいや喜びを知れた」
> Cさん：「こんなに人と人とのつながりが深い職業はないと思います」
> Dさん：「私が教師を目指す理由は，「子供が好きだから」というのが一番

の理由でした。でも，今日の先生の講義をきいて，それだけではダメで，きちんと生徒を育てられる教師になりたいと思いました」

Eさん：「学校の先生が1番感動することが多い職業だと思います」

Fさん：「教師は仕事が大変そうで，給料が低いので，あまり免許を取っても仕事にはあまりしたくないなぁと思いました」

Gさん：「就職に有利，というのが一番の理由です。実はまだ教師になるべきか否か悩んでいます。心動かされはしましたが，まだ変わっていません。相当厳しい道であることは分かりました」

Hさん：「理由は大きく変わらなかったが，他にも様々な理由があると知れた」

Gさん：「私は，ただ漠然と教員の免許を取ろうと思っていただけでしたが，今日講義をきいて色々考えてみて，人に英語を教えたい！と思いはした」

● 5-4　授業者の役割と工夫

　前述のように，筆者は特別支援教育を専門としている。とくに自閉症や発達障害のある子どもたちの教育や支援に携わっているが，このような障害のある子どもたちの多くに，共感を表す助詞「ね」を使わないという研究報告がある。例えば，映画を観た後に「今日の映画，おもしろかったねぇ！」「そうよねぇ！」といった会話で語尾に使われている「ね」である。「明日映画に行こうね」の場合のような確認を表す助詞ではない。この「ね」を使えない表出言語だと，自閉症や発達障害のある人たちによく見受けられる紋切り型口調になりがちで，冷たい印象を与えてしまったり，会話が一方通行の申し渡し調になってしまう傾向がある。自閉症や発達障害のある人たちが他者との交流関係や共感関係を構築することが困難であるとよくいわれるが，その原因の一つとなっているのがこの「ね」の未使用傾向である。

　また，同様の自閉症研究の知見から，自閉症や発達障害のある子どもたちは，教室の中で授業を受けているときに教師が自分の方を向いて話をしている，つまり教師の注意が自分の方に向いている場合（例えば視線が合っている状態）には，教師が自分に語りかけていると自覚して聞いているが，そうでない場合に

は，教師がクラス集団全員に語りかけている場合でも自分に語りかけられていると意識できないことが多いといわれている。

　以上2点の，特別支援における知見や臨床経験から，筆者は大学での講義を行う際には，学生との疑似的共感関係環境とでもいえる授業環境の構築を心がけている。もちろん，授業内容にもよるが，これはぜひ学生に伝えておきたいと思う事柄（授業のほとんどはそうであろうが）については，「ね」を意識的に語尾につけて話すことで，擬似的ではあるがその事柄に対する共感関係を意識させるようにしている。また，同様に教室全体をいつも見渡し全員の学生と視線を合わせるようにもしているが，これは学生に主体的な授業参加を促すことも意図している。私（授業者）は教室の構成員全員にまとめて語りかけているのではなく，あなたたち（学生）一人ひとりにしっかり語りかけているのだ，というメッセージを込めているのである。これは学生の反応を確認することにもつながっており，学生の反応が好反応であればよしとするし，学生の表情が今一つすっきりしていなければ，理解が十分でないことも考えられるので，繰り返し説明してみるといった工夫にもつながっている。

6　学生の授業評価と感想

　筆者の勤務する大学では，隔年で学生による無記名の授業評価を行っている。これは10数個の質問項目に対して，とてもそう思う－そう思う－どちらでもない－そう思わない－とてもそう思わないの5件法で評価し，それぞれに5点，4点，3点，2点，1点を付加する形式のものである。質問項目の中には，総括的質問として「総合的に判断して，この授業は満足できるものでしたか？」という質問項目がある。筆者の教職入門についてのこの質問項目による学生評価は2005年度が4.54，2007年度が4.61，2009年度が4.40となっており，これはまずまずの高い評価を得ているといえるだろう。

　その一方で，後半30分にグループ討論を設定するようになったため，レポートの提出でもって授業を終えることになり，流れ解散的に授業を終えるようになってしまった。そうなると，学生からの質問を受け付ける定まった時間がとりにくくなり，学生による授業評価にある「授業に関して質問する機会を与え

られましたか？」という質問項目で，学生から厳しい評価を受けることとなった。2005年度が3.82，2007年度が3.81，2009年度が3.98である。この授業形式を行う前の授業評価では，2003年度4.31であることから，学生の不満感は歴然であり，次年度以降に授業形式を若干変更する必要性もあるだろう。

7 その後の「教職入門」
進路としての教員選択・アウトカム指標として

　教職関係の授業は，教員免許取得という資格関係の授業である以上，その授業の評価は学生の教員志望の数で評価することができる。卒業後の教員採用試験合格者数がアウトカム指標としては適していると思われるが，昨今の教員採用事情や就職状況の厳しさを鑑みると，採用試験の合格者数を単にアウトカム指標とするのは妥当でないかもしれない。そこで，1年次に教職入門を履修した学生の数と，4年後の卒業時に教員免許を取得した学生の数を比較検討してみることとする。

　2008年度卒業生を例にとると，2005年度の入学時約800名の入学定員の内，1年次に教職入門を履修した学生数は履修登録者数で208名である。1年次配当の授業でありほとんどが1年生の履修であるが，過年度生や科目等履修生が例年1割程度履修しており，実質的には190名程度と思われる。2006年度の2年次では，2年生に学年配当されている教職関係の授業履修者数は169名，2007年度の3年次での学年配当されている教職関係授業の履修者は114名，2008年度4年次で教育実習を行い教員免許を取得した学生数は最終的に96名であった。4年間で履修学生数は，約半減していることになる。この数字が高いか低いかは，対照とする他大学の資料がないため結論づけられないが，本学における教育実習が4年次実施であり，時期的に一般就活における内定面接等と重なる時期が多い時期であることを考慮するならば，よく頑張って最後まで履修し続けている学生が多いのではないか，と私は解釈している。

8 今後の課題

　学生参加型である以上，学生達の授業への参加意欲や動機づけはある程度のレベルが保証されていることが大前提であるだろう。このように授業に対する意欲をもっている学生対象の授業だけであることは理想的であるかもしれないが，現状ではさまざまな社会情勢等により，学習意欲が十分でない学生が存在することも事実である。今後は，このような学生たちに対して，われわれ個々の教員が授業という枠組みの中でできることは何か，あるいは個々の授業という枠組みをこえて教務レベルの大学として授業でできることは何か，さらには大学事務と一体化したすべての大学関係者が関与するレベルでの授業における工夫は何か，といった事柄に対しての工夫や取り組みが今以上に求められてくるだろう。

【引用・参考文献】

橋本　勝　2005　FDの新展開―他の教員の授業に口出しする授業，第11回大学教育研究フォーラム，90-91.
田実　潔　2008　教職志望学生が求める大学授業―授業イメージアンケートから，日本教師教育学会第18回研究大会，112-113.
吉田雅章　2007　FD活動としての学生参加型授業参観プロジェクト，第13回大学教育研究フォーラム，80-81.

17 デザイン教育の特徴を活かしたプロジェクト型授業の実践

八重樫 文

1 はじめに

　本章では，デザイン教育の特徴を活かしたプロジェクト型授業（立命館大学経営学部および，環境・デザイン・インスティテュート）の実践を紹介する。

　本書において多様な実践が紹介されているように，「学生主体型授業」は一様・一義ではなく，さまざまなスタイルがある。その中でとくに，近年注目されている社会的実践を伴うプロジェクト型の授業（PBL：Project-Based Learning）という枠組みは，これまで美術大学（以下，美大）系デザイン教育における一般的なスタイルであり，美大出身の私にとっては取り立てて意識することではなかった。

　美大で行われているデザイン教育は，色の使い方やかたちの作り方を個人作業として黙々と行うという一般的なイメージが強いのかもしれない。しかし，デザインは個人の感性の発露ではなく，社会のさまざまな関係調整を担いとなみであり，個人で完結する技能ではない。デザインの作業は，いろいろな立場や専門性をもった人々との関わりの中で進められていく。そのため，デザイン教育ではこれまでに，実習や社会的実践を通して包括的な理解を目的とするさまざまな方法が実践されてきた。その方法・実践の中に，近年注目されているプロジェクト型の授業（PBL：Project-Based Learning）との類似点が多くみられる。しかし，それらの方法や経験は，美大・デザイン教育の内では活かされ発展しているが，大学教育一般の知見としてはまだよく開示されていないと思われる。デザイン教育の知見の蓄積が，プロジェクト型の授業実践一般に活

かされることで，プロジェクト型授業の知見がより発展するのではないだろうか。

そこで，私はデザイン教育の特徴を，美大の内だけではなく広く開示・利用したいと考えるようになった。この目的を実現するために，これまでに私はデザイン系（造形学部[1]）から，人文系（人間文化学部[2]）を経て，社会科学系（経営学部）へと渡り歩いている。

2 デザイン教育の特徴の整理

デザイン教育の特徴を活かした授業実践紹介の前提として，まず本節では，「デザイン教育の特徴」の整理を行う。

美馬・山内（2005）は，美術・デザイン系大学での学習の特徴として次の3つを挙げている。

アトリエ的学習空間の利用
学習者の制作過程が授業者や他の学習者に公開され，物理的なものだけではなく，そこでのインタラクションが共有される。

リフレクションの実施
学習者が制作意図を述べ，授業者がコメントすることを他の学習者が存在する場で行い，何を学び，何を試みたのかを学習者が反芻する。

ポートフォリオの制作
制作過程や資料が集められたファイル作成が行われること。授業者や学習者が評価を行う際にも用いられる。

また，今泉（2002）は，「Heuristic Circuit デザイン×情報学のアプローチ（図17-1）」を提示し，図左半分の「内省のループ」，図右半分の「内省＋体験のループ」を循環しながら，思考をかたちとして外在化し，多くの価値観や知見をもつ人々の目にさらされ「他人の目を通した気づき」を得ることがデザインの

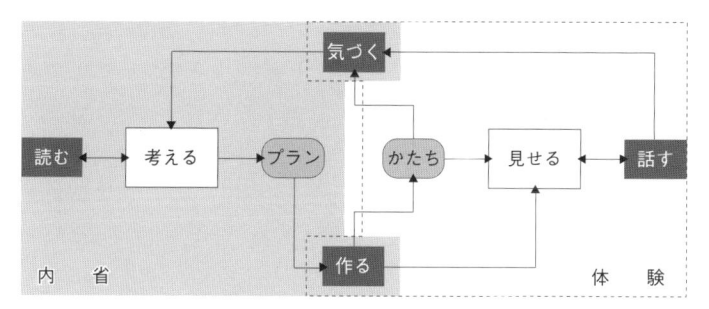

図17-1 Heuristic Circuit デザイン×情報学のアプローチ
（武蔵野美術大学（2004）より筆者作成）

学びにおいて重要であることを指摘している。

さらに，須永（1998, 2001）はデザイン教育における学習活動を，

❶探索と発明のプロセスを経験することを重視した「答えのない教室」
❷共同することの本当の意味を分かちもつことを重視した「脳としての教室」
❸自分のものとしての学びをつくることを重視した「作品をつくる教室」

という3つの観点からまとめ，「行う活動（やって－みる）と知る活動（みて－わかる）が連携した学習活動」であると述べている。

● 2-1 答えのない教室

須永はまず，「デザインの教育においては，教える側に，既に知っている答えというものが用意されていない」ことを指摘している。また，このようなデザイン教育の場における教師と学習者の関係について以下のように述べている。

教師と学生は，未知の答えを見つける過程を何度も一緒に歩く。教師はプロジェクトのテーマを出し，ものごとをつくり出すことの枠組みを示す。そしてその道程をガイドする。学生はその中で，表現し，話し合い，考え，気づき，そして実際にものごとをつくり出すのである。

つまり，教師は学習者の学習道程のガイド役であり，実際に試行錯誤を経てものごとを作り出し，道をきりひらくのは学習者であるということである。また，「デザインの表現と思考を学ぶために，各自が表現するだけでなく，表現する主題と内容そして表現の方法に関する話し合い」に多くの時間が使われていることを述べ，「創造的なプロセスとして，『表現すること』と『思考すること』が対のものとしてひとまとまりに学びとられている」ことをデザイン教育の特徴として強調している。

● 2-2 脳としての教室

脳はその細胞ひとつひとつが，情報を所有するという意図をもたず，全体としてはたらくものである。その類比として，デザイン教育では，「参加者の一人ひとりが脳の細胞となり，クラスがひとつの頭になるというイメージ」のもと，「アイデア，発想，創作が全てクラス全員のものである」という了解でプロジェクトが進められる。

その利点については，「表現してしまうことが，アイデアや思考の減少に結びつくのではなく，それが思考の増大につながっているのである。思考を常に頭の外に出すこと，ノートに書き，描き，それをメンバーと共有することによって，デザインプロセスは活性化したものとなり，飛躍的に楽しいものになる」ことが挙げられ，そこでは「ひとりの人が，自分のアイデアや発想を，所有し独占するところに，耐久力のある本当のオリジナルは生まれない」ことが強調されている。

● 2-3 作品をつくる教室

須永は，デザイン教育における学びを，「第1の学び」と「第2の学び」の2つに分け説明している。まず実際に表現し作ってみることを「第1の学び」と捉える。その学びのゴールは「作品」というかたちで表れる。ゴールを「作品」とするのは，「学びたくなること」と深くむすびついた「学ぶことの責任」がそこにうめこまれているからである。須永は以下のように述べている。

『作品』は『作者』という概念をともなっており，そこに作者の責任が常に

求められている。学びのゴールを『作品』にすることは，学ぶことの『責任』を自明のものとしている。

　また，先行する専門家はどのように考え，それを扱ってきたのか，他の分野ではどうなのかなどのスタディは，須永によれば「全てのスタディは自分が問題を立て，作品づくりとしての表現を始めた『後』に行われる」と説明されている。デザイン教育では，これらのスタディが，自分が作品を制作する過程で何を学び，何を試みたのかを学習者が反芻する「リフレクション」として機能していることに特徴がある。須永は，このスタディを通したリフレクションとしての学びを，実際に表現し作ってみることを通して得られる「第1の学び」に対して，「第2の学び」と位置づけている。
　また，もうひとつのスタディとして，学外・社会に成果を公開する場としての「展覧会」を挙げている。

> プロジェクトのメンバー以外の人々に，課題の成果物である『作品』を公開する。展覧会では，作品とそれが作られたプロセスを来客に伝えなければならない，そして，それを理解しようとする聞き手からの問いに答えなければならない。作品の解説とそれに対する他者の意見から『自分達が行ったことを知る』ことになる。

　このように展覧会も，「自分達が行ったことを知る」ためのスタディとして機能している。そこでは，「文献や論文の代わりに，発表を聞き，意見を述べてくれる生きた人間がその学びの場を形成している」ことに特徴があり，学生達の仕事とその作品が学外にそして社会に公開されるという場を用意することは，メンバーのやる気を高め，「学びたくなること」と深く結びついた活動であることが指摘されている。

　このような美馬・山内，今泉，須永の指摘から，デザイン教育のもっとも特徴的な要素は以下の2点に整理できる。
　❶問題自体を学習者自身が探究する形態をとること。教師はそのプロセスを

一緒に歩くガイド役である。

❷活動の成果物のみではなく，そのプロセス自体がいつも学外・社会に開かれ，他者と共有できるような環境を実現している。

3 デザイン教育の特徴を活かしたプロジェクト型授業実践の紹介

　本節では，前節にて整理したデザイン教育の特徴を活かした授業実践として，立命館大学で行っている「環境・デザイン実習」と「プロジェクト研究」の2つを紹介する。いずれも，学生がグループで問題解決を行うプロジェクト型授業である。

◉ 3-1　環境・デザイン実習
(1) 概　　要
　授業の目的　「環境・デザイン両分野のフィールドでの調査・実習を通して，問題発見から収集情報の解析・分析，そして問題解決に向けた提案に至る基本的なプロセスを体験すること」を目的にしている。

　履 修 者　履修対象者は，環境・デザイン・インスティテュート（経営学部・経済学部・理工学部の連携組織）に所属する経営学部・経済学部2回生以上である。履修者数は，2008年度15名，2009年度21名であった。

　期間・担当教員　　半期15回の授業期間で構成している。教員は，環境分野を専門とする教員（2008年度：島田幸司／立命館大学経済学部教授，2009年度：佐藤圭輔／立命館大学理工学部講師）とデザイン分野を専門とする教員（筆者）の2名が共同で担当している。

　課題内容　「自分たちの生活環境の中で問題点を見つけだし，自らの調査分析に基づきプロセスを踏まえて，その解決策を適切な方法論にそった説得力ある説明とヴィジュアルな表現を用いて分かりやすく提案する」ことを課題として提示している。

(2) 課題の進め方

1グループをコンサルティング／デザイン／リサーチ会社とみなし，2〜5名程度のグループを構成し活動を行う。会社の体裁としているのは，実社会に向けた活動であることの自覚，組織的な責任の自覚，役割・仕事分担の徹底をうながすためである。まず，会社の体裁を整えるために，学生たちは，会社名，ロゴ，会社理念，活動指針などをまとめる。作業のなかで，それらの会社を構成する要素がそれぞれ独立したものではなく，深く連携し組織活動の礎となっていることに気づく。また理念・指針が，今後の活動における意志決定すべてに関わることを自覚する。

また，各社を「現在，経営危機に陥っている状況」とし，「管財人」のような役割として，各社に1名ずつTAまたはES（Education Supporter：学部生のチューター）を位置づけている。TA/ESを単なる「グループにアドバイスを行うティーチングアシスタント」という学校文化にもとづく位置づけではなく，社会的な文脈で活動を捉えるための工夫である。さらに，各社には「次の事業計画の成功に会社の将来がかかっている」という状況設定がされることで，企画内容の新規性や競合他社・活動への意識を高めることにもなる。

作業進行においては，他のグループのTA/ESから2名以上＋教員2名からOKをとった企画でないと，最終プレゼンに進めないかたちをとっている。これは上司や取引先の了承をとる状況をメタファーにしたものである。デザイン教育の特徴においてふれた，自分たちの考えを外在化し，多くの価値観や知見をもつ人々の目にさらすことで「他人の目を通した気づき」を得るための工夫である。

(3) TA/ESに求めていること

デザイン教育の特徴を取り入れた授業実践のためには，TA/ESにもその考え方を十分に理解して授業にのぞんでもらう必要がある。よってTA/ESには，事前に以下の5点について注意するようお願いをしている。

「教える」より「学ばせる」　　TA/ESは，授業履修者・経験者に担当してもらうことが多い。その場合，履修時の経験から「教えたがり」になってしま

うことが多々見受けられる。よって，TA/ES には，「学習者が自分たちで動くためのサポート役であること」を徹底するようにしている。これはデザイン教育の特徴である「問題自体を学習者自身が探究する形態」を実現するためである。

「積極性」より「Shyness」を優遇する　グループワークにおいては，積極的な学生が突っ走ればよいわけではない。シャイ (Shy) な学生の方が多様な意見をもっていることが多い。よって，TA/ES には，「Shyness をグループにリンクさせる役割」を担ってもらう。これはデザイン教育の特徴における「プロセスを他者と共有すること」つまり，個別多様な考えのプロセスがいつもオープンであり，「他者の目を通した気づき」を多くもつためである。

「鏡」になる　学習者が自分たちの活動を客観視できるようにするために，TA/ES には，身近な他者として，「学習者が自己を映す鏡となる」ようこころがけてもらう。デザイン教育の特徴を参照すると，教える側は「学習者が問題を探究するプロセスのガイド役」として機能する。これは，一緒に問題について考えるということと同時に，学習者が自分で考えるための多様な方法やリソースを提供・示唆することも含まれる。そのひとつとしてこの「学習者が自己を映す鏡となる」ことがあげられる。

「スキマ」と「余白」を埋めない　グループワークでは，議論が紛糾したり，メンバーの調整がつかず仲違いすることが多い。しかしそこで，大人の意見で収束させると，その成果が小さくなってしまう。この実習は，「きれいなプレゼンの作り方を学ぶためのプレゼン演習」でも，「仲良くなるためのホームルーム」でもない。グループ内での紛争状況を自分たちでどのように乗り越えていくのかのプロセスが重要である。あくまでデザイン教育の特徴である「問題自体を学習者自身が探究すること」を重視している。

「学びの枠」を設定しない　学習者の思考の枠組みは，授業の枠組みに与えられるものではなく，学習者自身で広げていくものと考える。よって，TA

/ESには，学習者に対して指示形で語らないよう依頼している。これは，デザイン教育の特徴である「問題自体を学習者自身が探究すること」の実現と同時に，「プロセス自体が常に学外・社会に開かれ」ていること，つまりどこまでも思考や活動を拡げられる可能性を示唆することを重要視するためである。

(4) 評価の観点

授業開始時に，評価の観点として表 17-1 に挙げた 5 つを提示し，最終的にもこの観点から学生たちが相互評価を行う。

表 17-1　評価の観点

❶企画力，発散的思考力	アイデアの新規性・ロジックの創造
❷調査分析力	アイデアの裏づけ・ロジックの裏づけ・実現性の裏づけ
❸認識理解力	技術仕様・社会背景・学術的背景・研究方法論の理解
❹統合力，収斂的思考力	情報編集力・論理的一貫性
❺プレゼンテーション力	造形表現力・メディア表現力・演技・演出力

(5) 設定されたテーマ

これまで学生たちが実際に設定したテーマは，表 17-2 のように身近な環境における問題があげられている。

表 17-2　設定されたテーマ

・学生マンションの共有スペースの内装設計提案
・食堂座席の回転率改善の為のデータ採取
・JR 沿線の騒音問題の解消について
・食堂の混雑緩和対策
・学生の節水意識の向上への取り組み
・農地へのゴミの不法投棄に対して効果的な看板の提案
・学生の憩い場所確保のための学内スタジアム斜面のウッドデッキテラス化提案
・学内メインアベニューの緑化提案
・キャンパス内分煙方法の提案：屋上分煙対策
・学生の憩い場所確保のための噴水周りの改善計画
・食堂の混雑緩和のためのお持ちかえりシステムの提案

(6) 学生の感想と考察

　授業終了時には，リフレクションとして学生に学習成果をまとめるよう指示している。その記述内容からいくつかを抽出し，デザイン教育の特徴を活かした成果と，この授業自体の成果を考察したい。

> 　グループを1つの会社として捉えるだけで，少しだけ，責任問題に敏感になったと思う。グループワークを通して，その中で，どのようにしたら他者の意見を尊重しながら自分の意見を表に出していけるかということを学んだ。

　この記述から，会社の体裁としたことによる，実社会に向けた活動であることの自覚，組織的な責任の自覚，役割・仕事分担の徹底の促進について，学生が十分に意識できたものと考える。また，「他者の意見を尊重しながら自分の意見を表に出していけるか」という他者と自己の相対的な視点が得られていることから，デザイン教育の特徴を活かした「他者の目を通した気づき」を得るための工夫が機能したものと考えられる。

> - この授業において学んだことは，(中略)，積極的に行動することは，大きな成果を上げられる可能性が広がるということです。
> - 他の授業で得る知識とは違った経験を得ることができました。企画することから発表するまでの内容が自由であったため，いろんなことを考えすぎてしまいましたが，逆にこの自由さが新しい考えを生み主体性を身につけることにつながったと思います。

　これらの記述から，デザイン教育の特徴である「問題自体を学習者自身が探究すること」，また，TA/ES に求めていることで述べた「『学びの枠』を設定しない」ことが，学生の主体性の育成によく貢献したものと考えられる。

> - 実社会において企画提案を進めるための一連のプロセス（問題の設定，ゴール設定，解決策の構築）をデザインする能力が身についたと考える。また，自分たちに解決策を構築する際のツール（知識や方法論など）が貧弱

17 デザイン教育の特徴を活かしたプロジェクト型授業の実践

> であることや，メンバーで時間を合わせることの難しさなど，たくさんの「気づき」があったことが良かったと思う。
>
> ● この授業を通して，通常の講義形式では得られることのできないもの（アイデアの出し方や，ブレストの進め方などの企画提案方法など）を得ることができ，企業として活動する設定だからこそ真剣に取り組めた。そして，もっと良い成果を出せたのではないかという向上心も，この授業で得られた成果だと思う。

　この2つのなかで，「ツール（知識や方法論など）が貧弱であること」「もっと良い成果を出せたのではないかという向上心」と述べられていることに注目したい。単にこの授業で得られた成果を知識の増量という観点ではなく，自分に足りないところの自覚という観点で捉えていると考えられる。本授業において学生たちは，自分の不足点を認識し，今後の学びに接続する意識を得たことがうかがえる。

● 3-2　プロジェクト研究
(1)　概　　要
　授業の目的　「学生が，実社会において国際的なプロジェクトを企画・立案・実行し，コミュニケーション能力や異文化理解能力に加えて，マネジメント能力を涵養すること」を目的にしている。

　履修者・期間　経営学部国際経営学科と経営学科の2回生以上が履修可能である。授業は2007年度から継続して開講されている。半期セメスター毎に2単位が取得でき，履修単位上限は学生の所属学科によって異なる（国際経営学科：6単位，経営学科：4単位）。本授業では実社会でのプロジェクトを運用することを目的としているため，プロジェクトの実施期間は，授業開講時期に必ずしも合うものではない。よって，単位取得者とプロジェクト正規メンバーの人数が一致するものではない。これまで10〜20名程度の規模で実施してきた。

　担当教員・授業形態　本授業は，海外実習（インターンシップ）と連動して

おり，授業担当は，その受入先 Cross Culture Holdings Ltd.（イギリス／ロンドン：総合メディアプロデュース会社）の代表である松任谷愛介／立命館大学経営学部客員教授と筆者との共同で行っている。毎週 Web 会議ツールを利用して，ロンドンと立命館大学をつなぎ，プロジェクトの進行についてディスカッションをしながら進めている。

(2) 学生の活動内容

これまでの学生の活動内容を表 17-3 に紹介する。

表 17-3 学生の活動内容

❶ 2007 年，本授業にて英日の学生が映像制作を通して文化交流を目指す「英日合作映像プロジェクト」を立ち上げ，英国大使館主催 UK-Japan2008 へのイベント参加申請のため，英国大使館へプレゼンを行い，公式イベントとして受理された。
❷ プロジェクトの予算獲得のため，国際交流基金等への申請や企業への協賛依頼・交渉を行い，数企業から協賛・協力・後援を獲得した。
❸ 映像制作へ向けた英日映像制作担当組織の選定と交渉を行い，京都造形芸術大学とロンドンカレッジ・オブ・コミュニケーション（LCC）が制作チームとして決定された。
❹ プレスリリースを各方面に行い，地元新聞・テレビ局に取り上げられた。
❺ 2008 年秋に立命館大学学園祭において，音楽アーティストやラジオ DJ らをゲストに迎え，映像完成披露上映会が開催された。
❻ 2009 年度内には映像 DVD の配布や，ロンドンでの上映会が行われる

現在（2009 年 11 月）も，3 チーム・20 数名ほどの学生が，「日本の若者が原爆の悲惨さを世界にアピールする」「日英学生映画祭」「国際少年サッカー・ワールドカップ大会」といった各々が発案したプロジェクトを実現するために，多方面に協力を募り，交渉のために走り回っている。

(3) 授業の理念とデザイン教育の特徴の活用

この授業で学生に学び，身につけてもらいたいものは，「社会のプロデュース能力」である。教科書を頭にたたきこみ試験で再現することや，体裁だけ整った絵空事の企画書作成や，身内しか参加しない場でのプレゼンなどのような「教室の中でのデキゴト」ではそれは身につかないものと考える。担当教員らおよび参加している学生たちは，学びの枠を小さく限定せず，そこで行われる

ことが，現実の社会に接合し，確かな「現実の手ごたえ」を感じられるようになる，そんな授業でありたいと考えている。

この授業ではデザイン教育の特徴である「問題自体を学習者自身が探究する形態をとること」を特に重要視している。さらに，「そのプロセス自体が常に学外・社会に開かれ，他者と共有できるような環境を実現している」ことにも留意している。そのためにまず，毎週プロジェクト内での議論を報告書として提出することを義務化している。これは，デザイン教育のなかでの「ポートフォリオの制作」と整合し，他プロジェクト・グループとの情報共有・示唆や，学外協力者への協力要請に有用であるばかりでなく，学習者自身のリフレクションとしても機能している。加えて，とくに「学外・社会に開かれ」たものであることを重視している。毎週行われるWeb会議では，担当教員の仕事・研究連携者や知人，学生たちがプロジェクトを進めるうえで協力・賛同いただいた社会人などに参加いただく機会が多い。前述のように，「教室の中でのデキゴト」ではなく，社会に密接に関連したプロジェクトを運用することを本授業の最大の目的としている。

(4) 学生の感想と考察

「環境・デザイン実習」と同様に，授業の節目（各セメスター終了時）には，リフレクションとして学生に学習成果をまとめるよう指示している。その記述内容からいくつかを抽出し，デザイン教育の特徴を活かした成果と，この授業自体の成果を考察したい。

> 他の授業では教科書や架空での事業の学習しかしてきませんでしたので，このプロジェクト研究で初めて実際に実現させる難しさを知りました。

この記述から，「教室の中でのデキゴト」ではなく，社会に密接に関連したプロジェクトを運用することを本授業の最大の目的としていることが学生に伝わっていることが確認できる。

> グループ間の知識の共有が欠かせない事を学びました。前半ではグループごとにグループ内のメンバーでのみホウレンソウ（報告・連絡・相談）をしていたのですが，やはりグループ内だけでは限界があるのです。しっかりと他グループとの情報共有，先生方のアドバイスを受け入れ，壁を作らず全ての考えを受け入れることの大切さを知りました。

この記述からは，デザイン教育の特徴である「他者の目を通した気づき」と「プロセス自体が常に学外・社会に開かれ，他者と共有できるような環境を実現している」ことの重要性を学生がよく認識したものと考えられる。

> このプロジェクトを通じて，社会の中でどのように人とコミュニケーションをとるかということの重要性を強く感じました。人と接するというのは，話すだけでなく，メールのやりとりや，電話での対応などのことも含まれます。その際，外部の人と接する時に注意すること，社会人とメールをする際に気をつけることなど，社会では当たり前のことを学ぶことができました。私にとっては未知のことばかりで，その中でこの授業はたくさんのことを学べる機会となりました。それと同時に自分の未熟さに気がつくことも少なくありませんでした。しかし，これから身につけていくことができる可能性というものも同時に感じました。

「環境・デザイン実習」では，学生たちの今後の学びに接続する意識が示された。一方で，このような記述からは，「プロセス自体が常に学外・社会に開かれ，他者と共有できるような環境を実現している」ことにより，大学や授業という限定された枠組みではなく，常に社会と対峙し，今後の社会へよく接続していくための意識を持ったことがうかがえる。

4 デザイン教育の特徴が実現する教育観・授業観

これまで，デザイン教育の特徴を活かした授業実践を紹介してきた。佐伯(1998)は，これからの情報化社会全体を「学習者中心社会」へ転換する必要性

を提起し,「『学習』の概念自体も,『教え込み』の結果として個々の学習者が習得するという発想から脱皮し,市民が社会的実践活動の中で互いに学び合うという側面を重視した概念に変わる必要がある」と述べている。そして,そのために必要な教育観,授業観として以下の3点を指摘している。

1. 教師は知識の伝達者ではなくなり,教室内,学校内だけで通用する知識や技能ではなく,ホンモノの世界にふれ,現実の世界で実際に営まれている創造的な知の営みに,子どもたちを参加させてゆくことが,教師の使命であるということ。
2. 「教材」は「教えることのパッケージ」ではなく,画一的に全員が同じ知を共有することを想定したものではなく,一人ひとりが自分らしい形で,自分らしい「参加」を深めていくときのきっかけを提供するものとなること。
3. 学習は常に他者と交流し,「教室」や「学校」を越えた,実社会の実際の文化にふれ,そこでの文化的な価値を味わい,共感しあい,なんらかの実践活動に参加していく活動によって行われるものであること。

この佐伯の指摘は,これまでに整理したデザイン教育の特徴と一致している。デザイン教育の特徴として整理した,「問題自体を学習者自身が探究し,そのプロセスを一緒に歩く」のが教師の役割であり,「そのプロセス自体が常に学外・社会に開かれ」ていることは,佐伯の1番目の指摘と一致している。また,「活動の成果物のみではなく,そのプロセス自体が常に学外・社会に開かれ,他者と共有できるような環境を実現している」ことは,一様な知の成果物を要求しているのではなく他者との関わりのなかで個別多様なプロセスをたどること,実社会の実際の文化にふれる機会を提供している,という点で佐伯の2番目3番目の指摘と一致しているといえよう。ここからも,デザイン教育の特徴が,「学習者中心社会」の実現へ貢献する可能性がうかがえるだろう。

ここで紹介したデザイン教育の特徴は,美大・デザイン教育の内では活かされ発展しているが,大学教育一般の知見としてまだよく開示されていないと思われる。そこで本章では,デザイン教育の知見とそれを活用した授業実践の紹

介を行った．もちろん，デザイン教育の特徴だけが，「学習者中心社会」の実現や「学生主体型授業」の実践に有用な知見ではない．他にも，専門的な教育のなかで発展を遂げながらも，一般の知見としてまだよく開示されていない有用な知見が多く存在しているものと考える．本書のように多様な実践報告がまとめられる機会が増え，まだ一般的にあまり開示されていない知見が広く公開される場がますます増えることを期待している．

【注】
1）武蔵野美術大学造形学部基礎デザイン学科，デザイン情報学科
2）福山大学人間文化学部人間文化学科メディアコミュニケーションコース

【引用・参考文献】
今泉　洋　2003　カルチュラル・エンジニアリング—デザインと文化のためのノーテーションへのメモ．平成12-13年度武蔵野美術大学・共同研究カルチュラル・エンジニアリング研究 I，武蔵野美術大学，62-75
美馬のゆり・山内祐平　2005　「未来の学び」をデザインする—空間・活動・共同体　東京大学出版会，東京．pp.54-61
武蔵野美術大学　2004　特集　テクノロジーを考える—デザイン情報学科の授業から探る，MAU news no.66．武蔵野美術大学企画広報課
佐伯　胖　1998　高度情報化と教育の課題．（佐伯　胖・黒崎　勲・佐藤　学・田中孝彦・浜田寿美男・藤田英典（編）　岩波講座現代の教育—危機と改革　第8巻　情報とメディア，岩波書店，東京．pp.3-23）
須永剛司　1998　情報のデザインと経験の形．（佐伯　胖・黒崎　勲・佐藤　学・田中孝彦・浜田寿美男・藤田英典（編）　岩波講座現代の教育—危機と改革　第8巻　情報とメディア，岩波書店，pp.134-154
須永剛司　2001　学びたくなること—デザインの学び．日本認知科学会「教育環境のデザイン」研究分科会研究報告，Vol.7 No.2，コミュニケーションとしての学習—教えない学習環境は可能か？　日本認知科学会，11-15

執筆者紹介 (執筆順, *は編者)

小田隆治* (おだ・たかはる)
山形大学地域教育文化学部教授・教育開発連携支援センターFD支援部門長
担当章 01・07

橋本 勝 (はしもと・まさる)
富山大学大学教育支援センター教授
担当章 02

安永 悟 (やすなが・さとる)
久留米大学文学部教授
担当章 03

木野 茂 (きの・しげる)
立命館大学共通教育推進機構教授・立命館大学教養教育センター副センター長
担当章 04

大島 武 (おおしま・たけし)
東京工芸大学芸術学部教授
担当章 05

村上正行 (むらかみ・まさゆき)
京都外国語大学マルチメディア教育研究センター准教授
担当章 06

杉原真晃* (すぎはら・まさあき)
山形大学基盤教育院准教授
担当章 08

栗山恭直 (くりやま・やすなお)
山形大学理学部教授
担当章 09

鈴木 誠 (すずき・まこと)
北海道大学高等教育推進機構・大学院理学院自然史科学専攻科学コミュニケーション講座科学教育研究室教授
担当章 10

佐藤慎也 (さとう・しんや)
山形大学地域教育文化学部教授
担当章 11

阿部和厚 (あべ・かずひろ)
北海道大学名誉教授・北海道医療大学・北海道大学高等教育推進機構研究員
担当章 12・13・14

佐藤龍子 (さとう・りゅうこ)
静岡大学大学教育センター教授・学長補佐 (FD, SD, 広報担当)
担当章 15

田実 潔 (たじつ・きよし)
北星学園大学社会福祉学部教授
担当章 16

八重樫 文 (やえがし・かざる)
立命館大学経営学部准教授
担当章 17

学生主体型授業の冒険
自ら学び，考える大学生を育む

2010 年 8 月 30 日　　初版第 1 刷発行	定価はカヴァーに
2013 年 6 月 18 日　　初版第 2 刷発行	表示してあります

　　　　　編　者　小田隆治
　　　　　　　　　杉原真晃
　　　　　発行者　中西健夫
　　　　　発行所　株式会社ナカニシヤ出版
　〒606-8161　京都市左京区一乗寺木ノ本町 15 番地
　　　　　　　　　Telephone　075-723-0111
　　　　　　　　　Facsimile 　075-723-0095
　　　　　Website　http://www.nakanishiya.co.jp/
　　　　　Email　　iihon-ippai@nakanishiya.co.jp
　　　　　　　　　郵便振替　01030-0-13128

印刷＝ファインワークス／製本＝兼文堂／装幀＝白沢　正
Copyright © 2010 by T. Oda & M. Sugihara
Printed in Japan.
日本音楽著作権協会（出）許諾第 1009443-001 号
ISBN978-4-7795-0429-7

本書のコピー，スキャン，デジタル化等の無断複製は著作権法上の例外を除き禁じられています。本書を代行業者等の第三者に依頼してスキャンやデジタル化することはたとえ個人や家庭内での利用であっても著作権法上認められていません。